일본어의 대우표현 연구

白同善

머리말

본서는 일본어의 경어법을 중심으로 한 대우표현에 대해서 종합적으로 고찰하고자 하는 것이다. 일본어의 대우표현이 어떠한 체계를 가지며, 그것이 대인관계에 의해 어떻게 운용되는가, 그로부터 일본어화자의 대우행동은 어떠한 현상을 보이고 있는가를 살펴보고자 한다. 현재까지 일본어의 경어에 관한 논문은 다수 발표되어 있다. 일본어의 경어를 개별적으로 취급하고 있는 논문도 많고, 한국어와 비교대조한 논문도 적지 않다. 그러나 그 많은 부분은, 어느 특정한 용법을 부분적으로 논하고 있는 것이다. 대우표현의 전체상을 알 수 있는 책자는 찾기가 쉽지 않다. 그래서 본서에서는, 일본의 언어사회에 있어서의 인간관계에 대한 상대적인 취급양상을 필자의 독자적인 견해를 포함하여 고찰하여, 일본어의 대우표현을 종합적으로 제시하고자 한다.

본서는 일본어의 대우표현을 중심으로 전개하지만, 이해를 돕기 위해 한국어의 대우표현과 비교대조되는 경우가 있다. 분야에 따라서는 양언어가 동등한 입장에서 비교대조연구된 부분도 있다. 전체적으로는 가능한 한 일반독자가 읽어서 이해할 수 있게 알기 쉽게 쓰도록 노력하였다.

일반적으로 경어나 대우표현의 연구는 「존경어・겸양어・공손어」라고 하는 전통적인 경어의 삼분법, 혹은 소재경어와 대자경어라고 하는 틀 안에서 논해져 왔다. 본서도, 기본적으로 이 틀을 지키도록 한다. 물론, 현대의 경어행동을 관찰해 보면, 소재경어로써의 용법이 청자를 의식하여 사용되는 현상, 즉 소재경어의 대자경어화가 관찰되는 경우가 많기 때문에, 이와 같은 의식의 표출에 주목할 필요가 있다.

경어의식의 변화에 따른 경어용법의 변화는, 존경어・겸양어・미화어 등 여러 측면에서 나타나고 있으며, 그들은 주로 보통어화 또는 공손어화현상으로 변화한다. 이른바, 언어의 평가절하현상, 즉 의미의 하락이라고 할 수 있다. 언어에 대한 의식의 변화는 자연히 의미의 변화에도 영향을 미치게 된다.

상하관계와 친소관계에 의한 경어운용의 실태도 고찰되지 않으면 안된다. 최근의 경어운용은 상하관계보다 친소관계 쪽에 그 중심이 놓여 있다고 한다. 그러나, 일본어와 한국어에서는 아직 어떠한 형태로든 상하관계가 경어운용에 부여하는 영향은 지대하다고 할 수 있다. 그러면서도, 일본어는 상하관계와 더불어 친소관계가 중시되는 경향이 있고, 또 한국어에서도 그와 같은 용례가 관찰된다. 이와 같은 관점도 시야에 넣고 본론을 진행하도록 한다.

본서에 있어서의 전체적인 구성의 흐름은 다음과 같다.

제1장에서는, 경어와 대우표현의 취급법을 개관한 후에, 그 정의와 의미범주를 선행연구를 토대로 고찰하고, 새로운 분류법을 시도한다. 또한, 경어와 대우표현을 취급할 때의 용어의 타당성에 대해 검토하고, 실상에 맞는 용어를 제안하여 본서의 좌표로 삼는다.

제2장에서는, 소재경어의 하나인 존경표현의 어구성과 그 운용을, 어휘와 문법형식의 측면에서 고찰하고, 제3장에서는, 한일양언어의 존경어 운용에 있어서의 차이와 동일을 논한다.

제4장에서는, 소재경어의 또하나의 축을 구성하는 겸양표현을, 역시 어휘와 문법형식의 측면에서 고찰하고, 제5장에서는, 특히 오용이 현저하다고 일컬어지는 겸양표현에 관련된 제문제를 들어, 그것이 대자경어 화현상과 밀접한 관련성을 갖는다는 점을 지적한다.

제6장에서는, 특정어형을 가진 존경어와 겸양어에 대해 그 형태를 비교, 분석함으로써 경어동사 발달의 요인을 찾는다. 제7장에서는, 일반적으로 겸양어라고 일컬어지는 것을 잘 살펴보면, 소재의 인물에 대한 경어로 기능하는 경우와 청자에의 경어로 기능하는 경우가 있다는 것을

지적하고, 그 하위분류를 시도한다. 제8장에서는, 한일양언어의 경어표
현의 최대의 상위점인 절대경어법과 상대경어법에 관하여 고찰한다. 특
히, 일반론으로 알려져 있는 내용의 문제점을 지적하고, 일반론으로는
해결할 수 없는 용례에 대해 논한다.

제9장에서는, 현대경어를 운용할 때에 가장 중요시되는 대자대우표현
을, 표현형식의 레벨과 공손도를 중심으로 고찰한다. 또한, 독자적인 관
점에서 양언어의 화체의 분류를 시도한다. 나아가, 규격화된 공손어에
한정하지 않고, 여러 표현형식을 갖는 공손한 표현을 비교하여, 공손표
현과 화자의 공손한 의식과의 관련성을 살핀다.

제10장에서는, 소재경어 및 대자경어의 양쪽의 기능을 갖는 미화표현
을 취급한다. 미화어의 성립과정에서부터 현재에 이르기까지의 과정을
살펴보고 미화어를 어구성의 형태에 의하여 분류하여 종합적으로 제시
한다.

다음으로 본서에서의 기술 원칙에 대해 첨언한다. 본서에서는 총서간
행 원칙에 따라 한글표기를 원칙으로 한다. 단, 연구대상이 일본어인 만
큼, 일본어 구문이나 예문은 일본어로 표기하고 가능한 한 한국어 번역
을 하되, 특별히 번역을 필요로 하지 않을 경우에는 번역을 하지 않는
다. 적격문과 부적격문을 대비시킬 경우, 부적격문은 번역을 할 수 없는
경우가 대부분이고, 굳이 번역을 하면 오히려 이상하기 때문이다. 또한,
내용도 없는 주석을 필요없이 나열하는 관행을 비판하는 입장이기 때문
에 출처를 밝히는 부분은 전부 본문의 내용주로 하였고, 부언설명이 필
요한 경우에는 가능한 한 본문에 삽입하여 독자의 편의를 제공하고자
하였다. 본문에 삽입하기가 부적절한 경우에 한해서 별도로 주석을 첨가
하였다.

경어는 인간관계의 총체를 표현하기 위한 언어적 수단이다. 현대사회
에 있어서 신분적 상하관계는 많이 없어졌다고 하지만, 사회적 계층관계

는 무시할 수 없는 요소이고, 청자 혹은 화제의 인물과 화자 자신과의
관계를 고려하여 사용하는 경어는, 인간사회의 관계를 여실히 반영하고
있다. 따라서, 경어를 바르게 사용한다는 것은, 사회적 및 인간적 관계의
조화를 도모하는 데에 매우 유효하다고 할 수 있다.

　일본어와 한국어에 있어서 경어가 차지하는 역할은 중대하다. 한일양
언어 어느 쪽이든 경어에 관한 논의는 지금까지 끊임 없이 계속되어 왔
다. 그것은 앞으로도 끊임 없이 계속되어 갈 것이다. 본서가 일본어의
경어를 중심으로 한 대우표현을 이해하는 데에 조금이라도 공헌할 수가
있다면, 필자로서는 매우 다행이라고 생각한다.

2003년 8월 31일

백 동 선

목 차

제1장

경어와 대우표현

제1장
경어와 대우표현

어떠한 언어에 있어서도, 그 표현양식은 대인관계에 의해 어느 정도의 제약을 받는다. 화자와 청자 및 화제의 인물 사이의 관계에 따른 언어표현의 교체는, 화자의 청자에 대한, 혹은 화제의 인물에 대한 태도 내지는 평가를 나타내는 것이다. 이것은 대인관계에 의한 언어표현의 교체사용, 즉 대우관계의 발로이다. 이와 같은 언어현상은 모든 언어에 보편적인 것이라 할 수 있다.

말이 발설된 순간, 거기에는 무엇인가의 대우의식이 존재한다. 사람이 말을 할 때에는, 그 말을 받아들이는 대상이 존재하기 때문이다. 비록 독백을 하는 경우라고 하더라도 그와 같은 대상이 존재한다고 할 수 있다. 왜냐하면, 그와 같은 경우에도 화자의 대우의식이 존재하기 때문이다.

대우의식이 존재하면, 거기에 근거한 표현, 즉 대우표현이 존재하는 것은 당연하다. 그것은 보편적으로 존재한다고 할 수 있다. 그러나, 대우표현 중에서 경어에 대해 말하자면, 그것이 모든 언어에 구비되어 있다고 할 수는 없다. 세계의 언어에 있어서, 경어를 체계적으로 발달시키고 있는 언어는 오히려 소수에 지나지 않는다. 여기에서 경어를 체계적으로 발달시키고 있다는 것은 언어체계에 우열이 있다고 하는 것을 의미하는 것은 물론 아니다. 경어표현을 위한 체계적인 구조를 갖고 있다는 것을 의미한다.

일본어와 한국어에는, 양언어를 특징짓는 공통의 요소를 이룰 정도로 경어가 대단히 발달되어 있다. 한일양언어의 경어는 세계 제언어의 경어 중에서도 대표적인 위치를 차지하고 있다고 할 수 있을 정도이다. 양언어의 대우표현에 있어서는, 경어가 가장 중심적인 역할을 수행하고 있으며, 그 표출방법은 대인관계를 여실히 반영하고 있다. 즉, 양언어에 있어서 대우표현의 중추는 경어표현이다.

경어는 한일양국의 일상생활에 있어서 없어서는 안되는 언어요소이기 때문에 누구나가 그 용법을 알고 있으리라고 생각하기 쉽다. 그러나, 실정은 많이 다르다. 실제로, 일본이나 한국에서 경어의 사용법이 잘못되어 있다는 지적은 심심찮게 들을 수 있다. 이것은, 일본인과 한국인의 언어행동에 있어서 경어가 얼마나 중요한 요소인가를 나타내는 단적인 증거이기도 하다.

그러면, 경어라는 것은 무엇인가? 상식적으로 생각하면, 그것은 사람을 높이는 언어표현이다. 경어라는 말을 단어의 뜻에 충실하게 해석하면, 이것은 지극히 당연한 해석이다. 경어라고 하는 말은, 확실히 사람을 높이는 말이라는 생각에 근거하여 명명되었을 것이다. 이 점에 관하여 쓰지무라(辻村, 1977:48)는 다음과 같이 서술하고 있다.[1]

> 「경어」라고 하는 말이 사용되기 시작한 당시는, 글자의 뜻 그대로 높임을 나타내는 말이라고 생각되었음에 틀림없고, 또 그렇기 때문에 그와 같은 이름이 붙여졌을 것이라고 생각된다. 그것은 「경어」라는 말의 전신(前身)인 「높임말(敬ひ詞)」 「받드는 말(崇め詞)」이라는 표현에 있어서도 그렇고, 더 거슬러 올라가, 경어 그 자체의 기원이 인지인력(人智人力)을 초월한 자연이나 신에의 외경에 근원하고 있다는 것은 상상하기 어렵지 않다.

그러나, 현대에 있어서의 경어는, 단순히 어느 대상을 높이거나 상하관계가 확실하기 때문에 사용된다고 만은 할 수 없다. 그것은 오히려, 상대방과의 모종의 심리적 거리를 유지하거나, 입장에 의한 형식적 사용, 화자의 품위 유지, 상대방의 기분을 상하게 하지 않기 위한 배려 등 여러 가지 역할을 수행하게 되었다. 언어생활에 있어서의 윤활유 역할을 담당하고 있다고 할 수 있는 것이다.

근년에, 현대경어의 역할 변천을 둘러싼 논의는 활발하다. 예를 들면 미야지(宮地, 1989 : 4)는 경어의 역할이 변했다는 전제하에서 「예어(礼 語)」라는 용어의 사용을 제안하고 있다.

내 나름대로의 해석으로는, 현대경어는 「높이는 말」이라기 보다는 「예의의 말」이라고 하는 편이 보다 적절하다. 「경어」라기 보다 「예어」인 것이다. 「예어」라는 새로운 용어는 익숙하지 않기 때문에 통상적인 용어를 쓰기는 하지만, 경어의식사(敬語意識史)에 있어서의 현대는, 「경 (敬)」보다 「예(礼)」의 시대라고 생각되는 것이다.

미야지(宮地, 1989:5)는 현대경어가 「예어」라고 하는 가정하에서, 현대경어와 고대경어와의 차이를 다음과 같이 총괄하고 있다.

고대경어는 계층적 규범성에 근거하여, 경양(敬讓)의 의식에서 사용되는 경향이 강한 것이었다. 이에 비하여 현대경어는 사교적 장면성에 근거하여, 예의의 의식에서 사용되는 경향이 강한 것이다.

이와 같은 미야지(宮地)의 주장은 완전히 핵심을 뚫고 있는 것처럼 생각될 수도 있겠으나, 「경어」를 「예어」라고 명칭변경할 필요는 없다고 생각한다. 왜냐하면, 「경(敬)」이라는 말에는 「높이다」라는 뜻 만이 아니라, 「삼가하다」 등의 뜻도 있기 때문이다. 『新漢和辞典(신한화사전)』에 의하면, 「경(敬)」은, 《①높이다. 존중하여 예를 다하다. 또, 높임. 공손하

다.「숭경(崇敬)·존경(尊敬)」. ②삼가하다. 공경하다. 또, 삼감.「독경(篤
敬)」』이라 되어 있고,「해자(解字)」로써「긴장하게 하는 뜻으로, 나아
가, 삼가다·경계하다, 라는 뜻으로 사용한다」라고 되어 있다. 한국의
한자사전에도「높이다·엄숙하게 하다·삼가하다」와 같이 해석되어 있
다. 요컨대,「경어」라는 말에는「높이는 말」뿐만이 아니라, 글자의 뜻
에서 보더라도「삼가는 말」이라는 뜻이 있기 때문에, 경어의 자의(字義)
에 대한 논의는 그다지 중요한 의미를 갖지 않는다고 할 수 있다. 결국,
「경어」는,「높이는 말·삼가는 말·예의의 말」등으로 총괄할 수 있는
용어인 것이다.

경어가 그와 같은 것이라고 하고, 그것은 몇가지의 종류로 나누어진
다. 화제의 인물이 되는 문의 주어를 높이는 형태로 사용되는 존경어,
화자측을 낮추어서 표현하는 겸양어, 문말표현을 공손하게 하여 오로지
청자에의 배려를 하는 공손어(丁寧語)[2], 거기에 표현 양식을 품위있게
하여 화자의 품위를 지키고자 하는 미화어 등으로 분류된다. 이것이 가
장 전형적인 경어의 분류 방법일 것이다. 또한, 소재경어·대자경어와
같은 개념으로 분류하는 경우도 있는데, 전자는 존경어·겸양어에 미화
어를 포함하는 것을 가리키고, 후자는 일반적으로 공손어를 가리킨다.
또, 존경어를 상위주체어, 겸양어를 하위주체어라고 하는 경우도 있다.
한편, 대우표현이라고 할 경우에는, 이와 같은 경어의 개념을 전부 포함
하고, 거기에 더하여 보통어(평상어), 비속어 등에 의한 언어표현까지를
포함하는 개념으로 사용된다.

그러면, 경어라고 하는 용어가 언제 쯤부터 보급되어 왔는지 살펴보
자.『国語学大辞典(국어학대사전)』에 의하면, 그것은 에도시대에「높이는
말(敬ひ詞)」이라고 모토오리(本居宣長)의『玉あられ(다마아라레)』(1792)에
쓰여져 있고,「경어」라고 하는 글자 자체는 이노우에(井上淑蔭)의『活語
新論(활어신론)』(1863)에 보인다고 되어 있다. 마찬가지로, 경어라고 하

는 용어가 나타난 역사에 대해 쓰지무라(辻村, 1977:89)는 다음과 같은
주석을 달고 있다.

　「경어(敬語)」라는 용어는, 글자상으로는 이노우에(井上淑蔭)의『活語
　新論(활어신론)』(1863년)에 일찍이 보이는데,「우야마이고토바」라고 읽
　혔는지도 모른다. 확실히「게이고(敬語)」라고 생각되는 것으로 빠른 것
　은 다나카(田中義廉)의『小学日本文典(소학일본문전)』(1874년)과 니
　시(西周)의「서양글자로 일본어를 표기하는 론」(『明六雜誌』1호, 1874
　년) 등이다. 사토(佐藤誠実)의『語学指南(어학지남)』(1875년)에는「사
　행사단(佐行四段)활용에는, 다른 활용에서 전하여 경어(けいご)가 될 수
　있는 것이 있는데」(216권)와 같이 일부러 읽는 법이 붙여져 있다. 에도
　시대에는「우야마이고토바(敬ひ詞)」(「우야마이고토바(尊称)」),「아가
　메고토바(崇め詞)」(「아가메고토바(崇めことば)」),「닷토미고토바(尊み
　辞)」「아가메고토(崇め言)」「아가마에고토(あがまへ言)」등 여러 표현·
　표기가 행해지고 있다.

　「경어(敬語)」라고 써서「우야마이고토바」라고 읽었는지「게이고」라고
읽었는지는『活語新論(활어신론)』에서는 확실하지 않은 것 같은데, 글자
의 형태상으로는 여기로부터의 발생이라고 봐서 지장은 없을 것 같다.
　본장에서는, 먼저 경어와 대우표현을 정의하고, 그 의미범주를 설정한
다. 그 연후에, 경어와 대우표현의 여러 분류를 섭렵하고, 일본어와 한국
어의 대우표현을 취급할 때에 가장 적절하다고 생각되는 분류를 시도한
다. 이어서, 경어의 기능 또는 효용에 대해 개관하도록 한다.

1. 경어와 대우표현의 정의와 의미범주

1) 경어의 정의와 의미범주

일본어에 있어서는, 여러 가지 관점에서 경어의 의미내용에 의한 정의가 시도되고 있는데, 거기에 공통되는 것은 「경의를 나타내는 말」이라는 점이다. 단어의 뜻에 충실한 해석이다. 예를 들면, 『国語学大辞典(국어학대사전)』에서는, 가장 일반적인 해석으로 「화자(필자)가 청자(독자) 또는 화제의 인물에 대한 경의에 근거하여 사용하는 특정한 언어형식」이라고 정의하고 있다. 그러나, 경어를 확대해석하여 대우표현과 같은 의미로, 즉, 마이너스 경의를 나타내는 말까지를 포함하는 뜻으로 사용하는 경우도 있다. 그 대표적 논자로 미나미(南, 1987)를 들 수 있다.

본서에서는 경어를 플러스의 경의를 나타내는 말에 한정하고, 표현주체가 자기와 청자(독자) 및 소재의 인물과의 상대적인 상하관계 및 친소관계 등을 고려하여, 경의를 나타내는 언어형식을 사용하여 그 관계자를 대우하는 언어표현이라고 정의한다.

여기에서, 경어가 구체적으로 어떠한 것인지를 개관해 두자. 경어의 사용법은, 화자와 청자와의 관계만을 고려하면 된다고 하는 간단한 것도 아니며, 한일양언어에서 같은 요령으로 사용된다고도 한정할 수 없지만, 다음에 제시한 문장만으로도 경어를 성립시키는 표면적인 메카니즘의 대략을 파악할 수가 있다.

> (1) 山本専務が吉田社長におみやげを差し上げ られ ました。
> (야마모토전무님이 요시다사장님 께 선물을 드리-시-었습니다)

「おみやげ」는 미화어라고 불리는 것이다. 이 미화어의 용법은 일본어에 특징적으로 발달되어 있다. 단, 이 경우의 접두사 「お」를 어떻게 취급할 것인가에 대해서는 반드시 의견이 일치하는 것은 아니다. 이것을 대상인물(社長)에 대한 경의를 나타내기 위해 사용된 존경어로 볼 것인가, 혹은 행위자(專務)를 낮추어서 표현한 겸양어인가, 아니면 「おみやげ」라고 하는 고정된 표현으로 간주하여 미화어 또는 공손어로 처리할 것인가에 대해 의견이 엇갈린다. 그러나 일반적으로는, 대상인물에 대해 특별히 경의를 나타내는 것이 아니고, 의식적이든 무의식적이든 화자의 언어표현을 품위 있게 하고자 하는 용어라고 보아 「미화어」로 간주된다.

「差し上げる」는 보통어 「やる」에 대한 겸양어이다. 여기에서는 화자와는 관계없이 두 화제의 인물(「專務」와 「社長」)의 관계를 고려하여, 행위자인 「專務」를 「社長」보다 하위자로 취급하고 있다.

「られる」는 존경표현을 만드는 성분이다. 여기에서는 화자보다 행위자(專務)가 상위자임을 나타내고 있다.

「ます」는 「丁寧語」라고 일컬어지는 것이다. 단, 이 용어는 한국어에는 없기 때문에 본서에서는 「공손어」라는 용어를 사용하기로 한다. 공손어는 화제의 인물인 행위자와 피행위자와는 관계없이, 오로지 청자에 대한 배려로 사용되는 경어이다. 행위자와 피행위자가 화자나 청자와 동일인물일 경우도 있는데, 이와 같은 경우에도 「ます」는 청자에의 경어로 간주한다. 즉, 공손어에는 화자와 청자만이 관여한다.

이상과 같이, (1)의 표현은 네명의 인물, 즉 화자·청자·행위자·피행위자의 인간관계를 기반으로 하여 생겨난 표현이라는 것을 알 수 있다.

(1)의 한국어 번역을 보면, 일본어와 한국어의 경어 용법의 차이를 개략적으로 알 수가 있다.

먼저, 일본어에서는 직위명이 그대로 경칭이 되는데, 한국어에서는 직위명만으로는 경의를 나타낼 수 없다는 점이다. 따라서, 한국어에서는 상위자를 직위명만으로 부르는 것은 용납되지 않는다. 경칭으로 하기 위해서는 직위명 다음에 존경접미사를 첨가해야 한다.

「께」와 같은 조사의 경어형은 한국어에 독특한 것이다. 이와 같이 한국어에는, 일본어에는 없는 존경조사라고 하는 것이 있는데, 반대로 일본어에는 있고 한국어에는 없는 경어법도 있다. 일본어의 미화어「おみやげ」과 같은 경우의 접두사「お」에 해당하는 요소는 한국어에는 없다. 존경접두사로 사용되는 「어(御)」도 아주 드물게 밖에 볼 수 없어서 일반적이 아니다. 따라서, 일본어의 「おみやげ」는 한국어로는 보통어로 번역할 수 밖에 없다.

경어표현은 반드시 경어나 경어성분이 있어야만 성립하는 것은 아니다. 소위「경어적 표현」이라는 것이 있는데, 예를 들면, 상대방에게서 받은 것은 「大変上等な物(아주 훌륭한 것)」이고, 화자가 주는 것은 「つまらない物(변변치 않은 것)」라고 표현한다. 상대방의 소유물을 높이는 경우에는 존경어적 표현이 되고, 화자의 소유물을 겸손하는 것은 겸양어적 표현이 된다. 이와 같은 경어적 표현도 대우표현의 한 범주를 차지한다.

그런데, 경어에 관한 연구의 동향에는 일본과 한국에서 차이가 보인다. 일반적인 경향으로써, 일본의 경어연구는, 스기자키(杉崎, 1984:23)가 「일본인의 경어에 대한 성찰(省察)은, 하나는 예의범절 -언어사용에 있어서의 예의- 라는 면에서, 또하나는 고전고어의 연구라는 면에서 행해져 왔다고 판단된다」고 지적하고 있는 대로, 현시대의 예의범절의 면과 고전고어의 연구 측면이라고 하는 양쪽에서 행해지고 있다. 이에 비하여, 한국의 경어연구는 주로 고전고어의 연구에 편중되어 있고, 예의범절의 면에는 별로 관심이 기울여져 있지 않아 보인다. 최근의 연구 동향에서도 그 상황의 변화는 그다지 보이지 않는데, 앞으로는 실생활에 있어서의 경어의 역할에 대한 연구가 기대된다고 하겠다.

2) 대우표현의 정의와 의미범주

대우표현은 경어보다 폭이 넓다. 경어는, 「山本先生がそうおっしゃいました(야마모토선생님이 그렇게 말씀하셨습니다)」와 같이, 화제의 인물을 「先生」라고 경칭하고, 그 행위에 경의를 나타내어 「おっしゃる」라고 함과 동시에, 「ました」를 사용하여 청자에게도 경의를 나타낸다. 이것은 「山本・言う・た」에 각각 대응하는 경어이다. 이와 같이 경어는 보통어와의 대립에 의해 그 존재가치를 갖는 언어형식을 기본으로 한다. 따라서, 「尊敬する(존경하다)・敬う(공경하다)」 등은, 진술의 보통어이지 경어가 아니다. 한편, 「山本の野郎がそうぬかした(야마모토란 놈이 그렇게 지껄였다)」와 같은 경우에는, 화제의 인물에게도 청자에게도 경어의 요소는 포함되어 있지 않다. 이것은 그 쌍방에 마이너스 평가의 대우를 하고 있는 것이다. 본서에서는, 이들을 총괄하여 대우표현이라고 간주한다.

이와 같이 대우표현은, 경어(플러스평가의 대우표현) 뿐만이 아니라, 거기에, 보통어(제로평가의 대우표현)와 비속어(마이너스평가의 대우표현)도 포함하는 언어양식인데, 선행연구에서는 어떻게 취급되고 있는지를 살펴보도록 하자.

쓰지무라(辻村, 1984:2)는 대우표현을 다음과 같이 정의하고 있다. 이 정의는 대우표현을 포괄적으로 이해하는데에 유용하다.

> 「대우표현」이란, 표현주체(화자 또는 글쓴이)가 표현수용자(청자 또는 독자) 혹은 표현소재(화제의 인물)와 자신과의 사이에 존비(尊卑), 우열(優劣), 이해(利害), 친소(親疎) 등, 어떠한 관계가 있는가를 인식하고, 그 인식을 언어형식상으로 나타낸 것이다.

대우표현에 관한 가바야(蒲谷, 1993:27)의 설명도 여기에 인용하도록 하자. 가바야(蒲谷)의 다음과 같은 정의는 상세하기는 하지만, 설명이 지나치게 복잡하게 느껴진다.

　「대우표현」이란, 어떤 표현주체가, 어떤 표현의도를 가지고, 자신·상대·화제의 인물 상호간의 인간관계를 인식하고, 장면의 상황·분위기, 문맥 등을 의식하여, 표현형태(음성표현·문자표현)를 고려하고, 이상의 제약에 상응한 제재(題材)·내용, 적당한 언재(言材)를 선택하여 문장·담화를 구성하고 매재화(媒材化 : 음성화 혹은 문자화)하는 일련의 「표현행위」라고 규정할 수가 있다.

　쓰지무라(辻村, 1984:3-4)는, 「대우」라고 하는 말이 오늘날과 같은 뜻으로 사용되게 된 효시라고 할 만한 것은 메이지(明治)33년 오카다(岡田正美)의 「대우법(待遇法)」이라는 제목의 논문일 것으로 보고 있다. 이 논문에서 오카다(岡田)는 「대우법(待遇法)」을 「경어법(敬語法)·겸어법(謙語法)·오어법(傲語法)·비어법(卑語法)·평어법(平語法)」의 다섯가지로 분류했다고 하니, 각각의 의미범주의 타당성은 차치하고라도, 대우법을 체계적으로 분류한 선구적인 업적이었음에 틀림없다. 한편, 『国語学大辞典(국어학대사전)』에는 「대우(待遇)」라고 하는 말의 유래에 관하여, 「대우라는 명칭이 일본어학서에 나타나는 것은 메이지 중엽, 오카다(岡田正美)의 「대우법(待遇法)」(『言語学雑誌』明治33년 〈一九〇〇〉 6월)과 마쓰시타(松下大三郎)의 『日本俗語文典(일본속어문전)』(明治34년) 등이 빠르다」라고 기록되어 있다.

　대우법 혹은 대우표현이라고 하는 술어(述語)는 문법용어로써 지금은 완전히 정착되어 있다. 일본어학 관계의 사전류에는 「경어」와 더불어 「대우표현」이 한 항목으로 세워져 있다. 일반사전에도 「대우표현」이 등장하고 있다. 예를 들면, 『日本語大辞典(일본어대사전)』에는 표제어로 실려 있고, 『大辞林(대사림)』에는 「대우(待遇)」의 소표제어로 실려 있다.[3]

　이상에서 본 바와 같이, 대우표현에는 경어표현 뿐만이 아니라, 보통어와 비속어에 의한 표현도 포함하는 것이 보통이다.

　필자도 대우표현을 그와 같은 것으로 취급하고, 그것을 다음과 같이 정의하고자 한다. 대우표현이란, 인물평가에 관련된 여러 사실에 입각하여, 표현주체가 자기와 표현수용자 및 청자와의 상호관계를 고려하여, 그들간의 상하·친소 등에 관련된 표현주체의 태도를, 장면에 따라 표명하는 표현행위이다. 이 대우표현에 관련된 행동표현에는 언어행동 뿐만 아니라, 비언어행동도 관여한다. 예를 들면, 「목례·인사·곁눈질」 등은 비언어행동에 의한 대우표현이다. 그러나, 대우표현에 관련된 행동표현에는 언어표현이 그 주축을 이룬다.

2. 경어와 대우표현의 분류

　경어와 대우표현은 여러 관점에서 분류가 시도되고 있다. 단, 경어가 대우표현의 골격을 이루고 있기 때문에, 그 분류의 초점도 경어로 압축되는 것이 보통이다. 그 대표적인 몇가지의 예를 관찰하고, 필자의 견해를 종합하도록 한다.

　현대일본어의 본격적인 경어론은 도키에다(時枝誠記)에서 찾을 수 있다. 도키에다(時枝, 1941)가 언어과정설[4]에 근거하여 경어를 「『詞(し)』의 경어(敬語)」와 「『辞(じ)』의 경어(敬語)」로 분류한 이래, 많은 경어론자가 「詞(し)」와 「辞(じ)」의 개념을 도입하여 경어론을 발전시켜 왔다. 도키에다(時枝)가 말하는 「『詞(し)』의 경어」란 상하관계에 근거한 소재의 대우방식의 표출이며, 화자와 소재의 인물과의 관계, 혹은 소재의 인물 상호간의 관계를 규정하는 경어표현법이다. 이에 비하여 「『辞(じ)』의 경어」란 청자에의 경의를 직접적으로 표현하는 방식을 일컫는다.

　도키에다(時枝)의 「『詞(し)』의 경어」와 「『辞(じ)』의 경어」의 개념을

이어 받은 대표적인 경어론자가 쓰지무라(辻村)이다. 도키에다(時枝)는 화자의 경의를 나타내는 것은 「辞(じ)」에 해당하는 몇가지에 불과하다고 하고, 소위 존경어·겸양어에 대해서는 소재의 인물의 경양(敬讓)을 화자가 나타낼 수는 없다고 하여, 이것을 소재간의 상하존비(上下尊卑)의 상태를 나타내는 것으로 보고 있다. 쓰지무라(辻村)는 도키에다설(時枝說)의 문제점을 지적하면서도 기본적으로는 이 설에 따르고 있다고 볼 수 있다. 즉, 쓰지무라(辻村, 1968:73-74)[5]는 종래의 삼분설(三分說)의 한계를 지적한 도키에다(時枝)를 따라, 경어를 다음과 같이 분류하고 있다.

(1) 소재경어(素材敬語, 표현소재에 관한 경어)
　(a) 상위주체어(=경칭)
　　　절대상위주체어(=절대경칭) : いらっしゃる·おっしゃる·おはす等
　　　관계상위주체어(=관계경칭) : くださる·賜ふ等
　(b) 하위주체어(=겸칭)
　　　절대하위주체어(=절대겸칭) : いたす·まいる·つかまつる等
　　　관계하위주체어(=관계겸칭) : いただく·さしあげる·奉る等
　(c) 미화어(=미칭) : お菓子·たべる等
(2) 대자경어(対者敬語=근칭(謹称) : 상대방에 대한 직접적인 표현)
　　　　: です·ます·候ふ等

　도키에다(時枝)의 경어론을 계승했다고 일컬어지는 쓰지무라(辻村)가 소재경어를 상위주체어·하위주체어·미화어로 세분한 것은, 「詞(し)의 경어」만으로는 소재경어의 구체적인 기술이 곤란하다고 보았기 때문일 것이다. 실제로, 소재경어는 소재의 상하존비(上下尊卑)의 양태를 표현하는 것으로 총괄할 수 있다고 하더라도, 그것만으로는 「いらっしゃる·差し上げる」 등에 있어서의 「上·尊」과 「下·卑」의 주체가 명료하게 나타나지 않는다.

쓰지무라(辻村)의 분류에 있어서의 특징은, 종래의 공손어(丁寧語) 즉 대자경어에 속해 있던 「미화어」를 그 명명과 함께 소재경어에 위치시킨 것이다. 그러나, 미화어는 소재경어 뿐만이 아니라, 대자경어로써도 기능한다. 이에 대해서는 제10장에서 자세하게 논한다.

「관계경칭(関係敬称)」「관계겸칭(関係謙称)」 등, 경어의 분류에 「관계(関係)」라는 개념을 도입한 것은 쓰지무라(辻村)에서 비롯된 것은 아니다. 예를 들면, 미쓰야(三矢, 1908)[6]는, 경어를 「존타경어(尊他敬語)・자비경어(自卑敬語)・관계경어(関係敬語)・대화경어(対話敬語)」의 네종류로 분류하면서 관계경어(関係敬語)를 논하고 있다. 「御返事・お茶・お気の毒・おあいにく」 등을 관계경어로 들고, 예를 들면「御返事」의 경우,「자기자신의 답장에『御』라는 글자를 사용하는 것은, 얼른 보면 문제가 있는 것처럼 보이지만, 그 답장이 수취인의 손에 들어가서 그 사람의 것이 된다는 전제하에서 이렇게『御』라는 경어를 첨가하는 것이다」라는 해설이 제시되어 있다.

도키에다(時枝)의 「詞(し)의 경어」와 「辞(じ)의 경어」의 구별, 또 쓰지무라의 소재경어와 대자경어의 구별은, 존경어・겸양어・공손어(丁寧語)의 삼분법과 함께 경어를 논하는 데 있어서 중요한 분류이다. 그러나, 이들과는 다른 분류를 시도하는 연구도 적지 않다.

미야지(宮地, 1971,1976)는, 「詞(し)」와 「辞(じ)」의 개념에 근거한 분류의 미비점을 지적하고, 경어를 다음과 같이 분류하고 있다.

① 존경어(尊敬語) : 화제의 인물의 행위・소유물 등에 관한 배려
② 겸양어(謙譲語) : 하위에 있는 화제의 인물의 상위에 있는 화제의 인물에의 표현으로 그 상위자를 배려한다.
③ 미화어(美化語) : 화제 내용에 관한 표현으로 화자의 품위를 배려한다.
④ 정중어(丁重語) : 화제 내용의 표현으로 청자를 배려한다.

⑤ 공손어(丁寧語) : 오로지 청자에의 배려를 나타낸다.

이 분류는 간단명료하고 이해하기 쉽다. 미화어를 「화제 내용에 관한 표현으로 화자의 품위를 배려한다」라고 하고 있는 것은, 쓰지무라(辻村)가 말한 소재경어의 일종으로 미화어를 취급하고 있음을 보여주고 있다.

미화어가 대자경어에 분류되는 경우도 있다. 예를 들면, 기타하라(北原, 1988:15)는 경어를 소재경어와 대자경어로 이분하고, 전자를 「동작주존경어(動作主尊敬語)·대상존경어(対象尊敬語)·겸양어(謙讓語)」로, 후자를 「미화어(美化語)·정중어(鄭重語)·공손어(丁寧語)」로 하위분류하고 있다. 미화어를 대자경어로 하는 이유로써, 그것이 청자를 의식하여 사용되는 점을 들어 도키에다(時枝)와 쓰지무라(辻村)에 이의를 제기하고 있는데, 기타하라는 소재경어로써의 미화어를 간과하고 있는 것으로 보인다.

문화청(文化庁, 1971)은, 대우표현을 어휘와 문체로 나누어서 설명하고 있다. 어휘에 의한 경어를 「존경어(尊敬語)·겸양어(謙讓語)·미화어(美化語)·정중어(丁重語)」로 나누고, 문체에 의한 「공손체(丁寧体)」를 「ゴザイマス体·デス／マス体·デアリマス体」로 나누고 있다. 이 분류에서는 「공손어(丁寧語)」라는 명칭이 모습을 감추고 있다.

오이시(大石, 1978:141)는 약간 복잡하지만, 다음과 같은 독자적인 분류를 제시하고 있다.

広 義 待遇語	狭 義 待遇語	敬 語	一般敬語	尊敬語 A
				謙譲語 A
			聞手敬語	尊敬語 B
				謙譲語 B
				丁重語 A
			文体敬語	丁重語 B
		対等語		
		軽卑語	一般軽卑語	単純軽卑語 A
				尊大軽卑語 A
			聞手軽卑語	単純軽卑語 B
				尊大軽卑語 B
				応対軽卑語
		親愛語	一般親愛語	
			聞手親愛語	
	品格語	美化語		
		ぞんざい語		

<大石(1978:141)에서 정리>

　오이시(大石)의 분류에서는 「공손어(丁寧語)」가 없어지고, 대신에 「정중어B(丁重語 B)」가 등장하고 있다. 경어를 「대등어(対等語)·경비어(軽卑語)·친애어(親愛語)」와 동렬(同列)로 취급하고 있는 점이 주목된다. 그러나, 미화어가 속하는 품격어(品格語)를 경어와는 전혀 다른 차원에서 취급하고 있는 점이 납득하기 어렵다. 또한, 발표연도에 따라서는, 「軽卑語」와 「下品語」를 전혀 별개의 항목에서 다루고 있는 점도 이해하기 힘들다. 발표연도에 따른 유동은 존경어를 「尊敬語 A·尊敬語 B」로 하거나, A·B를 생략하거나 하는 점에도 보이는데, 이 점도 설명을 알기 힘들게 하고 있다.

이상과 같은 견해와는 다른 인식에 근거한 분류가 있다. 미나미(南, 1974, 1987)는 경어를 넓게 인식하여, 소위 말하는 경어 뿐만이 아니라, 마이너스의 경의를 나타내는 표현까지도 포함하여, 나아가서는 비언어 행동도 포함하여 「경어(敬語)」로 취급하고 있다. 미나미(南)에 의하면, 경어는 언어적표현·언어에 동반된 수반적요소·비언어적요소로 분리된다.

이와 같은 미나미(南)의 분류에 대해, 니시다(西田, 1987:65)는, 그것을 사회언어학(Sociolinguistics)의 입장에서의 새로운 시도라고 인정하면서도, 다음과 같은 비판을 가하고 있다.

> 미나미가 말하는 것처럼, 복장, 몸에 걸치는 것의 착탈(着脫), 화장, 수염깎기, 구두 손질, 얼굴 표정, 웃음, 태도, 식사예법, 손님의 대접방법, 그 외의 교제 일반에 관한 여러 가지 행동의 패턴을, 반드시 언어표현을 동반하지는 않는 「대우행동」 = 「경어적표현」 = 「경어」라고 하는 것은 「경어」라고 하는 용어의 확대해석이라기보다 난용(亂用)이라고 해야 할 것으로 찬성할 수 없다.

이 니시다(西田, 1987:79)에서는, 경어가 「존경어(尊敬語)·겸양어A(謙讓語 A)·겸양어B(謙讓語 B)·공손어(丁寧語)·정중어(丁重語)·미화어(美化語)」의 5種6類로 분류되어 있다.

니시다(西田)와는 달리, 미나미(南)와 같은 견해를 가진 연구자도 있기는 하다. 하야시(林, 1973:42)는 대인행동 전체를 경어행동으로 보고, 「이와 같은 표현행동이 확산되어 가는 어느 단계에도 경어행동은 존재한다. 언어에 의하지 않는 표현행동 중에서, 태도, 언행, 행동양식 등은 경어행동의 대단히 큰 부분을 차지하고, 웃음, 호기(呼気)·흡기(吸気)의 사용법, 몸짓, 손동작 등, 언어에 직결된 동작이 경어행동과 밀접불가분의 관계에 있다는 것은 말할 것까지도 없다」라고 서술하고 있다.

본서에서는, 이상과 같은 견해를 참고로, 일본어의 대우표현을 연구하기 위한 좌표축으로써 경어와 대우표현을 다음과 같이 분류한다. 먼저, 대인행동에 있어서의 표현형식을 대우표현으로 한다. 대우표현에는, 언어적인 것과 비언어적인 것이 있는데, 언어적인 것에 초점을 맞춘다.

다음으로, 대우표현을 소재대우표현과 대자대우표현으로 이분(二分)한다. 이와 같은 이분법은, 쓰지무라에 의한 소재경어와 대자경어라고 하는 개념과 흡사하다. 그러나, 소재경어·대자경어라는 분류에서는, 제로평가 혹은 마이너스평가를 나타내는 표현을 취급할 수가 없다. 그래서 소재경어와 대자경어는, 소재대우표현과 대자대우표현의 하위개념으로 각각 위치를 부여하는 것이 적절한 것이다.

소재대우표현의 하위에 위치하는 것이, 소재경어 외에, 소재보통어와 소재비속어이다. 소재보통어는「あの先生がおっしゃった」에 대하여「あの先生が言った」와 같이 소재를 보통어로 대우하는 표현이고, 소재비속어는「あいつがそう抜かした」와 같이 소재를 비속어로 대우하는 표현형식이다. 소재경어에는 존경어와 소재성겸양어가 있다. 겸양어의 하위분류에 대해서는 제7장에서 상세하게 논한다.

대자대우표현은, 대자경어·대자보통어·대자비속어로 하위분류한다. 대자보통어는「あなたがおっしゃった」에 대하여「君が言った」와 같이 청자를 보통어로 대우하는 표현이며, 대자비속어는「お前がそう抜かした」와 같이 청자를 비속어로 대우하는 표현형식이다. 대자경어에는「대자성겸양어·정중어·공손어(丁寧語)」가 있다. 정중어(丁重語)는 겸양어 중에서 항상 청자에 대한 정중함을 나타내기 위해서 사용되는 경어를 말한다. 이 외에 소재경어와 대자경어의 두가지의 기능을 겸비한 미화어가 있다.

이상의 분류는 <表1>과 같이 나타낼 수 있다.[7] 표에는 나타나 있지 않지만, 대우표현은 상기한 바와 같이 소재대우표현과 대자대우표현으로 분류된다. 경어의 분류표에서 고딕체로 표시한 부분이 본서에서 분류한 방법인데, 좌우에 있는 전통적인 분류와의 상관관계에 대해서도 같이 이해해 둘 필요가 있다. 경어의 상세한 부분에 대해서는 각론에서 논하기로 한다.

<표 1> 경어와 대우표현의 분류

			존　경　어	존 경 어
대우표현	경　　어	소재경어	소재성겸양어	겸 양 어
		대자경어	대자성겸양어	
			정　중　어	
			공　손　어	공 손 어
			미　화　어	
	보 통 어	소재보통어		
		대자보통어		
	비 속 어	소재비속어		
		대자비속어		

이 분류를 기본으로 본론을 진행한다. 대우표현의 전체적인 틀 중에서 고찰의 중심대상이 되는 것은 자연히 그 핵심인 경어가 된다.

3. 경어의 기능 또는 효용

소재보통어나 대자보통어보다 훨씬 번잡한 경어를 사용하는 것에 어떠한 효용이 있는 것일까? 본론에 들어가기 전단계로, 여기에서는 경어의 전체적인 기능 또는 효용을 생각해 보자.

경어의 기능에 관한 고찰도 선행연구에 많이 보인다. 그 얼마간을 제시하도록 하자. 먼저, 쓰지무라(辻村, 1967)는 경어의 역할을 「상하의 식별에 의한 습관적경어, 은혜자·우위자에 대한 경어, 친하지 않은 사람에 대한 경어, 품격유지를 위한 경어, 자기에게 사용하는 경어」의 다섯 가지로 나누고 있다.

한편, 오이시(大石, 1975)는 경어의 효과로써 「높임을 위한 표현, 거리를 두기 위한 표현, 격식을 위한 표현, 위엄·품위·경멸·야유를 위한 표현, 친애를 위한 표현」을 들고 있다. 이 오이시(大石)의 견해는, 기타하라(北原, 1988)가 경어의 기능으로 들고 있는 「존경, 격식, 소원(疎遠), 품격유지, 자상함」과 거의 일치하고 있다.

종래의 각 설은 당연한 내용을 담고 있는데, 그들을 필자가 정리하자면, 경어는 「1) 경의, 2) 대인거리유지, 3) 품위, 4) 격식, 5) 미화」라는 기능을 갖고 있다고 할 수 있다. 国立国語研究所(국립국어연구소, 1990:96)는, 각각의 경어의 기능을 현대인의 경어의식에 근거하여, 「격식＞거리＞품위＞미화＞친애」와 같이 순위를 부여하고 있다. 이 순위부여에는 「높임(あがめ)」은 포함되어 있지 않은데, 「『높임(あがめ)』은 가장 약한 존재가 되어 있다」라고 논하고 있다. 요컨대, 현대의 경어법은 「격식(あらたまり)」에 그 중점이 놓여져 있고, 「경의」를 위한 경어는 「친애」를 위한 경어보다 비중이 가볍다고 보고 있는 것이다. 확실히, 현대의 경어가 이와 같은 경향에 있다는 것은 부정할 수 없다. 그러나, 경어의 제일의적인 기능은 역시 「높임(あがめ)」에 있다고 해야 할 것이다.

여기에서 필자는, 경어의 기능으로 「경의표시, 의례적운용, 대인거리확보, 품격유지, 야유표시」의 다섯가지를 들고자 한다.

경어의 가장 기본적인 기능은 역시 경의를 나타내는 「경의표시」에 있다. 청자 혹은 화제의 인물을 높이기 위한 용법, 화자 또는 화자측 인물을 언어적으로 낮추기 위한 용법이 이에 해당한다.

「의례적운용」이란, 경의와는 관계없이, 사회적인 관계에 의해 경어를 사용하지 않을 수 없는 경우의 용법이며, 경어를 「예어(礼語)」 혹은 「사교경어」라고 할 경우의 용법이 이에 해당한다. 공적인 자리에 있어서 경어를 사용하여 구두발표 등을 한다면, 그것도 경어를 의례적으로 사용한 것이 될 것이다. 경어의 의례적인 운용은, 사회적인 관계에 근거하여 사용하는 용법으로써 현대 경어운용의 가장 중심적인 역할을 점하고 있다고 할 수 있다.

상대에게 다가가고 싶지 않거나, 다가오지 말기를 바랄 경우에 의식적으로 경어를 사용하여 일정한 거리를 확보하고자 하는 경우의 기능이 「대인거리확보」의 기능이다. 말하자면 「경원(敬遠)」을 위한 용법이 이에 해당한다.

「품격유지」란 청자나 화제의 인물에 대한 배려보다도 화자 자신의 품격을 유지하기 위한 용법이다. 경어의 기능은, 항상 「외부」로만 향하는 것이 아니라, 화자 자신에게도 향한다. 즉 경어로 화자 자신의 교양·품위·위엄 등을 나타낼 수도 있는 것이다. 이것은, 미화어적인 기능이라고 할 수도 있다. 미화표현도 대부분은 이와 같은 기능을 갖고 있다. 이와 같은 기능이 일본어의 소위 미화어를 양산하는 요인이 되어 있다고도 할 수 있을 것이다.

「야유표시」란 비아냥이나 조롱 등, 경어를 마이너스의 뜻으로 사용하는 용법이다. 평상시에는 보통체를 사용하는 화자가 상대를 조롱하거나 비난하고자 하여 경어를 사용한다면, 그것은 야유표시로써 기능한다.

이상과 같은 경어의 기능은 일본어나 한국어에서 공통으로 찾아볼 수 있다. 그러나, 경의표시와 의례적운용은 한국어 쪽에 상대적으로 많이 보이고, 대인거리확보·품격유지·야유표시 등의 기능은 일본어 쪽에서 상대적으로 많이 발견된다. 특히, 비아냥이나 조롱 등 야유표시를 위한 기능은, 일본어 경어운용에 있어서의 특징이라고도 할 수 있다. 모리타(森田, 1989:93)는 「부인이 남편에게 경어를 사용하여 말을 한다고 하는 것은, 심적으로 상당히 거리가 있는, 남남처럼 서먹서먹한, 담을 쌓은 인간관계의 부부라고 할 만하다」라고 논할 정도로 일본어에서는 경어가 비난 등의 야유표시로 기능하는 경우가 많다.

4. 맺음말

이상, 일본어의 경어와 대우표현에 대하여, 그 정의와 종류, 기능을 중심으로 논했다. 경어와 대우표현은 같은 개념으로 이해되는 경우도 있지만, 역시 분리해서 생각하는 것이 여러모로 유효하다고 생각한다. 그 분류에 있어서도 배려의 대상이 누구인가의 기능을 중심으로 세분해서 고찰할 필요가 있다.

경어는 매우 복잡한 양상을 보이면서 일상생활 속에 스며들어 있다. 일본의 언어사회에서나 한국의 언어사회에서 대우표현은 경어를 떠나서는 생각할 수 없다. 경어에 대해서 긍정적인 생각을 갖고 있든지 부정적인 생각을 갖고 있든지와는 관계없이 양언어사회에서 경어의 중요성을 부정할 수는 없는 것이다. 따라서 경어에 대한 적극적이고 긍정적인 생각이 필요하다고 할 수 있다.

▌주

1) 이하, 일본어 원문의 한국어역은 필자가 번역한 것이다.
2) 「丁寧語」라는 용어는 한국어에는 존재하지 않기 때문에 「공손어(恭遜語)」라는 용어로 번역하여 사용하기로 한다.
3) 한국어에서도 대우표현 내지는 대우법이라는 말은 문법용어로 정착되어 있다. 단, 사전류에는 아직 표제어로는 일반화되어 있지 않다. 예를 들면, 『국어대사

전』의 「대우(待遇)」의 항에는,「①예의를 갖추어 대함. 접대(接待). ②직장에
서의 지위나 급료 등, 근무자에 대한 처우. ③어떤 지위에 준한 취급을 받는
격식」과 같은 설명 밖에 되어 있지 않고, 「대우법」또는 「대우표현」은 항목도
설정되어 있지 않다. 단, 「대우법」이라는 용어가 「존대법」이나 「경어법」 등과
동의어라는 형태로 실려 있는 경우는 있다. 예를 들면 『표준국어대사전』에는
「대우법(待遇法)」이 아무런 설명 없이 「=경어법」 즉 경어법과 동의어라고만
되어 있다.

4) 언어는, 음성 혹은 문자를 매개로 하는 표현과정이며, 이해과정이라고 하는 설.
  이에 의하면, 표현주체는 개념 → 청각영상 → 음성이라고 하는 과정을 경유하여
  표현하고, 이해주체는 음성·문자라고 하는 표현형태를 통하여, 반대방향의 과
  정을 거쳐 개념에 도달하여 이해가 성립한다. 이 쌍방향의 과정 그 자체가 언
  어이다.

5) 이와 같은 분류는,『国文学 言語と文芸』五巻二号(1963)에 일찍이 보이며, 그
  후의 저서에도 이것을 근간으로 한 분류가 제시되어 있다.

6) 인용출전은, 三矢(1978:26-28)에 의한다.

7) 「어(語)」와 「표현(表現)」의 관계는, 단어에 의해 표출되는 것을 표현이라고 해
  석한다. 따라서, 경어에 의해 행해지는 표현은 「경어표현」이고, 존경어에 의해
  행해지는 표현은 「존경표현」이다.

제2장

존경표현을 위한 체계

제2장
존경표현을 위한 체계

　일본어와 한국어에는, 양언어를 특징지우는 공통의 요소를 이룰 정도로 경어가 대단히 발달되어 있다. 여기에서 경어란, 언어일반에 보이는 politeness 를 말하는 것이 아니라, 경어표현을 위한 체계적인 구조를 가지고 있다는 것, 즉 honorifics 를 의미한다.

　한일양언어에는 공통특징으로써 경어가 발달되어 있기 때문에, 한국어화자의 입장에서는 일본어의 경어를 잘 이해할 것 같지만, 실제로는 그렇지 못한 경우가 적지 않다. 경어가 발달되어 있다는 공통특징을 제외하면, 경어체계 자체에 차이점이 있을 뿐만 아니라, 경어체계가 비슷한 경우에도 그것을 운용하는 데에 있어서는 상위점이 많기 때문이다. 따라서 한국어적인 감각으로 일본어의 경어를 대하게 되면, 일본어의 경어운용에 있어서 많은 오용을 산출하게 되며, 이로 인하여 커뮤니케이션에 지장을 초래하게 된다. 이 오용에는 단순한 문법적인 것도 있겠으나, 한국어, 즉 모어의 간섭에 의해 발생하는 오용이 적지 않다.

　존경어는 세계 여러 언어의 경어 중에서도 가장 일반적인 존재로 알려져 있다. 미야지(宮地, 1989:25)에 의하면, 존경어・겸양어・공손어(丁寧語)가 체계적으로 발달한 언어로 일본어・한국어・쟈바어・베트남어・티벹어가 있고, 존경어와 겸양어는 발달되어 있으나 공손어는 발달하지 않은 언어로 몽고어・순다어・힌두어가 있다. 또한, 체코어・중국어・영어 등은 존경어만 있고, 겸양어·공손어는 체계적으로 발달되어 있지 않다.

본장에서는, 경어의 각 분야 중에서 가장 기본적인 역할을 수행하고 있는 존경어에 대해서, 이것을 특정어형을 가진 부류와 경어성분을 첨가해서 만드는 부류로 나누어, 그 형태와 기능에 대해 고찰한다.

1. 특정어형으로써의 존경어의 종류

존경어(honorific language)란, 「화제의 인물(행위·소유물)에 대한 표현으로, 화자가 그 인물에의 경의적 배려를 나타내는 경어」(『日本語教育辞典』)를 말한다. 「존경어(尊敬語)·겸양어(謙讓語)·공손어(丁寧語)」로 분류되는 전통적인 학교문법을 비롯한, 여러 분류방법에 있어서의 존경어에서 보편적으로 해석되는 부분이다.

소재경어는 주로 존경어·겸양어로 구성되고, 어느것이나 특정어형을 갖는 부류와 경어성분을 첨가해서 만드는 부류로 나누어진다. 존경어를 예로 들자면, 「おっしゃる(말씀하시다)·いらっしゃる(계시다)」 등은 전자의 예로써 어휘론적인 것이고, 「お書きになる(쓰시다)·行かれる(가시다)」 등은 후자의 예로써 존경성분 「お―になる·れる」를 사용하여 산출된 형태론적인 것이다. 한국어에서도 마찬가지로, 예를 들면 「계시다」는 특정어형을 갖는 경어, 「쓰시다」는 경어성분 「시」를 첨가해서 만들어진 경어이다. 이와 같이 양언어의 존경어는 그 체계에 있어서 유사성을 갖는다. 그렇지만, 그 종류와 운용면에 있어서는 상당한 차이점이 나타난다.

특정어형으로써의 존경어는, 동사·명사·대명사에 나타난다는 점에서 양언어는 공통점을 갖고 있다. 그 중에서도 특히 동사에 발달되어 있다. 특정어형을 가진 존경어의 동사, 예를 들면 「おっしゃる(말씀하시다)·いらっしゃる(계시다)」 등을 존경동사라고 부른다. 또한, 특정어형을 가

진 겸양어의 동사, 예를 들면「申し上げる(말씀드리다)・差し上げる(드리
다)」등을 겸양동사라고 하고, 존경동사와 겸양동사를 합하여 경어동사
라고 총칭한다.

1) 존경동사의 형태와 특징

특정어형을 가진 존경어의 주체는, 특히 동사, 즉 존경동사이다. 이것
은 한일양언어에 공통된다. 그러나, 양언어의 존경동사의 형태를 비교해
보면, 한국어 쪽이 비교적 단순한 데에 비해, 일본어 쪽은 다양한 종류
를 갖고 있다는 것을 알 수 있다.

양언어에 있어서의 존경동사에 어떠한 것이 있는지 살펴보도록 하자.
먼저, 현대일본어에 있어서의 존경동사로는 다음과 같은 것을 들 수 있
다.

(1) a) いらっしゃる・おっしゃる・くださる・亡くなる・なさる・召し
       上がる・あがる・召す・みえる
    b) あそばす・おぼしめす・仰せつける・仰せられる・たまわる
       (<授ける)
(2) a) おいでになる・お越しになる・ご覧になる・お休みになる(<寝る)
    b) お出ましになる・おかくれになる

이와 같이 일본어의 존경동사는 그 종류가 풍부하다. (1)이 본래의 존
경동사이다. (1a)는 자주 사용되지만 (1b)는 일상적인 언어생활에서는
사용빈도가 매우 낮다. 그러나, (1b)도 황실경어[1] 혹은 고풍적인 특수한
가정 등에서 확실히 사용되고 있는 용어들이다.「召す」는「お風邪を召
す・お気に召す・お歳を召す・着物を召す」등 운용폭이 넓다.

(1a)의「亡くなる」는, 그것을 존경동사로 취급하는 데에는 논란의 여

지가 있다. 「母が亡くなりました」라고 하는 표현은 자주 들을 수 있는 말인데, 현대어에서는 존경어로써의 기능을 거의 상실하고 있다고 할 수 있을 것이다. 그것이 순수하게 존경어라면, 상대경어법[2](相對敬語法)을 규범으로 하는 일본어에서는 상기와 같은 절대경어적표현[3]은 오용이 되기 때문이다. 실제로, 「亡くなる」는 미화어 또는 공손어로 사용되는 경우가 많은데, 본장에서는 타인에 대하여 사용하는 경우에 이를 존경어로 간주하기로 한다.

(2)는 존경어를 구성하는 경어성분, 즉 존경성분 「お・ご-になる」가 첨가되어 있다. 그러나, 존경성분을 첨가하여 만드는 일반적인 존경어와는 달리 단어의 본체와 첨가성분이 일체화되어 있다. 즉, 존경성분을 배제하면, 그것을 붙여서 나타내고자 하는 기본적인 의미가 전달이 되지 않게 되어 버리는 것이다. 예를 들면, 「お越しになる」에서 존경성분 「お-になる」를 배제한 「越す」는 「넘다, 건너다, 이사하다」 등의 일반적인 뜻을 나타내기 때문에, 「お越しになる」가 나타내고자 하는「行く・来る」의 의미를 나타낼 수 없게 된다. 따라서, 여기에서는 (2)를 존경동사로 분류한다. (2a)와 (2b)의 구별은 사용빈도의 고저에 의한 것이다. (2b)는 사용빈도가 매우 낮기는 하지만, 사용되고 있는 것은 확실하다.

(2a)의 「お休みになる」는 「寝る」에 대한 경어로 사용될 경우에 한하여 존경동사이다. 즉, 「休憩する」라는 뜻의 「休む」에 대한 경어로 사용되는 「お休みになる」는 성분첨가에 의한 것이지 존경동사가 아니다. 또, 「寝る」의 뜻으로 「休む」를 사용하는 경우에 있어서의 「お休みになる」도 성분첨가에 의한 것이다. 실제로, 「寝る」의 뜻으로 「休む」를 사용하는 경우도 있을 것이다. 「お休みになる」가 존경동사로 기능하는 것은, 보통어로는 「寝る」를 사용하는 화자가 「상(上)」이나 「소(疎)」의 관계에 있는 인물을 대우하기 위하여, 「お寝になる」를 쓸 수 없기 때문에,

이를 대신하여 완곡한 표현으로「お休みになる」를 사용하는 경우이다.

　일본어에 비하면, 한국어의 존경동사의 수는 매우 적다. 한국어 고유의 존경동사로써 일반적으로 사용되는 것으로는,「말씀하시다·계시다·잡수시다·주무시다·돌아가시다·드시다」의 여섯 개 밖에 없다. 그 결과, 일본어의 존경동사를 한국어로 표현하고자 할 경우에는, 몇가지를 제외하고는 존경성분의 힘을 빌리지 않으면 안된다. 예를 들면,「くださる」를 표현하고자 할 경우에는,「주다(くれる)」에 존경성분「시」를 첨가하여「주시다」라고 표현할 수 밖에 없다. 위의 존경동사 이외에「편찮으시다」「행차(行次)하시다」등을 생각할 수가 있겠는데, 전자는 존경성분이 없는「편찮다」라는 보통어가 일반적으로 사용된다는 점에서 다른 경어동사와 구별되고, 후자는 한자어에 의한 것이라는 점에서 존경동사와 그 성격을 달리한다. 이와 같은 것은 체언과 용언으로 분해가 가능하다는 점에 있어서도, 고유어에 의한 존경동사와는 성격이 다르다. 어쨌든, 한국어에 있어서도 보통동사와 존경동사의 대립이 존재하는데, 그 수는 매우 적어서, 일본어의 존경동사의 절반도 되지 않는다.

　한국어의 존경동사에는 공통의 형태적 특징이 있다. 그것은, 한국어의 존경동사에는,「말씀하시다·계시다·잡수시다·주무시다·돌아가시다·드시다」와 같이, 존경성분을 대표하는「시」가 반드시 첨가되어 있다는 것이다. 이것은 언뜻 보면 존경성분의 첨가에 의한 것이지, 존경동사가 아닌 것처럼 생각될 수도 있을 것이다. 그러나,「시」를 제거하면 존경동사에 대응하는 보통어로 기능하지 않는다. 단어 자체가 성립하지 않든지, 혹은 단어의 뜻이 바뀌어 버린다. 즉, 존경성분과 일체가 되어 비로소 존경동사로써의 기능을 발휘하는 것이기 때문에 특정어형의 존경동사이다. 일본어에도「お越しになる·ご覧になる」와 같이, 존경성분「おーになる」「ごーになる」와의 합성에 의한 존경동사가 부분적으로 존재하지만, 한국어의 존경동사는 그 모두에 합성성분이 첨가되어 있다는 것이 특징인 것이다.

여기에서 또 한가지 주목할 점은「말씀하시다 : おっしゃる, 계시다 : いらっしゃる, 잡수시다 : 召し上がる, 주무시다 : お休みになる, 돌아 가시다 : お隠れになる, 드시다 : 召し上がる」와 같이, 한국어의 존경동 사를 일본어로 번역하면, 일본어도 모두 존경동사가 대응한다는 것이다. 이것은 우연에 의한 일치가 아니라, 한일 양국에 있어서 인간을 대할 때 의 발상이 동일하다는 것을 시사하는 것으로, 제6장에서 논할 존경동사 발달의 요인에 중요한 의미를 갖는다.

2) 존경체언의 형태와 특징

특정어형은 동사에만 갖추어져 있는 것은 아니다. 체언에 있어서도, 특정어형을 가진 존경어, 즉 존경체언이 존재한다. 존경체언은, 한국어 쪽이 일본어보다 다양하게 갖추어져 있다.

먼저, 한국어에 있어서의 존경체언부터 보도록 하자. 한국어에서 일반 적으로 사용되는 존경체언을 보통체언과 대비하여 나타내 보면,「나이 →연세(年歲)・춘추(春秋), 집→댁(宅), 술→약주(藥酒), 이→치아(齒牙), 이 름・성명(姓名)→성함(姓銜)・존함(尊銜)・존함(尊啣)・함자(銜字)」와 같 다. 한글만 있는 것은 고유어이고, 한자표기가 되어 있는 것은 한자어[4] 이다.

이 예를 보면, 체언의 존경어로 사용되는 용어는 거의 대부분이 한자 어라는 특징을 찾아낼 수가 있다. 즉, 보통어인 고유어에 대해 한자어가 존경어로 사용되는 것이다. 이것은, 고유어보다 한자어에 무게를 두고 있다는 것을 나타내고 있다.「이름・성명(姓名)」의 경우는, 보통어가 고 유어와 한자어로 양립하는데, 고유어는 대화체, 한자어는 문장체의 성격 이 강한 것이다. 물론, 같은 한자어이더라도,「생일(生日)→생신(生辰),

병(病)→병환(病患)」과 같이, 보통어와 존경어의 대립이 존재하는 경우도 있다. 그러나, 이것은 일종의 예외적인 존재라고 할 수 있다.

고유어보다 한자어를 존경어로 인식하는 경향은, 성분첨가의 성질을 갖는 단어까지 확대하면 보다 현저해진다. 예를 들면, 「방명(芳名)・존안(尊顔)」과 같은 것은 「이름・얼굴」과 같은 표현보다 경의도가 높은 용어로 인식되어 있다.

단, 한국어의 체언 중에는, 한자어에 의하지 않고 고유어로 나타내는 존경어도 얼마간 존재한다. 예를 들면, 「말」에 대한 「말씀」, 「밥」에 대한 「진지」 등이 그것인데[5], 그 예는 매우 한정되어 있다. 타인의 「딸」에 대한 존경어인 「따님」, 타인의 「아들」에 대한 존경어인 「아드님」과 같은 것도 고유어에 의한 것이긴 하지만, 이들은 존경접미사에 의한 것이기 때문에 존경체언이라고는 간주할 수 없다. 존경체언이란, 단어 그 자체가 존경어가 되어 있는 것을 가리키고, 접사와 같은 존경성분의 첨가에 의한 것은 가리키지 않기 때문이다.

이제, 일본어에 있어서의 특정어형을 가진 존경체언에 대해 검토해 보자. 일본어의 경우는, 한자어에 의한 것이든 고유어에 의한 것이든, 특정어형으로 보통어와 존경어의 대립을 이룬다고 할 수 있는 것은 표면적인 형태로는 거의 찾아볼 수 없다. 「お前(너)・きみ(자네)」에 대한 「あなた(당신)」가 존재하지만, 이것 이외에는 존경체언을 찾아내는 것이 곤란하다. 그것은 체언에 어려움 없이 사용되는 존경첨가성분 「お・ご」가 존재하는 것에 기인한다고 판단된다.

그러나, 존경성분의 첨가에 의해 특정어형화되어 있는 「尊顔(そんがん)・芳名(ほうめい)」와 같은 것은 어떠한가? 이들은 다음 항에서 취급을 하겠지만, 한자어인 「尊顔(존안)・芳名(방명)」 등이 고유어인 「顔(얼굴)・名前(이름)」보다 경의도가 높게 인식되어 있다. 이것은, 역시 고유어보다 한자어에 높은 경의도를 느끼는 인식에 의한 것이다.

또, 존경어라고는 하기 어렵지만 다음과 같은 용어는 어떠한가? 예를 들면, 「きのう」에 대한 「さくじつ(昨日)」, 「きょう」에 대한 「ほんじつ(本日)」, 「あした」에 대한 「みょうにち(明日)」와 같은 쌍이다. 전자에 대한 후자는, 보통, 공손어, 미화어, 격식어(改まりの表現) 또는 정중어 등으로 불리고 있다. 이들은 대자경어에서 다시 논하겠지만, 한자어가 고유어보다 정중하다고 인식되어 있는 것을 반영한 것이다. 즉, 경의도에 차이를 부여하고 있는 것이다. 한국어의 경우에도, 「오늘」에 대한 「금일(今日)」, 「모레」에 대한 「명후일(明後日)」 등은, 한자어인 후자에 중심을 두고 문장체에서 사용되고 있다.

이와 같은 현상은 무엇을 의미하는 것일까? 일본이나 한국이 모두 한자문화권인 것은 사실이다. 그렇기는 하지만, 고유어와 한자어와의 대립에 있어서 후자에 중심을 두는 것은 사대주의사상의 일환이라고 생각된다. 과거에는 한자의 발상지인 중국의 문물을 흠모하는 경향이 있었다. 그 경향은, 문자 혹은 말에도 그대로 영향을 받아 지금도 이어지고 있는 것이다.

이것은, 「남의 것」을 큰 것이라고 생각하는 작금의 시대풍조와도 관련지을 수 있는 것이 아닐까? 즉, 일종의 외래어인 한자어에 특별한 어감을 품는 경향은, 현대의 언어에 대한 일반적인 의식에까지 계승되고 있다고 생각되는 것이다. 예를 들면, 소위 알파벳 문자에 어감이 멋있다고 느끼는 현대의 풍조도, 고유어보다 외래어에 무게나 정취를 느끼는 의식의 발로라고 할 수 있다. 지금의 서양도취와 같은 현상은 과거의 중국도취에 그 근원을 발한다고 생각되는 것이다. 이것은, 일본에 있어서도 한국에 있어서도 마찬가지이다.[6] 한자어에 무게를 두는 사고방식은 연배층에서 현저하고, 서양어에 멋을 느끼는 것은 약년층에 현저하지만, 그 의식의 근원에는 유사한 것이 깔려 있다고 할 수 있는 것이다.

2. 존경성분의 종류와 특징

이제 존경성분에 대해 살펴보도록 하자. 이하에 있어서, 먼저 용언에 첨가되는 존경성분을 거론하고, 다음으로 체언에 첨가되는 존경성분에 대해 고찰한다.

1) 용언에 첨가되는 존경성분

일본어에는 용언에 첨가되는 존경성분이 다양하게 발달되어 있다. 그리고, 용언의 종류에 따라서 사용되는 존경성분도 각각 다르다. 예를 들면, 동사에 첨가되는 존경성분으로는 「お・ご—になる」「れる・られる」가, 형용사(い형용사)・형용동사[7](な형용사)에 첨가되는 존경성분으로는 접두사 「お」와 「ご」가 일반적으로 사용된다. 이처럼, 일본어는 용언에 첨가되는 존경성분이 다채로울 뿐만 아니라, 용언의 종류에 따라 사용되는 존경성분이 각각 따로 준비되어 있다. 접두사 「お」「ご」는 체언에 사용되는 가장 기본적인 존경성분이기도 하다.

이에 비하여, 용언에 첨가하는 한국어의 존경성분은 매우 단순하며, 보조동사 이외에는 존경보조어간[8] 「시」하나로 대체하고 있다. 「시」는, 동사・형용사를 불문하고 사용되는 생산성이 지극히 높은 존경성분이다.

먼저, 동사에 첨가되는 존경성분부터 보도록 하자. 동사에 첨가되는 일본어의 대표적인 존경성분은, 형식동사 「お・ご—になる」와 조동사 「れる・られる」이다. 「お・ご—になる」는 본래의 존경성분으로, 존경동사에 대응하는 보통어를 제외한 거의 모든 동사에 적용할 수가 있다. 한편, 「れる・られる」는 수동형에서 유래하는 존경성분인데, 생산성은 지극히 높아서, 예를 들면 「言われる・来られる」와 같이 존경동사에 대응하는 보통어에도 적용할 수 있다.

동사에 사용하는 일본어의 존경성분은, 위에 든 것 이외에도, 「お·ご
ーなさる」「ーなさる」「お·ごーだ」「お·ごーです」「お·ごーあそば
す」「お·ごーくださる」 등이 생산적이다. 「お·ご」와의 합성에 의한
것이 많고, 그 만능성이 돋보인다. 또 일본어에서는 보조동사를 존경성
분으로 한 표현, 즉 존경보조동사 「てくださる」「ていらっしゃる」「で
いらっしゃる」 등에 의한 존경표현도 자주 사용된다.

위의 존경성분 중에서, 동사에 적용되는 성분은 동사의 활용형에 의해
규칙적으로 산출된다는 점에서 형태론적인 현상이라 할 수 있으며, 형용
사·형용동사의 경우는 기본적으로 고유어인지 한자어인지에 의해 「お」
와 「ご」를 구분해서 쓴다는 점에서 어휘론적인 현상이라 할 수 있다.

형식동사로 사용되는 각종 존경성분 중에서, 「お」를 앞에 붙인 성분
에는 대부분 동사의 연용형이 적용된다고 하는 특징이 있다. 다음의 예
를 보자.

(3) a) 専務は今コーヒーをお 飲み になっていらっしゃいます。
    b) 大統領はただ今お 話し なさっていらっしゃいます。
    c) この知らせを聞くと君のお母さんもきっとお 喜び だろう。
    d) ここにちょっとお 越し あそばせ。
    e) ぜひ一度お 越し ください。

이와 같이, 연용형이 적용되는 것은 역사적으로 보면 당연한 결과라
고 할 수 있다. 「おーになる」 등의 형식동사에는 연용형을 첨가하는 것
으로 되어 있는데, 이 연용형은 근원을 따지자면 명사를 만들기 위한 연
용형이었다고 판단되기 때문이다. 연용형은 동사를 명사화하는 기능을
갖는데, 그 명사화된 연용형이 존경형식동사에 사용되었다고 할 수가 있
는 것이다. 왜냐하면, 「ーになる」에 뭔가를 첨가할 때에는 명사형이 아
니면 안된다. (3b)의 「ーなさる」도 「ーする」의 존경어이므로 「ーする」

에 명사형이 첨가되는 것을 고려하면 「－なさる」에도 명사형이 첨가된 다고 할 수 있다. (3c)의 「－だ」는 말할 것도 없다. 즉, 이들은 모두 명 사형을 필요로 하는 형식이다. 따라서, 「お－になる」 등에 첨가되는 연 용형은 「－になる」 등에 첨가하기 위한 「お＋名詞形」으로 해석할 수가 있는 것이다. 단, 이와 같은 해석은 역사를 거슬러 올라가면 올바른 해 석이지만, 본서에서는 교육상의 사정을 고려하여 연용형이 적용된다는 입장을 취한다.

동사에 적용되는 존경성분 중에서 가장 생산성이 높은 것은 「れる · られる」이다. 이는 인간을 주어로 하는 거의 모든 동사에 첨가하여 존 경어형을 만들 수 있다. 물론, 경어의 성질상 품위없는 의미의 단어나 상위자에게는 쓰기 어려운 용어, 예를 들면 「かんぐる(억측하다)」「たま げる(기급을 하다)」「とちる(실수하다)」「へばる(녹초가 되다)」「めんくらう (허둥대다)」 등과 같이, 만들 수는 있으나 쓸 수가 없는 것도 있기는 하 다.「お · ご－になる」도 일상생활에서 빈번히 사용되고 있으나, 같은 「す る동사」라고 하더라도 「ご使用になる」는 가능하나 「ご運転になる」는 불가하다는 등의 제한이 있다.

한편, 한국어의 동사에 첨가되는 대표적인 존경성분은, 전술한 대로 「시」이다. 일본어의 존경형식동사의 기능을 하는 한국어의 존경성분은 이것 밖에 없다. 따라서, 형식동사의 첨가에 의한 일본어의 존경표현은, 한국어에서는 특정어형의 존경동사가 없으면, 모두 「시」에 의한 표현으 로 변환된다. 한국어 고유의 존경동사로 현재 일반적으로 사용되는 것 은, 앞에서 제시한 6단어 밖에 없기 때문에, 「시」는 거의 대부분의 동사 에 첨가할 수 있다고 생각해도 좋다. 「시」 이외에는, 존경동사인 「계시 다」와 성분첨가에 의한 「주시다」가 보조동사로 원용될 뿐이다. 이 「시」 는 형용사의 존경성분으로도 활용되고 있다. 따라서, (4)에서 보는 바와 마찬가지로, 일본어의 존경성분에 의한 표현은 한국어의 경우, 전부 「시」

에 의해 나타낼 수 밖에 없다.

> (4) a) 今回の論文は何についてお書きになる ご予定ですか。
>> (이번 논문은 무엇에 대해서 <u>쓰시</u>-ㄹ <u>예정이시</u>-ㅂ 니까?)
>
> b) 次に<u>来られる</u>ときは必ず判子を<u>お持ちください</u>。
>> (다음에 <u>오시</u>-ㄹ 때에는 필히 도장을 <u>가지고 오시</u>-ㅂ 시오)
>
> c) 先生はその会議に<u>ご出席なさる</u> <u>お考えだ</u>よ。
>> (선생님은 그 회의에 <u>출석하시</u>-ㄹ <u>생각이시</u>-어)
>
> d) 本当に<u>お美しい</u> 方でいらっしゃいますね。
>> (정말 <u>아름다우시</u>-ㄴ <u>분이시</u>군요)

　일본어의 경우,「お-になる」는 고유어에 붙기 쉽고, 한자어에는「ご-になる」나「ご-なさる」가 붙기 쉬운데, 한국어에는 이와 같은 구별은 존재하지 않는다.「시」는 고유어에나 한자어를 포함한 동사에나 구별없이 첨가할 수 있다는 점에 한해서 말하자면, 일본어의「れる·られる」와 유사하다고 할 수 있다.

　위와 같이, 양언어의 존경성분의 종류에는 커다란 차이가 있다. 이것은 표현의 다양성에도 관련되어 있다. 일본어에는 존경성분이 많기 때문에, 같은 사항을 말할 때에도 경의도가 다른 각종 표현이 가능하다. 예를 들면,「書く(쓰다)」라는 행위에 대해서,「お書きになる·書かれる·お書きなさる·お書きだ·お書きあそばす·お書きくださる」등 다양한 표현을 만들 수가 있는 것이다. 그러나 한국어의 경우에는「쓰다」에 대해「쓰시다」밖에 없다. 존경보조동사에 있어서만,「書いていらっしゃる·쓰고 계시다」「書いてくださる·써 주시다」와 같이, 양언어는 대응하는 표현형식을 갖는다.

　다음으로, 형용사에 첨가되는 존경성분을 보도록 하자. 일본어의「い형용사」의 존경표현은「お美しい」와 같이 접두사「お」를 첨가해서 만들어진다. 「な형용사(형용동사)」의 존경표현에도 접두사가 사용되는데, 「しとやかだ」와 같은 고유어에는 「お」가 붙기 쉽고, 「親切だ」와 같은 한자어에는 「ご」가 붙기 쉽다. 「い형용사」에도 「な형용사」에도 동사에 적용하는 존경성분은 사용되지 않는다.

「い형용사」에 「お」가 첨가되는 것은 「い형용사」의 대부분이 고유어인 것에 기인한다. 한자어의 성분이 포함되는 형용사로는, 「用心深い」 「欲深い」 등의 복합어가 보일 뿐이다. 그 밖에, 「ナウい」와 같이 외래어와의 합성에 의한 형용사가 존재하는데, 이와 같은 단어에는 보통 「お」를 붙이지 않는다. 「い형용사」에 보조동사를 첨가하여 「美しくていらっしゃる」와 같은 존경표현을 만드는 경우가 있는데, 「お美しい」에 비하면 일반적이지는 못하다.

「な형용사」의 경우, 한자어에 「ご」가 붙기 쉬운 것은 일반적인 성질인데, 한자 한글자로 된 「な형용사」에는 존경성분을 첨가할 수 없는 경우가 많다. 예를 들면, 「雑だ, 妙だ, 逆だ, 損だ, 急だ, 別だ, 変だ」 등에는 「お」도 「ご」도 첨가할 수가 없다. 단, 「得だ, 楽だ」와 같이, 예외적으로 「お」를 첨가할 수 있는 경우가 있다.

한자 두글자로 된 「な형용사」에는 보통 「ご」가 첨가되지만, 「お」가 첨가되는 경우도 드물지는 않다. 이하는 그 예이다.

    (5) a) お上品だ, お綺麗だ, お元気だ, お達者だ
        b) お下品だ, お利口だ, お下劣だ, お節介だ

이 중에서, (5a)가 본래의 존경어로써의 기능을 수행하는 것이다. (5b)는 존경어로써보다도 야유를 표현하기 위한 기능이 우선적이다. 「お節介だ」는 「節介だ」보다 「お」를 첨가하여 거의 한단어의 형태로 사용되는 것이 보통이다. 「お大事に」는 부사형으로 밖에 사용되지 않지만 한자어에 「お」가 붙는 예이다. 참고로, 「粗末だ」에도 「お」가 첨가되는데,「お粗末だ」는 겸양어로 기능한다.「な형용사」에 보조동사「でいらっしゃる」를 첨가하여 만드는 존경표현은,「朗らかでいらっしゃる・急でいらっしゃる・綺麗でいらっしゃる」와 같이, 고유어・한자어를 불문하고 일반적으로 사용된다.

한국어의 경우, 형용사에 첨가되는 존경성분은 동사의 경우와 마찬가지로 존경보조어간「시」이다.「시」는 서술의 대상이 되는 인물을 형용할 경우의 존경성분으로 생산적으로 사용된다. 한국어에는「형용사(い형용사)」와「형용동사(な형용사)」의 구별이 없기 때문에, 일본어의 형용동사에 대응하는 말은 일반적으로 형용사 안에 포함된다.

이처럼, 한국어의 형용사에 첨가되는 존경성분은 단어의 성질에 관계없이 하나이다. 그에 비하여, 일본어의 경우에는 몇가지의 존경성분이 갖추어져 있다. 그러나, 그 존경성분을 첨가할 수 있는 범위는 한국어쪽이 오히려 넓다. 즉, 일본어의「い형용사」및「な형용사」에 첨가하는 존경접사「お・ご」는 매우 편리하기는 하지만, 고유어인지 한자어인지에 따라 사용이 달라질 뿐만 아니라,「お」는「お」로 시작되는 단어에는 붙이지 어렵다는 등의 제약이 있다.

여기에서, 한국어의 존재사와 지정사를 사용한 존경표현과 일본어와의 관계에 대해 언급하고자 한다. 존재사란 일본어의「ある・いる」에 상당하는「있다」를 말하며, 지정사란 일본어의 조동사「だ・である」에 상당하는「이다」를 말한다.

일본어의「ある・いる」는 동사로 취급되고 있는데, 그것을 존경표현으로 바꾸려면,「ある」는 첨가형식을 사용하여「おありだ」로 하고,「いる」는 존경동사「いらっしゃる」로 한다. 또, 조동사인「だ・である」는「な형용사」를 존경표현으로 바꿀 때에 사용하는 보조동사를 사용하여「でいらっしゃる」와 같이 한다. 이에 비하여 한국어에서는, 존재사와 지정사 어느것을 존경표현으로 바꾸는 경우라도 존경보조어간「시」가 사용된다.

문제는, 존재사「있다(ある・いる)」및 그 부정형인「없다(ない・いない)」의 각각에 대하여, 존경표현이 두종류 존재한다고 하는 점이다. 하나는 첨가형식을 사용하는 것이고, 또하나는 존경동사를 사용하는 것이다. 한국어의 보통형 존재사는, 인물과 사물에 의한「ある・いる」의 구별이 없고, 인물인가 사물인가의 여하에 관계없이 같은 형태가 사용되는데, 그 경어형에 있어서는 인물인지 사물인지에 따라 달리 사용되고 있는 것이다.

첨가형식을 사용하는 존재사의 경어형은, 인물 그 자체를 대우하는 것이 아니라, 인물에 속하는 사물・사항 등을 나타내는 경우에 사용되는 것으로, 이것이 본래의 바른 용법이다. 따라서, 이것은 일본어의「ある・ない」의 경어형에 상당하는 것이며, 그 형태는 보통형 존재사「있다(ある)」「없다(ない)」에 대하여,「있으시다(おありである)」「없으시다(おありではない)」이다.

한편, 인물을 직접 대우하는 경우의 존경존재사로는 존경동사를 사용하지 않으면 안된다. 특정어형의 존경존재사는, 일본어의「いない」의 경어형에 상당하는 것으로,「계시다(いらっしゃる)」및 그 부정형「안계시다(いらっしゃらない)」를 말한다.

다음으로 지정사를 알아보자. 지정사의 존경형은, 보통형 지정사「だ・である(이다)」및 그 부정형「ではない(아니다)」에 보조동사를 첨가하여「でいらっしゃる(이시다)」「ではいらっしゃらない(아니시다)」와 같이 만들어진다. 지정사의 존경형은 특정어형의 존경동사는 없다. 따라서, 인물・사물・사항에 관계 없이 같은 형태가 사용된다. 한 예를 제시하자. 다음의 (6)은 인물을 직접 대우하는 경우이고, (7)은 인물을 형용하는 경우의 용법이다.

(6) 山田さんはとても素晴らしい国語学者<u>でいらっしゃる</u>。
   (야마다씨는 아주 훌륭한 국어학자이-<u>시</u>-다)

(7) 先生はしばらく休憩中<u>でいらっしゃいます</u>。
   (선생님은 잠시 휴식중이-<u>시</u>-ㅂ니다)

이 예에서 보듯이, 양언어의 지정의 존경형은 존경성분을 사용하는 점에서 공통된다. 단, 한국어는 보조어간을 사용하는데 비하여, 일본어는 보조동사를 사용한다는 점에서 차이가 있다. 일본어의 보통형 지정사에 존경조동사를 첨가하는「であられる・であられない」는 현대어에서는 그다지 용례를 찾아볼 수 없다. 이와 같은 차이에 의해서, 한국어에서는 사항이 주어가 될 때에, 예를 들면「<u>건강이 제일이 아니-시-어요?</u>」와 같은 표현이 극히 정중한 표현으로써 보통으로 사용되지만, 그 번역인「<u>[ご]健康</u>が第一ではあら<u>れ</u>ませんか」와 같은 일본어는 일반적으로 사용되지 않는다. 그 대신에 정중함을 담당하는 것이,「<u>ご健康</u>が第一ではございませんか」에 있어서의「ござる」라고 할 수 있을 것이다. 단,「<u>大変お忙しい毎日であられる</u>と思いますが, 暇をみつけて是非読んで下さい(私信, 下線筆者)」와 같은 표현에 조우하는 경우는 있다. 약간 고풍적인 표현이긴 하지만, 일본어에서 보통형 지정사에 존경조동사를 첨가하는 형태가 존재한다는 것을 보여주는 예이다. 또, 존경조동사의 첨가에 의한「でおられる・でおられない」는 일반성을 갖고 있지만,「おる」가 겸양어적 성질을 갖기 때문에 존경형 지정사로 보기는 어렵다.

이상에서 본 바와 같이, 한일양언어의 용언의 존경형은 성분첨가에 의한 형태가 다용된다는 점에서는 공통적이다. 그러나, 그 형태에 있어서, 일본어는 각 용언별로 사용하는 매우 풍부한 존경성분을 갖추고 있는데에 비하여, 한국어의 존경성분은 모든 용언에「시」하나만이 사용될 정도로 지극히 단순하다고 하는 극단적인 대조를 이루고 있다.

2) 체언에 첨가되는 존경성분

일본어에서는 용언에 사용하는 것과 비슷할 정도로 빈번하게, 체언에
대해서도 존경성분이 첨가된다. 체언에 첨가되는 가장 대표적이고 생산
적인 존경성분은 존경접두사「お・ご」이다. 이들 접두사는 체언에 첨가
되어 다채로운 기능을 발휘한다. 한편, 한국어에는 체언에 붙는「お・
ご」와 같은 존경접두사는 일반적으로는 존재하지 않는다. 그러나, 예외
적이긴 하지만, 그와 같은 접두사가 한국어에 전혀 존재하지 않는 것은
아니다. 이 점에 대해서는 제3장에서 자세하게 다룬다.

(1) 접두사로 사용되는 존경성분

일본어의 접사「お」「ご」는, 존경접사・겸양접사・미화접사 등, 경어
성분으로써의 다양한 기능을 가지고 있다. 여기에서는「お」「ご」의 가
장 기본적인 기능인 존경접사로써의 기능에 대하여 논하고자 한다.

접두사「お・ご」는, 형용사・형용동사의 존경성분으로써 뿐만 아니라,
명사의 존경성분으로써도 매우 생산적이다.「お+명사」도「ご+명사」도
같은 역할을 하는데, 전자는 (8a)에 제시한 바와 같이 주로 고유어에 붙
는다. 후자는, (9a)에 있어서처럼 주로 한자어에 붙고,「御」라는 한자로
표기하는 경우도 적지 않다. 단 이 구별은 절대적인 것은 아니다. 예를
들면, 한자어이더라도 (8b)와 같이 습관적으로「お」가 붙는 경우도 있
고, 고유어의 경우에도 특히 부사 등에서는 (9b)와 같이「ご」가 붙는
경우도 있다.

(8) a) お酒, お気持ち, お家, お顔, お心, お姿, お名前, お着物, お所,
　　　お店, お人柄, お肌, お宿, お命, お庭, お味, お髭, お向かい
　　b) お電話, お写真, お帽子, お愛想, お食事, お時間, お世話, お客
(9) a) ご意見, ご回答, ご気分, ご参加, ご専門, ご住所, ご対面, ご立

派, ご案内, ご自愛, ご親切, ご説明, ご用心, ご臨席, ご訪問,
ご援助
 b) ごゆっくり, ごもっとも, ごゆるり

「お」가 첨가되는 한자어와 「ご」가 첨가되는 한자어는 약간 성질이
다르다. 일반적으로, 일상생활에서 매우 친근감이 있는 용어에는, 그것
이 한자어이더라도 「お」를 첨가하는 경우가 많다고 알려져 있다. 그러
나,「お」와 「ご」의 구분에는 또 다른 특징을 찾아낼 수가 있다. 「ご」가
붙는 명사는,「ご自分・ご本・ご飯」과 같이 구상물을 나타내는 한자어
가 얼마간 존재하기는 하지만, (9a)에서 추찰되듯이 그 대부분이 추상적
인 사항을 나타내는 단어이다. 이에 비하여 「お」가 붙는 명사는 일반적
으로 구상물을 가리킨다. 물론,「お」가 붙는 한자어에도 「お愛想」와 같
이 추상적인 사항을 나타내는 단어가 포함된다. 또,「お電話」도「電話
機」가 아니라,「전화를 하는 행위」를 나타내는 경우에는 구상물이라고
할 수 없다. 그러나 「お」가 붙는 한자어는, (8b)의 「お電話・お写真・
お帽子」 등과 같이, 구상물을 나타내는 경우가 많다는 점에서 「ご」가
붙는 한자어와 다르다는 것이다. 추상물을 나타내는 한자어에 「ご」가
첨가되기 쉬운 것은, 바꾸어서 말하면, 원래 한자어에 행위나 추상적인
개념을 나타내는 단어가 많다는 것과 관계가 있을 것이다. 그 반면에,
「お」가 첨가되는 한자어에는 비교적 근대적인 조어가 많은 것도 특징
이다.

일본어에는,「お・ご」와 근원을 같이 하는 존경접두사가 그 밖에도
몇가지 갖추어져 있다. 다음에 제시하는 「おん・おおん・ぎょ・み・お
み」 등은, 비생산적이긴 하지만 존경접두사로 기능하는 것이다.

(10) a)【おん】 おんちゅう(御中), おん方, おん曹子, おん身, おん社
  b)【おおん】おおん事, おおん衣(ゾ), おおん時, おおん身

      c)【ぎょ】　　ぎょ意, ぎょ慶, ぎょ物, ぎょ衣

(11) a)【み】　　　み心, み世, み子, み仏, み姿, み代, み灯(アカシ)

      b)【おみ】　　おみ足, おみ輿, おみくじ, おみ帯, おみお付け

「おみこし」는「御御輿」와「御神輿」,「おみくじ」는「御御籤」와「御神籤」의 두종류의 표기법이 있다.「おみお付け」는, 현재는 미화어화되어 있지만, 원래는 존경어이다.「おみき」의 경우는「御神酒」로 인식되어 있지만, 원래는「おみ(御御)」에서 비롯된 것으로 알려져 있다.

위에 든 접두사는 생산적이지 않다는 점에 있어서,「お・ご」와는 선을 달리하고 있다. 또, (10)의「おん・おおん・ぎょ」는, 그들을 제거하면 단어로써 성립하지 않는 경우가 많다는 점에 있어서, 다른 접두사와는 차이가 난다.

「お・ご」를 중심으로 한 상기와 같은 것 이외에도, 생산성은 없지만, 체언에 첨가되는 존경성분이 얼마간 존재한다. 이들은 주로 한자접사에 의한 것이다. 이와 같은 것으로「貴・高・令・尊・芳・玉・大・賢」등을 들 수 있다. 이들 한자접사는 한국어에 있어서도 존경성분으로 사용된다.[9]

다음에 제시한 말은 한일양언어에서 공통으로 사용되는 존경표현이다. 나타내는 의미도 거의 차이가 없다. 단, 일본어에서만 보이는「貴殿(きでん)」과 같은 예나 한국어에서만 보이는「貴中(귀중)」과 같은 예가 있다.

(12) a)【貴】　貴社, 貴賓, 貴宅, 貴下, 貴意, 貴婦人

     b)【高】　高見, 高説, 高評, 高名, 高誼

     c)【令】　令息, 令嬢, 令弟, 令愛, 令妹, 令夫人

     d)【尊】　尊顔, 尊体, 尊宅, 尊父, 尊邸

     e)【芳】　芳名, 芳命, 芳志, 芳恩, 芳書

     f)【玉】　玉稿, 玉音, 玉筆, 玉体, 玉韻

g)【大】 大兄, 大人(たいじん・대인), 大夫人
h)【賢】 賢察, 賢慮, 賢弟, 賢兄, 賢息

이와 같은 말은 나타내는 의미가 거의 같을 뿐만이 아니라, 다른 면에 있어서도 공통의 특징을 갖고 있다. 「貴婦人・令夫人・大夫人」 등과 같은 한자 세글자로 된 단어는, 「貴・令・大」와 같은 첨가성분을 제거하더라도 단어로써 충분히 성립한다. 그러나, 「高見・令息・芳名」 등과 같은 한자 두글자로 된 단어는, 「高(こう)・令(れい)・芳(ほう)」와 같은 성분을 제거하면 단어로 성립하지 않던가, 본래의 의미가 변해버리는 것이 통례이다. 예를 들면, 「見(けん)」「息(そく)」「名(めい)」는, 그것만으로 독립하여 일본어의 문장에 나타나는 일은 없다. 마찬가지로, 「見(견)」「息(식)」「名(명)」이 독립하여 한국어의 문장에 나타나는 일도 없다. 「令愛」와 같은 것은 「令(れい)」를 제거한 「愛(あい)」도 일본어로는 단어로 충분히 성립하는데, 「愛(あい ; 사랑)」의 의미는 「令愛」가 나타내는 「娘(むすめ ; 딸)」의 의미와는 매우 다르다.

존경접사를 제거하더라도 별로 의미가 변하지 않는 경우도 있다. 예를 들면, 「高評(こうひょう)」를 「評(ひょう)」라고 해도, 경의도가 낮아질 뿐이고, 나타내는 의미에 그다지 변화는 없다. 이것은 한일양언어에서 공통되는 현상이다. 「玉音」에 대해서도, 「玉(ぎょく)」를 제거한 「音(おん・음)」은 한단어로써 일본어에서도 한국어에서도 성립한다. 단, 일본어의 「玉音」은 「ぎょくおん」으로도 「ぎょくいん」으로도 읽는데, 「ぎょくおん」이라고 읽을 경우에는 보통의 「おん」과는 매우 동떨어진 의미, 즉 「천황의 말씀」을 의미하는 경우에 있어서만 사용된다.

「貴宅(きたく)」와 「尊宅(そんたく)」에 대해서도, 「貴(き)・尊(そん)」을 제거한 「宅(たく)」는 단어로 성립한다. 이 「宅(たく)」라는 단어에서 매우 흥미로운 것은, 이 단어가 한국어에 있어서는 「댁」 혹은 「당신」을 의미하는 존경어인데 비하여, 일본어에서는 「우리집」 혹은 「우리집 남편」을 의미하는 보통어 혹은 겸양어라는 점이다. 한국어의 「댁」의 의미로 사용할 경우에는 일본어에서는 반드시 「お」를 첨가하여 「お宅」라고 해야 한다.

위에서 본 바와 같이 「高見・令息・尊顔・芳名」 등과 같이 한자 두글자로 된 단어의 경우, 대체로 존경성분과 본체부분이 한단어로 융합되어 있다. 그 때문에, 존경성분의 본래적 의미가 엷어져 버려, 이것을 보충하기 위하여 「御高見・御令息・御尊顔・御芳名」 등과 같이 존경접두사를 부가하는 경우가 있다. 이중경어이기 때문에 오용으로 간주되지만, 일반화하고 있는 상황이다. 한편, 「貴婦人・令夫人」과 같은 한자 세글자의 경우에는, 「貴(き)・令(れい)」가 명확히 존경성분이라고 의식되어 있기 때문에, 「御貴婦人・御令夫人」 등과 같은 과잉경어는 만들어지지 않는다. 한국어에서는 한단어화되어 있는 한자 두글자로 된 단어라고 하더라도, 그것을 이중경어로 하는 경우는 없다. 이것은, 현대한국어에 일본어의 생산적인 존경성분 「お・ご」에 상당하는 것이 일반적으로 사용되지 않기 때문이다.

(2) 접미사로 사용되는 존경성분

일본어에는 접두사에 의한 존경성분이 매우 발달되어 있다는 것을 살펴보았는데, 접미사에 의한 존경성분은 어떤지 알아보자. 접미사로써의 존경성분은 주로 호칭표현에 사용된다.

위에서 살펴본 존경접두사의 얼마간은 존경접미사로 사용되는 경우도 있다. 예를 들면, 「御(ご)」는 「親御・娘御・伯父御」와 같이, 「貴(き)」는 「兄貴・姉貴」와 같이 사용된다. 또, 과거에는 「御(ぎょ)」를 「還御」「出御」「入御(じゅぎょ・にゅうぎょ)」와 같이 사용하는 경우도 있었다.

접미사로 사용되는 일본어의 가장 일반적인 존경성분은 「さん」이다. 「さん」은 상위자에게도 하위자에게도 또한 상당히 연령 차이가 나는

경우에도 사용할 수가 있다. 「さん」은 일반적으로 성에 사용하는데(山本
さん), 이름에도(由美さん) 성명에도(山本由美さん) 사용할 수가 있다. 「さ
ん」에 대응하는 한국어는 「さん」만큼의 일반성은 없지만 「씨(氏)」라고
할 수 있다.

일반적으로 자주 사용되고, 생산성이 있으며, 또한 최상급의 경의를 나
타내는 일본어의 존경접미사는 「樣」이며, 이에 해당하는 한국어는 「님」
이라고 할 수 있다. 약간 형식적이라는 점에서도 양자는 일치한다. 주의
해야 할 점은, 한국어에서는 한자어인 「씨(氏)」보다 고유어인 「님」쪽이
경의도가 높다는 것이다. 이것은, 고유어보다 한자어 쪽에 높은 경의를
느끼는 일반적인 경향과는 반대인 독특한 현상이다. 한편, 일본어에서는
「樣」에서 전화한 「さん」보다 「樣」쪽이 경의도가 높은 성분으로 사용
되고 있다.

한일양언어 사이에서 존경접미사의 용법의 차이가 가장 현저하게 나
타나는 것은, 그것을 직위명에 붙이는 경우이다. 일본어에서는 직위명이
그대로 경칭이 되기 때문에, 「課長」「部長」등의 직위명에 「さん」이나
「樣」를 붙이지 않는 것이 바른 표현이다. 이에 비하여 한국어에서는,
직위명만으로는 경의를 보통 나타낼 수 없다. 예를 들면, 「교수・부장」
등은 어디까지나 직위명이고, 그 직위를 갖고 있는 상위자를 존경접미사
없이 부를 수는 없다. 단, 당사자가 면전에 없을 경우에는 그렇지 않을
수도 있다. 또한, 일본어에서는 직위명에 「さん」이나 「樣」를 부가한 「部
長さん」「社長樣」와 같은 표현도 규범에는 맞지 않는 용법으로 존재하
는데, 한국어에서는 직위명에는 「님」만이 사용되고, 「さん」에 해당하는
「씨」는 사용되지 않는다.

「樣・님」은 친족명칭에도 붙여서, 「お兄樣・형님」과 같은 경의가 높
은 표현을 만들 수가 있다. 그러나 한국어에서는, 직위명의 경우와는 달
리, 친족명칭에 반드시 「님」을 붙이지 않으면 안된다고 하는 규범은 없

다.「님」을 붙이지 않는 것보다는 붙이는 편이 경의도가 높아지는 것은
당연하지만, 존경접미사 없이 친족명칭만으로도 충분히 사용이 가능하
다. 이에 비하여 일본어에서는 직위명과는 달리, 친족명칭이 호칭으로
사용될 때에는 일반적으로 존경접사를 필요로 한다. 단, 일본어에서도
방언에서는 친족명칭을 존경접미사를 붙이지 않고「おとう・おっかあ」
등과 같이 부르는 경우가 있다. 이 경우도 존경접두사「お」의 사용은
의무적이다.

이상과 같이, 일본어와 한국어는 사회적관계와 친족관계를 나타낼 때
의 존경접미사 사용법에 관하여 좋은 대조를 보이고 있다. 일본어에서는
사회적관계를 나타내는 상위성[10]의 호칭이 경칭으로 인식되어 존경접미
사를 필요로 하지 않는다. 한편, 한국어에서는 그것이 일반적으로 경칭
으로 기능하지 않기 때문에 존경접미사가 필요하다. 친족명칭에 관해서
는, 일본어가 존경접미사를 필요로 하는데 비하여, 한국어는 그 사용을
필요조건으로 하지 않는다.

존경접미사의 종류에 관해서도, 한일양언어는 좋은 대조를 보이고 있
다. 일본어에는「さん・様」외에도 존경접미사가 풍부하게 갖추어져 있
다. 예를 들면,「殿(山下殿)・氏(海部氏)・うえ(父上)・がた(先生方)・か
た(あの方)・御中(言語文化部御中)・各位(関係者各位)・御(姉御)・貴(兄
貴)」등이 있다. 또,「お－さん(お医者さん)」이라든가「お－さま(お客様)」
와 같이, 접두사와 접미사를 병용하거나, 친애어로써「ちゃん・ちゃま」
등을 이용하는 경우도 있다.

일본어에 비하면 한국어의 존경접미사는 단순하다. 상기 중에서, 일본
어와 같은 형태로 일반적으로 사용되는 것은,「씨」와「각위」뿐이다. 단,
한국어의「씨」는 호칭표현으로 다용되는데, 일본어의「氏」는 대화체에
서는 일반적으로 사용되지 않는다. 한국어의「씨」를 일본어의「さん」과
대응시킨 이유이다. 이 밖에, 일본어의「かた」에 상당하는「분」,「御中

(おんちゅう)」에 해당하는 「貴中(귀중)」도 자주 사용되고, 편지의 수신인에게 사용하는 「様(さま)」와 「貴下(귀하)」가 대응관계를 갖는다.

이 밖에, 한일양언어의 존경성분 중에서 현저하게 차이가 나타나는 것에 한국어의 존경조사가 있다. 조사에 의해 문법관계를 나타내고, 그것이 교착어를 성립시키는 것은 양언어에 공통된 사항이다. 공통되지 않은 것은, 일본어에는 보이지 않는 보통조사와 존경조사의 구별이 한국어에 존재한다고 하는 점이다. 일본어의 경어법은 체언·용언에만 나타나는데, 한국어의 경어법은 체언·용언에는 물론이고, 조사에도 나타나는 것이다.

이와 같은 경어 발달의 언어적 요인을 「유형론적 제약」으로 설명하는 경우가 있다. 이노우에(井上, 1988:27-28)는, 중국어와 같은 고립어는 형태론인 문법적 수단이 발달되어 있지 않기 때문에, 경어와 공손함은 주로 어휘적 수단에 의해 나타내게 되고, 일본어와 한국어와 같은 교착어는 문법적 기능을 담당하는 조사·조동사의 존재에 의해, 경어전용의 조사·조동사가 발달할 수 있다고 논하고 있다. 그것이, 한국어는 존경조사로 발달하고, 일본어는 존경조동사로 발달하였다고 할 수 있을 것이다.

일본어의 조사에는 보통형과 존경형의 대립이 없기 때문에, 그에 의해 경의도에 차이를 부여할 수는 없다. 굳이 말하자면, 존경주격조사 「께서」는 「~におかれては」라고도 할 수 있는데, 이와 같은 표현은 현대일본어에서는 일반적으로 쓰이지 않는다.

그런데, 한국어의 조사는 존경형은 존재하지만, 겸양형은 존재하지 않는다. 이것은 한국어의 경어표현이 항상 상위자를 높이는 곳에 중점이 놓여져 있고, 행위자를 낮추는 것에는 관심이 기울여져 있지 않는 것에 기인한다고 생각된다. 단, 존경여격조사는 객체에 대하여 경의를 나타내는 형태이기 때문에 「께」를 겸양여격조사라고 해석하는 것은 불가능하지 않다. 존경여격조사 「께」가 호응하는 것은 존경어가 아니라 겸양어라는 점을 보더라도 「께」는 겸양여격조사라고 칭하는 것이 바람직하다고도 생각된다.

한국어의 조사의 용법은, 작금의 사용실태를 종합해 보면, 존경조사와 보통조사의 구별이 없는 일본어의 조사의 용법에 근접해 가고 있다고 할 수 있을 정도로 존경조사의 사용비율이 현저히 저하되어 있다. 그다지 멀지 않은 장래에, 한국어 안에서 존경조사가 과거의 유물이 될 가능성은 부정할 수 없을 것이다.

3. 맺음말

소재의 인물을 존경형식으로 대우하는 존경표현은, 소재의 인물을 직접 높이는 표현이며, 경어의 제요소 중에서도 가장 기본적인 것이라고 할 수 있다. 경어라는 말을 듣고 곧 존경어를 떠올리는 이유가 여기에 있다. 실제로, 경어를 존경어와 같은 개념으로 이해하는 경우도 적지 않다. 경어의 기원은 인간의 상하관계에서 구해지기 때문에, 이와 같은 인식도 완전히 빗나간 것이라고는 할 수 없다.

본장에서는, 한일양언어의 존경어의 체계와 특징에 대해 살펴보았다. 존경표현을 위한 체계를 보면, 전체적인 틀은 양언어가 유사하지만, 세부적인 면에 있어서는 한국어에 비해 일본어가 훨씬 더 복잡한 경어체계를 유지하고 있으며, 그로 인해 경어표현의 다양성에 많은 차이점이 나타난다는 것을 알 수 있다. 일본어에는 특히 존경체언에 비해 존경동사의 형태가 다양하게 발달되어 있고, 그것이 여러 가지의 기능을 발휘한다고 하는 특징이 있다.

특정어형도 그렇지만, 특히 존경성분의 경우, 일본어의 다양한 성분에 비해 한국어의 존경성분은 기본적으로 「시」 하나 밖에 없을 정도로 극명한 대조를 이루고 있다. 한일양언어의 경어표현에서 존경표현이 다용된다고 하는 공통점은 있지만, 존경성분의 형태의 종류에 관해서는 양언어 사이에 커다란 차이가 관찰되는 것이다. 일본어에서는, 동사·형용사·형용동사 각각에 첨가하는 특정한 성분을 갖추고 있는 데에 비하여, 한국어의 경우는 존경보조어간 하나로 용언의 모두에 사용하고 있다. 체언에 관해서도 마찬가지이다. 또한, 특정어형과 존경성분과의 호환성에 있어서도 일본어가 훨씬 용이하다.

   일본어에 비해 특징적으로 발달되어 있는 한국어의 존경성분은 존경조사이다. 한국어는 술부(述部)의 경어형태는 단순하지만, 조사의 경어형에 의해 경의도에 격차가 나타나는 것이다. 이 점에 있어서 한국어는, 조사의 경어형이 없는 반면, 술부의 경어형이 풍부한 일본어와 좋은 대조를 보이고 있다. 단, 한국어의 존경조사의 사용빈도는 감소해 가는 추세이다. 이것은, 현대경어운용의 단순화현상의 하나라고 생각된다. 이러한 점에서, 한국어의 경어운용은 존경조사가 발달되어 있지 않은 일본어의 그것을 닮아가고 있다고 할 수 있을 것이다. 이와 같은 경어운용의 단순화현상은 일본어에서도 찾아볼 수가 있다. 다양하게 발달되어 있는 일본어의 존경성분도「お・ご－になる」「れる・られる」로 단순화되어 가는 경향이 관찰되기 때문이다.

‖주

 1) 황실경어(皇室敬語)란, 천황가(天皇家)를 중심으로 한 황실에서 사용되는 경어, 또는 황실에 대해 매스컴 등에서 언급할 때 사용되는 경어를 말하는 것으로, 상대경어법을 기본으로 하는 일상생활에서의 경어와는 다른, 절대경어법이 사용된다.
 2) 상대경어법이란, 화제의 인물과 청자와의 관계를 고려하여, 화제의 인물과 청

자가 이인칭자일 경우에 일인칭자를 낮추어서 표현하는 등, 화자·청자·화제
의 인물의 삼자관계를 고려하여 사용하는 경어법을 가리킨다.

3) 절대경어법이란, 화제의 인물과 청자와의 관계를 고려하지 않고, 상위의 일인
칭자를 이인칭자에 대해 존경어로 대우하는 등, 화자와 화제의 인물과의 절대
적인 관계를 그대로 청자에게 표현하는 경어법을 일컫는다.

4) 여기에서「한자어」라는 것은, 한어(漢語) 혹은 중국어를 가리키는 것이 아니
라, 한자를 사용하여 그것을 음독하는 자음어(字音語)를 말한다. 따라서, 그 한
자어가 지금의 중국어로 사용되고 있는지의 여부와는 관계가 없다. 예를 들면,
「年歲」「綺麗だ」등은 한자어인데, 같은 의미로「年歲」「綺麗」라는 단어가
중국어에서 사용된다고는 한정할 수 없다.

5) 과거의 문헌에서는「진지」에 한자「進支」를 사용하는 경우가 있는 것 같은데,
이것은 단지 음만을 취한 차자(借字)라고 생각된다.

6) 이와 같은 경향은 또, 어느 언어에나 있는 현상인 것 같다. 예를 들면, 영어에
있어서도, 고유어보다 프랑스어 등에 유래하는 외래어에 품위 있는 인식을 갖
고 있다고 알려져 있다.

7) 일본의 학교문법에 있어서의 용어이다. 형용사와 같은 성질을 가지고 있으나,
체언을 수식할 때의 어미의 형태가「な」이기 때문에「な형용사」라 불리기도
하고, 어간이 명사와 같은 역할을 한다고 하여「명용사(名容詞)」라 불리기도
한다.

8) 이것은 선어말어미 또는 존경접미사로 불리는 경우도 있는데, 여기에서는 존경
보조어간으로 취급한다.

9) 이와 같은 한자접두사에 의한 존경표현은 중국어에서도 당연히 존재한다. 가장
대표적인 존경접두사로써는「貴 gui」를 들 수 있고,「高 gao·大 dai·令
ling」등의 접두사도 존재하는데, 후자는 한일양언어에 비교하면 거의 사라지
고 있다고 한다.

10) 현대의 경어용법은 반드시 경의에 근거한다고 할 수는 없고, 표현수용자를 상
위의 인물이나 외부의 인물로 대우하기 위해서 경어를 형식적으로 사용하는
경우가 많이 있다. 이와 같이, 경의의 유무라는 관점에서 벗어나, 단순히 형태
상으로 정해진 경어형식을 상위성(目上性)이라고 칭한다.

한일양언어의 존경표현 운용에 있어서의 차이와 동일

제3장
한일양언어의 존경표현 운용에
있어서의 차이와 동일

본장에서는, 앞 장에서 본 경어의 체계를 바탕으로, 그것이 현실의 어떠한 장면에 있어서, 또 어떠한 조건하에서 사용되는지를 살펴보도록 한다. 경어는 일본어와 한국어의 쌍방에 존재하는데, 그 운용에 관해서는 유사점도 있지만 상위점도 있다. 경어의 운용면에 있어서의 양언어의 특징을 고찰하는 것은, 경어체계를 밝히는 것과 마찬가지로 중요하다. 여기에서는, 존경어의 운용면에 있어서의 일본어와 한국어의 차이와 동일을 고찰함과 동시에, 존경어가 대자경어로 기능하는 점에 대해서도 살펴본다. 더불어, 존경접사의 생성과 그 유지발전면의 차이에 대해서도 검토한다. 존경어의 운용에 대한 차이와 동일을 명확히 이해하면, 한국어 화자가 일본어의 존경어를 운용하는데 있어서 오용의 원인이 되는 모어의 간섭을 배제할 수 있을 것이다.

1. 존경표현의 사용조건

존경표현은 어떠한 조건하에서 생기(生起)하는 것인지, 한일양언어에 공통된 점부터 살펴보도록 하자. 경어가 언어표현인만큼, 경어의 성립조건으로 화자·청자·소재의 인물이라는 언어의 성립조건을 갖추어야 하는 것은 말할 것도 없고, 경어를 사용함에 있어서 등장인물간의 상하관계라든가, 입장의 차이, 친소관계, 공적·사적인 장면 등이 고루 작용하게 되는 것도 당연하지만, 여기에서는 존경어의 생기에 필요한 사회적 관습의 면만을 고려하기로 한다.

어떤 인물에 대하여 서술할 때에 존경어를 사용할지의 여부에 대해서는, 양언어가 기본적으로는 그 인물과 화자와의 관계에 의해서 결정된다. 다음의 예를 보도록 하자.

(1) a) 先生もそちらへお越しになりますか。
    b) 선생님도 거기에 가시-ㅂ니까?

이 예에 있어서, 「お越しになる·가시다」라는 존경어를 사용하여 대우되는 「先生·선생님」은 화자와 대비되어 있고, 화자와 「先生·선생님」과의 인간관계가 「お越しになる·가시다」라는 용어를 선택하게 하고 있다. 이와 같이, 존경표현의 생기에 있어서 대우되는 인물과의 비교의 대상이 화자라는 원칙은, 소재의 인물과 청자가 동일한 경우에는 예외 없이 적용된다.

그런데, 청자와는 다른 제삼자가 소재의 인물로 등장하는 경우, 즉 소재의 인물과 청자가 동일인물이 아닌 경우에는, 일본어와 한국어가 사정이 달라진다. 일본어의 경우, 소재의 인물이 내부인일 때에는, 아래의 (2)와 같이 존경표현은 나타나지 않는다. 그것이 나타나는 것은, (3)과 같이 소재의 인물이 청자측의 인물이거나, 혹은 화자와 청자의 쌍방에 있어서 상위자로 대우해야할 제삼자일 때이다. 이와 같은 경우에, 존경표현의 생기에 관계하고 있는 것은 기본적으로 청자이다.

(2) a) 父がそのように申しておりました。

　　　([저의] 아버지가 그와 같이 말하였습니다)

　　b)* [私の] お父様がそのようにおっしゃっていらっしゃいました。[1]

　　　([저의] 아버님께서 그와 같이 말씀하시-었습니다)

(3) a) お父様におっしゃっていただいて本当に助かりました。

　　　(아버님께서 말씀해 주시-어서 정말 도움이 되었습니다)

　　b) 社長はおいででしょうか。

　　　(사장님은 계시-ㅂ 니까?)

　이와 같이 일본어에서는, 화자와 청자 및 소재의 인물 사이의 상대적인 관계가 모두 고려되지 않으면 안된다. 이처럼 언어표현에 등장하는 삼자관계를 모두 고려하여 행해지는 경어법을 상대경어법이라고 한다. 즉, 상대경어법이란, 화자가 소재의 인물과 청자와의 관계를 고려하여, 소재의 인물과 청자가 이인칭자일 경우에 일인칭자를 낮추어서 표현하는 등, 화자·청자·소재의 인물의 삼자관계를 모두 고려하여 사용하는 경어법을 말한다. 여기에서 「일인칭자」란, 일본어의 「경어적 인칭」에 있어서의 용어로, 화자 뿐만 아니라 외부인에 대하여 낮추어야 할 내부인을 포함한 개념이며, 「이인칭자」란 화자나 낮추어서 표현해야 할 내부인을 제외한 청자를 말한다. 서양문법에 있어서의 인칭과는 전혀 다른 개념으로, 상대경어법이 발달되어 있는 일본어에서는 매우 중요한 개념이다. 또한, 내부인(內部人)이란 화자측의 가족 또는 친족 등을 가리키는 일본어의 「身内の者」를, 외부인(外部人)이란 화자측의 가족이나 친족 등을 제외한 타인의 뜻으로 일본어의 「ヨソの者」를 필자가 번역한 용어이다.

　상대경어법을 기본으로 하는 일본어에서는, 존경표현의 생기(生起)에 의해, 화제의 인물이 내부인인지 외부인인지를 판별할 수가 있다. 예를 들면 (3)에서는, 이것이 동일집단내에 있어서의 대화가 아니면, 화제의 인물은 외부인이다. 왜냐하면, 외부인에 대하여 내부인을 존경어로 대우하지 않는다는 규범이 일본어에 존재하기 때문이다.

이에 비하여 한국어에서는, 존경표현의 생기여하에 의해, 화제의 인물이 내부인인지 외부인인지를 판별할 수가 없다. 내부인이 화제의 인물이고, 청자가 외부인인 경우에도 존경표현이 나타나기 때문이다. 예를 들면 다음의 예에서, 「오시다(いらっしゃる)」「이시다(でいらっしゃる)」로 대우되고 있는 인물은 화자의 내부인이다.

> (4) a) 저희 <u>아버님</u>이 곧 <u>오시</u>-ㄹ 겁니다.
>   (*〔私の〕<u>お父様</u>がもうすぐ<u>いらっしゃる</u>と思います)
> b) <u>사장님</u>은 지금 휴식중-<u>이시</u>-ㅂ니다.
>   (*〔うちの〕<u>社長</u>はただ今お休み中<u>でいらっしゃいます</u>)

이 (4)에 있어서, 존경어로 대우되고 있는 인물과 대비되어 있는 것은 화자이다. 즉, 화자와 화제의 인물인 내부인과의 절대적인 관계가 경어표현에 그대로 반영되어 있고, 외부인인 청자는 화제의 인물을 존경어로 대우할 때의 고려대상에서 제외되어 있는 것이다. 이것이, 소위 한국어의 절대경어법이다. 즉, 절대경어법이란, 화자가 소재의 인물과 청자와의 관계를 고려하지 않고, 상위의 일인칭자를 이인칭자에 대하여 존경어로 대우하는 등, 화자와 소재의 인물과의 절대적인 관계를 그대로 청자에게 표현하는 경어법을 가리킨다.

이상과 같이, 존경표현이 생기할 때의 조건에는 양언어에서 커다란 차이가 있다. 여기에는 각각의 사회에 있어서의 역사적·문화적 배경이 깊이 관련되어 있다고 생각된다. 한마디로 말하면, 일본어의 경어는 사회성경어의 기능이 강한 「사회형경어」이고, 한국어의 경어는 가족·친족성경어의 기능이 강한 「가족형경어」이다. 다른 말로 표현하면, 일본어는 「외부형경어」이고, 한국어는 「내부형경어」이다. 이 구별은 특히 존경어의 용법에 현저하게 나타나고 있다.

한국인의 전통적인 가족·친족중심의 가치관은, 자기의 부모에 대해서는 여하한 경우에라도 존경어를 사용한다고 하는 절대경어법을 산출하는 원인이 되어 있다. 전통적인 한국인의 의식에 있어서는, 가족·친족간에 있어서의 엄격한 위계질서, 즉 공통체의식이 가족·친족 밖에서는 통용되지 않는 경우가 많다는 것을 나타내주는 것이기도 하다.

한편, 일본인의 경우에는, 가계(家系)의 의식보다도 집단의 의식이 강하다. 따라서, 경어에 있어서도 가족경어 또는 친족경어보다도 사회집단 안에서의 경어행동이 더욱 엄하게 된다. 이와 같은 의식이 일본어의 상대경어법을 일반화한 커다란 요인이었을 것이라고 생각된다. 다케우치(竹内, 1995:212)의 다음과 같은 분석도 참고가 될 것이다.

> 집단의 멤버끼리는, 먼저 지위의 상하, 다음으로「장유(長幼)의 순서」에 따라 경어를 사용한다. 그러나 외부인과 이야기를 할 때는, 내부인에 관해서 경어나 경칭은 사용하지 않는다. 이것은,「상대방에 관해서는 경어를 사용하지만, 자신에 관해서는 사용하지 않는다」라는 원칙을「집단 = 자신들」에도 확대·적용한 것에 다름 아니다.

그런데, 절대경어법에 익숙해져 있는 한국어화자에 있어서, 일본어의 상대경어법을 제대로 운용하기란 쉬운 일이 아니다. 따라서,「<u>お父さん</u>が空港まで送って<u>くださいました</u>」와 같은 한국어화자의 오용례에 대한 지적이 끊이지 않는다. 여기에서「お父さん」은「父」로,「くださる」는「くれる」로 해야 일본어다운 상대경어적 표현이 되는 것이다. 단, 현재, 이와 같은 상대경어법 및 절대경어법이 반드시 지켜지고 있지는 않고, 상당한 변화의 조짐을 보이고 있다. 이 점에 관해서는 제8장에서 상세하게 논한다.

2. 존경표현의 대상

존경표현은 원칙적으로 인간에 대하여 서술할 때에 사용된다는 것은 말할 것도 없지만, 인간에 준한 초인간적인 존재에 대하여 서술할 때에도 존경표현이 사용된다. 또, 의인화된 것도 존경표현의 대상이 될 수 있다. 이 점은 양언어에 공통이다.

> (5) a) 神様が怒っ<u>ていらっしゃる</u>。
> b) <u>하느님</u>이 화를 내고 <u>계신다</u>.
> (6) a) <u>お月様</u>がとても綺麗ですね。
> b) <u>달님</u>이 아주 예쁘군요.

무엇이 존경표현의 대상이 될 수 있는가 하는 문제보다도, 문 요소의 무엇이 존경표현의 대상이 될 수 있는가 하는 것이 더 중요한 문제이다. 이 점에 관해서는, 어느 인물에 대하여 존경어를 사용하여 서술하고자 할 경우에, 그 인물을 주어로 설정해 두지 않으면 안된다고 하는 사실을 강조하지 않으면 안된다. 다음의 예를 보도록 하자.

> (7) a) <u>部長</u>は社長をお迎えに<u>いらっしゃいました</u>。
> b) <u>부장님</u>은 사장님을 마중하러 <u>가시</u>-었습니다.

이 예에 있어서, 「いらっしゃる・가시다」라는 존경어에 의해 대우되고 있는 것은 주어인 「部長・부장님」이지, 「社長・사장님」이 아니다. 「<u>김사장님</u>이 술에 취한 이사장님을 박사장님 댁에서 정사장님의 도움을 받아 가까이에 있는 조사장님 댁까지 업어다 <u>주시</u>-었다」와 같이, 아무리 등장인물이 많아도 「주시다」라는 존경어에 의해 대우되는 인물은 주어인 「김사장님」 한사람 뿐이다.

또한, 「どこへいらっしゃいますか・어디에 가십니까?」등, 주어가 나타나지 않는 경우라고 하더라도 「いらっしゃる・가시다」에 의해 대우되는 것은 생략된 주어 「あなた・당신」이다. 일본어나 한국어나, 주어와 청자가 일치할 때에는 주어를 생략하는 것이 통례이며, 그와 같은 경우에 굳이 주어를, 특히 이인칭대명사를 나타내면 부자연스러울 뿐만 아니라 경의도의 저하를 초래하게 되지만, 존경어에 의해 대우되는 것이 주어라는 점에는 변함이 없는 것이다.

「존경어는 주어를 높인다」라는 원칙은, 이미 존경어에 의해 성립된 문장의 문요소 중에서 주어를 높인다고 하는 문법적인 문제이다. 그러면, 어떠한 경우에 주어를 높일 수 있느냐 하는 문제가 대두되는데, 이는 결국 전항의 사회적 관습과 결부가 되는 것이다. 즉, 일본어에서는 「주어가 일인칭자일 경우에는 존경어를 사용해서는 안된다」는 사회적 통념이 작용하지만, 한국어의 경우에는 「주어가 하위의 일인칭자일 때에는 존경어를 사용해서는 안되지만, 상위의 일인칭자일 경우에는 존경어를 사용할 수 있다」는 사회적 통념이 존경어 사용의 조건으로 적용되기 때문에, 산출된 문장의 존경표현의 대상에도 차이를 보이게 되는 것이다.

여기에서 우리는 또 한가지, 존경표현의 대상에 있어서 간과해서는 안되는 중요한 사안이 있다. 바로 누구를 배려하여 존경어가 사용되는가 하는 배려의 대상에 관한 것으로, 존경표현의 대자경어적 기능이다. 존경어의 사용에 있어서 문법적으로는 주어를 높이게 되어 있지만, 사용자의 심리는 반드시 문법적인 해석에 구애받지는 않는 것이다.

보통, 소재경어로 분류되는 존경어에는 대자경어로써의 기능이 갖추어져 있다. 이것을 다음의 예에 준거하여 설명해 보도록 하자.

(8) a) お母さん、先生はお帰りになったよ。
    b) 어머니, 선생님은 퇴근하시-었어.

(9) a) 奥様、先生は<u>お帰りになりました</u>よ。

    b) 사모님, 선생님은 <u>퇴근하시</u>-었습니다.

이들 문장에 있어서, 존경어는 무엇에 배려하여 사용되어 있는 것일까? (8)에서는, 소재의 인물인「先生・선생님」에 대해 존경어가 사용되어 있다는 것을 명확히 알 수 있다. 청자인「お母さん・어머니」는 화자의「母親」이기 때문에, 외부인인 소재의 인물을 대우할 때에 내부인인 청자를 배려할 필요가 없기 때문이다.

이에 비하여, (9)는 어떠한가?「お帰りになる・퇴근하시다」라는 존경표현은, 적어도 문법적・형식적으로는 소재의 인물인「先生・선생님」에 대하여 사용되어 있다. 그러나, 의식적・실질적으로는 청자인「奥様・사모님」에 배려하여 사용되어 있을 가능성이 대단히 크다. 왜냐하면, 소재의 인물「先生・선생님」은 청자인「奥様・사모님」의 내부인이고, 청자를 배려한 언어사용을 하지 않으면 실례에 해당하기 때문이다. 이와 같이 청자에 배려하고 있다고 하는 점에 있어서, (9)의「お帰りになる・퇴근하시다」라는 존경표현은 대자경어로써의 기능도 수행하고 있는 것이다.

존경어가 청자에 대한 배려로 사용되는 전형적인 예는, 아래의 (10)과 같이, 소재의 인물과 청자가 동일인물인 경우이다. 실제로, 이와 같은 경우에 존경어가 가장 나타나기 쉬운 것이다.

(10) a) 今日は何時に<u>お帰りになり</u>ますか。

    b) 오늘은 몇시에 <u>퇴근하시</u>-ㅂ니까?

이 예에 있어서의「お帰りになる・퇴근하시다」는, 확실히 청자에 대한 배려를 나타내기 위하여 사용되어 있다. 따라서, 이와 같은 예에 있어서의 존경어는 대자경어로 기능하고 있다고 판단할 수 있는 것이다. 「<u>お</u>元気で<u>お</u>過ごし<u>ください</u>。・건강하게 지내-<u>시</u>-ㅂ시오」「よろしく<u>お</u>

伝え<u>ください</u>。·안부전해 주—<u>시</u>—ㅂ 시오」등, 수많은 인사표현에 사용되는 존경표현도 소재경어인 존경어가 대자경어로 기능하는 전형적인 예라고 할 수 있다. 왜냐하면 인사표현에서는 소재의 인물과 청자가 거의 대부분 동일인물이기 때문이다.

「お·し」등의 존경성분은 보통, 소재경어 즉 소재의 인물을 높이기 위한 경어성분으로 해석된다. 그러나, 소재의 인물과 청자가 일치하는 경우는 물론이고, 일치하지 않는 경우에 있어서의 「お·し」등도 청자에 대한 경의 혹은 배려를 나타내기 위하여 사용되어 있는 경우가 많은 것이다. 따라서, 이와 같은 경우에는, 의미적으로 소재경어임과 동시에 대자경어이기도 하다고 하지 않으면 안된다. 바꿔 말하면, 소재경어의 형식을 빌린 대자경어라고 해석할 수 있는 것이다.

3. 존경접두사의 운용에 관한 차이와 동일

존경접두사의 생성과 운용에 관해서도 한일양언어에는 차이와 동일을 발견할 수 있다. 여기에서는 일본어의 접사 「お」「ご」와 그에 상응하는 한국어와의 관계에 대해 고찰하고자 한다.

먼저, 「お」「ご」의 유래부터 살펴보기로 하자. 『国語大辞典(국어대사전)』(1988)에 의하면, 「お」는 접두사 「おお(大)」가 「おおまえ(大前)」와 같이 「マ行音」으로 시작되는 말에 붙는 경우에 변화하여 「お」가 된 것으로, 지극히 경의도가 높은 존경의 뜻을 나타낸다. 이것은 「平安(へいあん)時代[2]」, 대부분 「おまえ(신이나 천황의 앞)」「おまし(귀인의 처소)」「おもと(천황이나 귀인의 처소)」「おもの(천황 등의 음식물)」에 한하여 사용되었다. 그리고, 접두사 「おお」와 「み」가 하나가 된 「おおみ(大御)」가 「おおみあかし(신불에 바치는 등)」「おおみいつ(천황의 위덕)」「おおみかみ(신의 높임말)」「おおみたから(국민, 인민)」와 같이, 주로 신이나 천황에 관한 사항을 나타내는 말에 붙어서, 그 사항의 소유주, 작용주인 신이나 천황을 지극히 존경하는 뜻을 나타내었다.

이「おおみ」가 나중에「おおん→おん」의 변화과정을 거쳐, 중세 이후「おん」의「ん」이 탈락한「お」가 사용되기 시작하여, 결국 헤이안(平安)시대의「おお」에 의한「お」와 혼용되게 되었으며,「室町(むろまち)時代[3]」무렵부터는 널리 모든 말에 붙게 되었다. 그리고 무로마치(室町)시대 말기 경이 되면서,「おん」은 문어적(文語的)인 표현에 쓰고, 구어(口語)에서는 보통「お」가 쓰이게 되었다. 실제 표기에서는, 한자로「御」로 표기되는 경우도 많아서,「お」「おお」어느쪽으로 읽어야 할지 결정하기 어려운 경우도 많았다. 나중에 한자어에는「御(ご・ぎょ)」를 사용하고, 고유일본어에는「お」「おん」이 붙는 것이 원칙이 된다.

또한 원래는 체언에 붙는 접두사였으나, 중세 이후에 형용사를 중심으로 한 용언에도 붙게 되었다. 그리하여,「お」「ご」다음에 주로 동사의 연용형을 동반하여, 그 밑에「—あそばす」「—ある」「—くださる」「—しゃる」「—だ」「—なさる(なはる)」「—になる」「—やす」「—やる」 등을 첨가한 형태로 그 동작주를 높이는 존경표현이 된다. 이렇게 해서 성립된 것이 앞에서 살펴본 일본어의 존경성분이 되는 것이다.

이「お」「ご」는, 일본어의 거의 모든 경어성분에 얼굴을 내미는 대표적인 존재이다. 가장 근원적인 기능은, 그 유래와 가장 밀접하게 관계되는 것으로, 신불에 대한 외경에 근거하는 것이다. 예를 들어「お宮」「お寺」「お祓い」「お札」등은「宮」「寺」등 그 자체를 높이는 경우가 된다. 또한 일상적인 용어로써「お年」「ご年齡」「お名前」「お目」「お手」「お家」등은,「나이, 이름」등의 소유자를 높이게 되는 것이다. 이와 같은「お年」「お名前」등은 그 소유자를 지칭하지 않을 경우, 이인칭을 나타내는 인칭암시적인 기능도 겸비하고 있다.

　이 밖에도「お」는 여러 가지 기능을 가지고 있으나, 그것을 한국어로 번역하기란 쉬운 일이 아니다.「お名前」「ご年齢」등은「성함(姓銜)」「연세(年歲)」등으로 번역이 가능하나, 대부분의「お」「ご」에 의한 명사는 한국어로 직접적인 번역이 불가능하다.

　또한 형용사나 형용동사에 적용되는 접두사「お」「ご」도 한국어로는 접미사의 성격을 지닌 보조어간「시」에 의해 나타낼 수 밖에 없다.「<u>お</u>美しい」는「아름다우<u>시</u>다」,「<u>ご</u>親切だ」는「친절하<u>시</u>다」로 표현할 수 밖에 없는 것이다.

　「お」가 첨가되어 있다고 해서 항상 좋은 의미만을 나타내는 것은 아니다. 예를 들어,「<u>お</u>高くとまっている(도도하게 굴다)」라고 하면,「사람을 멸시하는 듯한 태도를 취하는 것」을 비아냥거리는 뜻으로 쓰이며,「<u>お</u>ためごかし(자기 실속을 차림)」라고 하면,「사실은 자기 쪽의 이익을 취하는 것이 목적이면서도, 마치 상대방을 위한 혹은 타인을 위한 행동인 것처럼 이야기를 진행하는 것」을 비꼬는 표현이 된다.[4]

　「お」「ご」중에서 특히「ご」는 전술한대로 존경접두사로써의 역할 뿐만 아니라 존경접미사로써의 기능도 갖추고 있다.「女御(にょうご, にょご)」「父御(ててご, ちちご)」「母御(ははご)」「兄御」「姉御」「親御(おやご)」「舅御(しゅうとご)」「姑御(しゅうとご)」「甥御」「姪御」등이 그와 같은 예이다.

　이제 한국어의 존경접두사에 대해 알아보자. 앞에서도 언급한 바와 같이, 한국어에는「お・ご」와 같은 존경접두사는 없다고 일반적으로 알려져 있다. 그러나, 전혀 없지는 않다. 한국어에도 고전적인 표현으로, 체언에 첨가되는 존경접두사가 존재한다. 일본어의「お・ご・おん・ぎょ・み」에 상당하는 한자는「御」인데, 한국어에도「어(御)」가 한자접두사로 존재하는 것이다. 이「御」는, 일본어와 같이 여러개의 읽는 법이 있는 것이 아니라, 한국어 한자의 일자일음원칙에 따라, 그 읽기는「어」뿐이다. 또, 일본어에서는 「御御足(おみあし)」「御御御付け(おみおつけ)」와 같이, 「御」를 이중 삼중으로 겹친 것도 있는데, 한국어에서는 항상 단독으로 사용된다.

존경접두사 「어(御)」는, 왕조시대의 국왕의 행위나 소유물을, 외경의 기분을 가지고 나타내기 위하여 사용되었다. 그것은 항상 한자어 앞에 붙여진다. 예를 들면, 국왕의 「앞(前)」은 「어전(御前)」, 국왕의 「命令」은 「어명(御命)」, 국왕의 화상(畵像)이나 사진은 「어진(御眞)」과 같은 식이다.

「어(御)」가 첨가되는 경우, 명사의 일부분이 생략되는 경우가 많다. 예를 들면, 「어전(御前)」은 「御(어)＋面前(면전)」의 「面(면)」이, 「어명(御命)」은 「御(어)＋命令(명령)」의 「令(령)」이, 「어진(御眞)」은 「御(어)＋寫眞(사진)」의 「寫(사)」가 각각 생략되어 만들어졌다고 볼 수 있다. 이와 같은 어구성을 고려하면, 「어(御)」가 접두사라는 것은 부정하기 어렵다.

이와 같은 용어는, 「어전(御前)」이나 「어진(御眞)」 등과 같이, 존경접두사 「어(御)」를 포함한 한자 두글자인 용어가 대부분이고, 「어(御)」 없이는 단어로써 성립하지 않는다. 이런 뜻에 있어서, 한국어의 「어(御)」는 일본어의 「お・ご」보다도 「おん・おおん・ぎょ」와 유사한 접두사라고 할 수 있다. 「어(御)」가 생산적이지 못하다고 하는 점에 있어서도 일본어의 「お・ご」와는 다르다.

이하에, 한국어의 이런 종류의 예를 얼마간 열거해 두도록 한다. (11)은 「어(御)」를 포함한 한자 두글자의 존경어이고, (12)는 한자 세글자의 존경어인데, 후자는 접두사 「어(御)」를 생략할 수 있는 것도 있다는 점에서 전자와 다르다.

> (11) 御駕·御庫·御宮·御極·御覽·御令·御名·御寶·御服·御府·御賜·御床·御璽·御所·御手·御食·御押·御筵·御宇·御衣·御印·御殿·御製·御題·御座·御酒·御旨·御札·御帖·御寢·御榻·御筆·御啣·御鞋·御諱

(12) 御軍幕・御覽件・御賜花・御乘馬・御宸筆・御齋室・御筆閣

존경접두사에 의한 이와 같은 용어의 일반인에 있어서의 이해도는 별로 높지 않다. 그 중에서,「어전(御前)」「어명(御命)」과 같은 용어는, 현대에 있어서도 사극이나 대하소설 등에 자주 등장하기 때문에 매우 친근감이 있는 용어이다.「어진(御眞)」「어의(御衣)」등도, 어느 정도의 상식을 갖고 있으면 듣고 이해할 수 있는 용어이다. 단,「어탑(御榻;임금이 앉는 의자)」「어혜(御鞋;임금이 신는 신발)」와 같은 단어는 상당히 난이도가 높다.

이와 같이, 존경접두사「어(御)」에 의한 단어는 특수한 경우에 밖에 사용되지 않는다고 하는 장면의 제약이 있다고 하는 점에서, 또 (11)과 같이 한자 두글자로 된 단어는 접사를 분리할 수 없다는 점에서,「어(御)」는 존경접사로써의 기능이 도외시되는 경향이 있었다. 실제로, 현대에는 사극이나 소설 등에 밖에, 또는 장난스럽게 밖에 사용되지 않는다. 그러나, 그 용법에 제한이 있다고는 하더라도, 존경접두사인 점에는 틀림 없다. 따라서, 일본의 한국어 관련 문헌에서, 한국어에는「御」와 같은 존경접두사가 없다고 단정했던 종래의 주장에는 주석의 여지가 있다.

그런데, 일본어에도 이런 종류의 한국어에 상당하는 존경표현이 있다. 예를 들면, 한국어의「어새(御璽)」나「옥새(玉璽)」에 상당하는 존경어로써, 일본어에 있어서도 같은 한자어「御璽(ぎょじ)」「玉璽(ぎょくじ)」가 천황의 인장을 의미하는 말로 사용된다. 이 밖에도 과거에는「御衣(おんぞ;옷의 높임말)」와 같은 경어가 사용되었다고 알려져 있다. 이와 같은 특수한 경어에 대하여 니시다(西田, 1987:402)는 다음과 같이 지적하고 있다.

일본에 있어서의 황실에 관한 경어에, 「玉体」「聖体」「龍顔(りゅう がん)」「宝算」「聖寿」「叡慮(えいりょ)」「宸襟(しんきん)」「懿旨(い し)」 등, 고대중국어에서 유래하는 한자어가 사용되었던 것처럼, 왕조시 대의 조선, 왕정시대의 베트남에서는, 국왕에 관한 특별한 경어로, 한자 로 쓰면 같은 형태가 되는 고대중국어에서 유래하는 용어를 사용하고 있었다.

단, 이와 같은 특수한 경어는, 소위 황실경어로써도 현대에는 거의 사 용되지 않는다. 경어에 관한 기본적인 지침을 모은 「これからの敬語」 (1952)에도, 「玉体・聖体」는 「おからだ」, 「天顔・龍顔(りゅうがん)」은 「お顔」, 「宝算・聖寿」는 「お年・ご年齢」, 「叡慮(えいりょ)・聖旨・宸 襟(しんきん)・懿旨(いし)」는 「おぼしめし・お考え」와 같은 표현을 하는 것이 바람직하다고 되어 있다.

이와 같이 간소하고 명료한 용어로 대체가 가능하게 된 것은 일본어 의 존경성분 「お・ご」가 일반성이 있기 때문이다. 한국어의 「어(御)」와 달리, 일본어의 「お(御)」는 현대에도 일상의 언어생활 속에서 다용되고 있으며, 이 점이 용어의 대체에 큰 역할을 한 것이다.

이 점, 한국어에서는 사정이 많이 다르다. 일본어에서는 존경성분의 형태가 고어에서 현대어로 계승되어 왔는데 비하여, 한국어에서는 오래 된 존경성분이 거의 철저하게 폐절되어 버렸다. 이것은 한국에 있어서의 정치와 문화의 역사에 연속성이 부족한 점과 무관하지는 않아 보인다.

역사의 연속성이라는 점에 관련하여, 일본어의 「おまえ(お前・御前)」 와 「おんまえ(御前)」라는 단어에 대해 언급할 필요가 있겠다. 양자는 어 원적으로는 동일어이고, 한국어의 특별경어 「어전(御前)」과 같이, 원래 는 특별경어로 사용되었다. 「おまえ」와 「おんまえ」는 경의도에 의해 구 분 사용되었던 것 같다. 「おんまえ」는, 『日本国語大辞典(일본국어대사 전)』에 의하면, 「신불(神仏)이나 귀인 등의 앞・(장소를 가리키는 뜻이 전하여) 귀인을 기리킴·前払(さきばら)い(벽제)·여자 서간문의 경칭」이다. 오늘날 「おんまえ」를 사용하는 것은 편지의 경칭으로써 정도일 것이다. 문화청(文化庁, 1978:75)에는, 편지문에 사용하는 「おんまえ」에 대해 「문자 그대로 그 앞에 둔다는 의미인데, 수취인이 상위의 내부인이거나 여성의 경우에 사용한다. 동종의 용어에 『御前に』『御許(おんもと)』『みもとに』『みまえに』 등이 있다」라고 풀이되어 있다.

「おんまえ」가 편지문의 경칭으로 과거 용법의 흔적을 남기고 있는데에 비하여, 「おまえ」는 이인칭대명사로 살아남아 있다. 「おまえ」의 경우에는, 「おんまえ」와는 달리, 경의도가 낮은 용어가 되어 버리긴 하였다. 그러나, 「의미의 하락」을 일으키면서도 일상어 안에 옛 형태를 남기고 있다는 점에서, 일본어의 「おまえ(御前)」는 한국어의 「어전(御前)」과 큰 차이가 난다. 「어전(御前)」의 경우, 고전적 용법에서 새로운 용법이 파생하지 않았기 때문에, 「어전(御前)」이라는 말 자체가 일상어로부터 거의 자취를 감추고 만 것이다.

여기에서 부언해 두지 않으면 안되는 것은, 일본어의 「お·ご」는 겸양표현에도 나타난다는 것이다. 화자측의 행위가 청자 혹은 화제의 인물에 미치는 경우, 그 행위를 나타내는 명사에 붙는 「お·ご」는 겸양성분으로 기능하는 경우가 있다. 이와 같은 예로, 「お手紙·お先·お話·ご返事·ご挨拶」 등을 들 수 있다.

주의를 요하는 것은, 「お·ご」가 붙는 단어가 한편으로는 존경표현이 되고, 다른 한편으로는 겸양표현이 된다고 하는 점이다. 예를 들면, 「先生のお手紙」에 있어서의 「お手紙」는 「先生がお書きになった手紙」를 나타내는 존경표현인데, 「お手紙を差し上げる」의 그것은 「私あるいは私の身内の者が書く手紙」에 대하여 그 피행위자에의 배려를 나타내기 위하여 사용하는 겸양표현이다. 「お先·お話·ご返事·ご挨拶」 등도 마찬가지이다.

한국어에서는 존경성분과 같은 형태가 겸양성분도 되는 것은 일반적으로 없는데, 존경접두사 「어(御)」가 겸양접두사로도 기능하는 흔적을 찾아볼 수는 있다. 겸양접두사로써의 「어(御)」는, 예를 들면 「어공(御供)」과 같은 단어에 보이는데, 이것은 「임금에게 물건을 바치는 것」을 의미하고, 거기에 「하다」를 첨가하여 동사로써도 사용된다. 여기에 있어서의 「어(御)」는 피행위자인 군주에의 배려를 나타내고 있는 것이다. 또, 「어공미(御供米)」「어백미(御白米)」「어선(御膳)」「어수(御水)」와 같은 용어⁵⁾에 있어서의 「어(御)」는, 군주에 바치는 행위를 나타내고 있다. 이와 같이 한국어의 「어(御)」가, 거의 유물화되어 있긴 하지만, 존경성분으로써 뿐만 아니라 겸양성분으로써도 기능하고 있었다고 하는 사실은, 일본어의 「お・ご」의 경우와 마찬가지로, 역사적으로 흥미 깊은 현상이다.

일본어의 존경접두사 「お」는, 미화표현에 사용되는 「お」와 구별하기 어려운 경우도 적지 않다. 그러나 원칙으로써, 상위자의 행위 혹은 사물을 나타내는 표현일 경우에는 존경접사로써의 기능이 우선적이라고 할 수 있다. 특히, (13a)에 있어서처럼, 「お」가 「あなたの」라는 의미를 포함하고 있을 때에는 기본적으로 존경성분으로 기능한다. 한편, (13b)에서처럼, 「お」가 특별히 상위자와 관련된 표현이 아닐 경우에는, 그것이 미화성분으로 기능할 가능성이 커진다.

(13) a) <u>お話</u>を聞かせていただきたいと思います。
　　 b) 洋子さんはほんとに<u>お話</u>が好きな人なんだね。

이와 같은 표현에 있어서는, 화자의 의식 및 문체와의 관계에 의해 접사의 기능이 다르게 되는데, 이 점에 대해서는, 제10장에서 다시 논하기로 한다. 참고로, 「ご」가 붙는 단어로 미화어라고 할 수 있는 것은 극소수이기 때문에, 「ご」를 둘러싸고 존경성분과 미화성분 사이에서 혼란이 발생하는 경우는 거의 없다.

4. 그 밖의 차이와 동일

청자나 화제의 인물에 친밀감을 느끼는 경우에는, 보통, 딱딱한 경어 요소를 생략하는 경향이 강하다. 이것은, 일본어에 있어서 경어를 친소 관계의 관점에서 볼 경우에 일종의 공식처럼 성립한다.

그러나 이와는 반대로, 경어를 사용함으로 인해 친밀감을 표현하는 경우가 있다. 예를 들면, 경어를 사용하는 것이 기대되는 경우에 그것을 사용하지 않은 표현과 사용한 표현을 비교해 보자.

(14) a) 天皇が<u>述べた</u>新年の祝辞は大変分かりやすいものであった。
    (천황이 말한 신년 축사는 매우 알기쉬운 내용이었다)

  b) <u>天皇陛下</u>が<u>おっしゃった</u>新年の祝辞は大変分かりやすいもの であった。
    (천황폐하가 말씀하신 신년축사는 매우 알기쉬운 내용이었다)

(14a)에서는 소재의 인물에 대해 객관적인 사실을 말하고 있음에 지나지 않는다. 이에 비하여 (14b)는, 화자가 소재의 인물에 대한 친밀감, 또는 개인적인 관련성을 강조한 표현이다. 즉 (14b)에서는 주어에 경칭을 쓰고, 거기에 존경동사 「おっしゃる」를 첨가하여 그 행위를 높이는 것에 의해, 경의의 대상이 되는 인물이 「공적」인 장면에서 「사적」인 장면으로 가까워져 있다. 이와 같이 하여, (14b)는 소재의 인물에 대해 친근감을 내포한 표현이 되어 있는 것이다.

경어를 사용함으로 인해 개인적인 친밀감을 나타내는 표현은, 일상의 언어생활 속에서도 찾아낼 수가 있다. 다음의 표현을 비교해 보자.

(15) a) 利根川<u>さん</u>がノーベル賞を<u>受賞した</u>よ。
    (도네가와씨가 노벨상을 수상했어)

　　　b) 利根川先生がノーベル賞を受賞されたよ。
　　　　（도네가와선생님이 노벨상을 수상하셨어）

　(15a)의 경우, 화자가 소재의 인물과 개인적인 관련성을 특별히 갖지 않은 인물이라면, 이 표현은 객관적인 사실을 말하고 있는데 지나지 않는다. 물론, 「さん」에 의해 객관성은 엷어져 있으나, 이것은 사회적 관례에 따른 것이라고 해야 할 것이다. 이에 비하여 (15b)의 경우, 화자가 같은 집단의 인물은 아니더라도 소재의 인물과 모종의 관계를 갖는 인물이라면, 이 표현은 소재의 인물에 대한 화자의 기대감, 혹은 친밀감을 나타낸 표현이 된다.
　형식상 하위자에게 사용되는 존경표현도 있다. 존경어는 일반적으로, 화자가 손위의 행위자를 높이는 경우에 사용되는데, 그와는 반대로, 내부인끼리의 대화에서 주어가 되는 행위자가 화자보다 하위자인 경우에도 사용되는 수가 있는 것이다. 이는 가족형경어를 특징으로 하는 한국어에서 현저하게 나타난다. 예를 들면 다음의 (16a)는, 조부가 손주를 향하여, 소재의 인물인 아들의 행위에 대해 존경어를 사용하여 말하고 있는 문이다.

　　(16) a) 아빠는 아직 안돌아오-시-었니? 〔祖父→孫〕
　　　　　　（お父さんはまだ帰っていらっしゃらなかったのか）
　　　　　b) お父さんはまだ帰ってないのかい？〔상동〕
　　　　　　（아빠는 아직 안돌아왔니?）

　(16a)는 화자인 상위자(祖父)가 소재의 인물인 하위자(아들)를 높이고 있는 표현이 아니다. 또, 하위자(아들)에 대해 장난삼아 하는 표현도 아니다. 그것은 화자가 청자(손주)와 소재의 인물(아들)과의 상하관계를 고려하여, 청자의 입장에 서서 표현한 것이다. 일본어에는 이런 종류의 표

현이 없는 것은 아니지만 드물다. 단, 일본어에서도 호칭표현에 관해서는 (16b)와 같이 청자와 소재의 인물과의 관계를 고려하여「お父さん」과 같은 상위성을 나타내는 표현이 행해진다. 또한, 화자보다 하위인 타인의 상위자에 관한 것을 말할 때에 존경표현이 사용되는 점에 대해서는 양언어가 공통성을 갖는다.

(16)의 경우와는 달리 청자가 화자와 화제의 인물보다 상위자일 경우에는 그 화제의 인물에 대해 존경어를 사용하면 부적격하게 된다. 이와 같은 현상은 가정에 있어서의 경어법을 논할 때에 언제나 문제시되는 사항이다. 일본어에서는 가족경어가 거의 사용되지 않기 때문에 특별히 문제가 될 건 없지만, 한국어에서는 가족간의 경어법이 엄하게 정해져 있고, 이를 틀리면 상식이 없다는 소리를 듣는다. 예를 들면 다음과 같이, 같은 내용을 말하더라도 (17)은 정용인데, (18)은 규범을 일탈한 부적격한 표현이다. 이 부적격한 (18a)와 같은 표현의 사용을 한국어에서 꽤 찾아볼 수 있는데, 여기에서 문제가 되어 있는 것은 내부경어에 있어서의 상대경어가 절대경어화하고 있는 현상이다.

(17) a) 아버님, 형이 돌아왔어요. 〔아들→부친〕
　　 b) お父さま、お兄さんが帰りましたよ。
(18) a)*아버님, 형님이 돌아오-시-었어요. 〔상동〕
　　 b)*お父さま、お兄さまがお帰りになりましたよ。

위의 (17)(18)과는 달리, 타인의 내부자에 대해 언급할 경우에는 사정이 달라진다. 이 경우, 소재의 인물보다 청자가 상위자이더라도, 그 소재의 인물에 대해 존경표현을 사용할 수가 있다. 그래서 다음의 (19)는 경어적으로 배려가 부족한 표현이고, (20)은 배려있는 표현이 되는 것이다.

    (19) a) <u>아들</u>은 학교에 갔어요? 〔청자 ; 외부인〕

        b) <u>息子</u>は学校へ行きましたか。〔상동〕

    (20) a) <u>아드님</u>은 학교에 가<u>-시</u>-었나요? 〔청자 ; 외부인〕

        b) <u>息子さん</u>は学校へ<u>行かれ</u>ましたか。〔상동〕

이 (19)와 (20)의 예는, 한일양언어에 있어서 타인의 내부자에 대해 언급할 경우에도 상대경어법이 적용된다는 것을 의미하고 있다. 앞의 (17)과 (18)의 경우에는, 청자보다 하위자를 높이지 않는다는 점에 있어서, 화자·청자·화제의 인물의 상대적인 관계가 고려되어 있는 데에 비하여, (19)와 (20)에서는, 청자보다 하위자를 높인다는 점에 있어서, 삼자의 상대적인 관계가 고려되어 있는 것이다. 물론, 이 경우에 있어서 배려의 대상은 전항에서 살펴본 대로 청자이다. 또한, 화자와 청자의 관계가 규범에 속박되지 않을 만큼 친밀한 경우에는 (19a)와 같은 한국어의 표현도 자주 사용되며, 마찬가지로 일본어에 있어서도, 화자와 청자가 매우 친밀한 사이일 때에는, (19b)와 같은 표현도 충분히 사용이 가능하다. 이와 같이, 적격성의 정도가 화자와 청자의 친소관계에 영향을 받는다고 하는 점은 한일양언어의 공통점이다.

  경어동사와 경어성분의 첨가에 의한 표현과의 호환성에 관해서는 한일양언어에서 극명하게 차이가 난다. 일본어에서는, 특정어형과 성분첨가에 의한 표현과의 호환성이 높다. 이것은, 최근에 경어동사가 사용되지 않는 추세에 있다고 지적되고 있는 것과 무관하지 않다. 특히 약년층은「召し上がる・いらっしゃる・おっしゃる」「申し上げる・お目にかかる」등의 경어동사를 사용하지 않고,「お食べになる・行かれる・話される」「お話しする・お会いする」와 같은 식으로, 경어성분의 첨가에 의해 경어표현을 하는 경향이 강하다. 이것은 경어동사와 성분첨가에 의한 표현과의 호환성이 높은 결과이다. 필시, 이와 같은 변화의 결과로,

사용빈도가 종래보다 낮은 존경동사에 의한 표현은, 그에 대응하는 존경성분의 첨가에 의한 표현보다도 경의도가 높은 표현이 되어 있다. 혹은, 존경동사의 경의도가 너무 높아서, 그 때문에 존경동사의 사용이 경원시되어 있다고도 할 수 있을 것이다.

　이 점에 있어서, 한국어는 일본어와 대조적이다. 한국어에서는 경어동사를 다른 형식으로 대체하는 것은 매우 곤란하다. 일반적으로 사용되는 한국어 고유의 존경동사는 「계시다·잡수시다·주무시다」 등의 몇단어 밖에 없는데, 이를 대신하여 「시」를 첨가한 「있으시다·먹으시다·자시다」 등의 형태를 인간을 주어로 한 문에 사용하면 부적격문이 된다. 그러나 한국어에서도, 존경동사를 사용한 경우의 경의도는, 다른 성분첨가에 의한 존경표현을 사용한 경우의 경의도보다 일반적으로 높다. 따라서, 「잡수시다(召し上がる)」와 같은 존경동사는 사용하지 않는 화자이더라도, 「가시다(行かれる)」와 같은 성분첨가에 의한 존경표현은 사용하는 경우가 많다.

5. 맺음말

　본장에서는, 존경표현의 운용면에 초점을 맞춰 한일양언어를 비교하였다. 존경표현의 운용면에 나타나는 한일양언어의 최대의 차이는, 존경어의 사용조건과 존경표현의 대상에서 찾을 수 있다. 한국어에서는 전통적으로 내부인을 대상으로 한 존경표현이 철저하다. 그러나 일본어에서는 거의 대부분 외부인에 대하여 존경표현을 사용한다. 이와 같은 의미에 있어서 한국어의 경어는 가족중심형이고, 일본어의 경어는 사회중심형이다. 일본어가 상대경어법을 갖고, 한국어가 절대경어법을 갖는 것은 바로 이와 같은 차이에 기인하고 있는 것이다.

존경접사의 생성과 그 발달 및 변모의 양태에서도 양언어는 큰 차이를 보인다. 현대한국어에 있어서의 존경접두사는 그 사용장면이 매우 제한된다. 이에 비하여 일본어에서는 존경접두사가 훨씬 유연하게 변화, 발달해 온 사실을 엿볼 수 있고, 현대어에서도 존경성분으로써의 기능을 충실히 수행하며, 다용되고 있다. 단, 현대한국어에서는 존경접두사가 거의 사용되지 않지만, 형태로써는 그 흔적은 찾아볼 수 있기 때문에, 한국어에는 일본어의 「お・ご」에 해당하는 존경접두사가 존재하지 않는다는 일반론에 대해서는 주석이 필요하다는 지적을 하였다. 문제는 그 발달과정에 있다고 생각한다.

또한, 존경표현이 누구를 배려해서 사용되는가를 분석하면, 존경어가 대자경어화하고 있는 것을 알 수 있다. 존경어의 대자경어화는 현대인이 청자를 의식하여 존경어를 사용하게 된 현상을 보여주는 변화이며, 이 현상을 무시하고서는 현대어에 있어서의 경어운용을 논하는 데에 무리가 따른다.

■주

1) 문의 앞에 있는 「?」는 「약간 저항이 있는 표현」, 「??」는 「상당히 저항이 큰 표현」, 「*」는 「부적격한 표현」이라는 일반적인 의미로 붙인 것이다. 실제의 사용예인가 그렇지 않은가의 문제가 아니다.
2) 794년부터 1192년 鎌倉(かまくら)幕府 창설까지의 약 400년간, 정치와 문화의 중심이 平安京(へいあんきょう) 즉 현재의 교토(京都)에 있었던 시대를 이른다.
3) 1336년부터 1573년까지, 아시카가(足利)氏가 교토(京都)의 무로마치(室町)에 막부를 열었던 시대를 말한다.
4) 이와 같은 「お」의 특수한 기능에 대해서는 미화표현에서 재론된다.
5) 이와 같은 말은, 군주에게 바쳐지는 것을 가리키는 존경어적 성질도 갖는다.

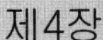

제4장

겸양표현을 위한 체계

제4장
겸양표현을 위한 체계

본장에서는, 존경표현과 더불어 소재경어의 또하나의 축을 이루는 겸양표현에 대해 고찰한다. 겸양표현이란, 표현주체(화자·쓰는이)가 화자 자신 및 화자측에 속하는 인물을 중심으로 한 행위자(為手;シテ)와 그 수용자(受け手;うけて)와의 관계에 있어서, 행위자를 낮춤으로 인해 상대적으로 수용자에게 경의를 나타내기 위한 경어표현이다.

겸양어는, 존경어의 경우와 마찬가지로, 특정어형을 가진 겸양어와 겸양성분을 첨가하여 만드는 겸양어로 구성된다. 전자는, 예를 들면 「申し上げる·差し上げる」와 같은 것을 가리키고, 후자는 「お話しする·ご報告する」와 같이, 겸양성분 「お·ご-する」 등을 첨가함으로 인해 규칙적으로 생산되는 겸양어를 가리킨다.

겸양표현을 이루는 이 두가지의 형태가 갖추어져 있는 점은 한국어에서도 마찬가지이다. 예를 들면, 「뵙다(お目にかかる)」는 특정어형을 가진 겸양동사이고, 「연락-드리-겠-사옵-니다(ご連絡申し上げます)」는 겸양성분인 보조동사 「드리다」와, 현대어에서는 사용장면이 적은 겸양보어간 「사옵」이 첨가된 표현형태이다.

1. 겸양어와 관련된 용어 문제

　먼저 겸양어와 관련된 용어에 대해 간략히 논하고자 한다. 겸양표현
은, 높여야 되는 수용자에 대한 행위자의 행위를 나타내기 위한 표현이
다. 이것은 일본어나 한국어나 마찬가지이다. 한일양언어 어느 쪽에서나,
연령·사회적 지위·능력·경험 등이 상위인 사람, 즉 상위자가 수용자
일 경우, 다음의 (1)과 같은 표현이 사용되고, (2)와 같은 표현은 피하게
된다. (1)에서는 규범에 따라 수용자인 「先生·선생님」이 술어인 「申し
上げる·말씀드리다」와 호응하고 있다. 한편, (2)에서는 규범에 반하여,
경어표지(敬語標識)가 없는 「言う·말하다」가 사용되어 있다.

　　(1) a) そのことは先生に申し上げました。
　　　　 b) 그것은 선생님께 말씀드리-었습니다.
　　(2) a) そのことは先生に言った。
　　　　 b) 그것은 선생님한테 말하-였다.

　일본어에서는 통상, 「申し上げる」와 같은 단어를 겸양어라고 칭하고
있다. 이것은 행위자의 행위에 초점을 맞춘 명명이다. 하위주체어라는
용어도 행위자의 행위에 시점을 맞춘 용어라고 할 수 있다.

　이에 비하여 한국어에서는, 겸양어라는 용어와 함께 객체대우법 혹은
객체존대법으로 겸양표현이 취급되는 경우가 많고, 거기에 사용되는 용
어는 객체의 존대형태 혹은 객체경어라고 불리고 있다. 이들은, 행위자
가 아니라 수용자측에 시점을 둔 용어이다. 일본어에서도, 일반적으로
겸양어라고 불리는 것을 수용자측에 시점을 두고 「受け手敬語(수용자경
어), 被動作主敬語(피동작주경어), 目的語敬語(목적어경어), 受け手尊敬
語(수용자존경어), 関係敬語(관계경어)」 등으로 부르는 경우가 있다. 다음
의 예를 보자.

(3) a) 私は先生に本をお返しした。

    b) 나는 선생님께 책을 돌려드리-었다.

위의 (3a)나 (3b)는 모두, 같은 객체에 대한 경의가 「お返しする」와 「돌려드리다」라고 하는 특별한 형태를 선택하게 하고 있다. 그럼에도 불구하고, 한편을 겸양어로 취급하고, 다른 한편을 객체대우형태 혹은 객체경어 등으로 취급하는 것은, 문법학자의 시점 내지는 중심(重心)을 어디에 두느냐의 차이에 의한다. 겸양어라는 것은, 행위자측에 시점을 두고, 그 행위를 낮추어서 어떤 특별한 용어가 사용된다고 하는 해석에 입각한 용어이다. 한편, 객체존대라든가 객체경어라는 것은, 행위의 수용자측에 시점을 두고, 그것을 높이기 위해서 어떤 특별한 용어가 사용된다고 하는 해석에 근거한 용어이다. 말하자면, 객체경어에서는 수용자의 존재가 중요시되어 있는 데에 비하여, 겸양어에서는 행위자의 수용자에 대한 대우행동이 중요시되어 있다고 할 수 있는 것이다.

이와 같이, 시점 내지는 중심을 두는 곳이 행위자인가 수용자인가라는 차이는 있지만, 높여야만 되는 수용자의 존재가 행위자의 경어행동을 하게 하고 있는 점은 양언어에 공통된 사항이다. 즉, 해석의 방법은 다르지만 의미내용은 별로 다르지 않다. 굳이 차이를 두자면, 겸양어는 형태론적인 해석이고, 객체경어는 의미론적인 해석이라고 할 수 있을 것이다.

겸양어와 객체경어의 차이는 문법학자의 시점의 차이에 의한 것이라고 할 수 있지만, 언어사실을 설명하는데 있어서 객체경어라는 용어를 사용하는 편이 적절한 경우도 있다. 한편, 객체경어라는 용어를 채용하면 적절하지 못하다고 하기 보다, 객체경어라는 개념으로는 설명하기 어려운 언어사실이 존재한다. 왜냐하면, 객체경어라는 개념에는 주체를 낮춤으로 인해 객체를 높이고자 하는 경어 뿐만 아니라, 객체를 단순히 높이기만 하는 경어도 포함되기 때문이다.

이상과 같이, 객체경어라는 용어는 문제의 언어현상을 완전하게 설명할 수 있는 용어라고 하기 보다, 겸양어라는 개념에 의해 설명할 수 있는 현상을 시점을 바꿔서 해석한 것이라고 볼 수 있다. 앞에서 든 겸양어에 관련된 각종 이명에 대해서도, 각각 일리가 있는 주장이기는 하지만, 반드시 완전한 용어라고는 할 수 없다. 따라서 본서에서는, 구조적인 분석에 있어서 가장 유효하며, 또한 한일양언어를 비교대조하는 경우에 있어서도 가장 유효한 겸양어라는 용어를 사용하기로 한다. 거기에는 글자의 뜻대로 겸양의 뜻을 나타내는 경우도 있겠지만, 반드시 겸양의 뜻에 구속받지는 않는다. 이 겸양어는 그 기능에 의해 하위분류를 할 필요가 있는데, 이 점에 대해서는 제7장에서 자세히 다루기로 한다.

2. 특정어형으로써의 겸양어의 종류

체언과 용언의 어느쪽에나 특정어형으로 사용되는 겸양어가 존재한다. 이 중에서, 특정어형을 가진 용언은 동사로 한정된다. 이 점은, 한일양언어에 공통된 사항이다.

그러나, 겸양어의 어구성의 면에서는 양언어 사이에 커다란 차이가 인정된다. 한국어의 경우에는 매우 단순하고, 일본어의 경우에는 매우 복잡하다는 것이다. 이와 같은 차이는 다음 항목에서 보는 겸양성분에 있어서도 마찬가지이다. 일본어의 겸양어의 다양함을 다음의 예에서도 엿볼 수가 있다.

> 本日、永積先生（元掌典長の永積寅彦氏）より大変貴重なお話をありがたく<u>おうかがい</u>しました。これから初めて学ぶ事柄も多いと<u>存じ</u>ますが、先生方のご講義を一つ一つ大切に<u>拝聴し</u>ながら研さんに努めて<u>参り</u>たいと<u>存じ</u>ます。

이것은 왕비교육 첫날을 마친 오와다(小和田雅子)씨의 인터뷰기사(『中日新聞』, 1993.3.13)로, 약간 형식적인 표현이긴 하지만, 일본어에 있어서의 겸양어의 모습을 보여주는 좋은 예이다. 여기에서 사용된 겸양어가가진 뉘앙스를 한국어로 표현하는 것은 지극히 곤란하다. 한국어에서는 일본어와 비교하여, 겸양표현은 보통 사용되지 않기 때문이다.

본절에서는, 먼저, 겸양어로 사용되는 특정어형을 갖는 동사, 즉 겸양동사의 형태를 살펴보고, 그 후에, 겸양어로 사용되는 특정어형을 가진체언, 즉 겸양체언에 대해 한일비교를 행한다.

1) 겸양동사의 형태와 특징

양언어에는 어떠한 종류의 겸양어가 존재하는지 살펴보자. 먼저, 현대일본어에 있어서의 겸양동사를 이하에 들도록 한다.

(4) a) 上がる・申す・申し上げる・差し上げる(あげる)・かしこまる・
        まいる・存じる(存ずる)・存じ上げる・捧げる・いただく・た
        まわる・うけたまわる・うかがう・いたす・頂戴する・おる
     b) お耳に入れる・お目にかかる・お目にかける・ご覧に入れる
     c) お目見えする・お目もじする・お見逸れする
     d) つかまつる・たてまつる・仰せつかる

일본어의 겸양동사는 매우 다양하다. 위의 (4a)는 전형적인 겸양동사이다. (4b)는 복합어이긴 하지만, 각 요소를 독립시켜서는 겸양어로 기능하지 않게 되기 때문에 전체로써 하나의 겸양동사로 간주해야 하는것이다. (4c)는 겸양성분 「お-する」와의 합성에 의해 형성되어 있지만, 이들도 한단어로 사용되기 때문에 겸양동사로 간주한다. 특수한 장면에서 밖에 사용되지 않는 (4d)를 제외하더라도, 일본어의 겸양동사는 20종

류를 가볍게 넘는다. 근년에 겸양어가 줄어들었다고 지적되고 있지만, 겸양동사의 종류는 존경동사를 상회할 정도이다.

이와 같은 겸양어의 고어에서 현대어로의 변천과정은 어떠한가? 데라시마(寺島, 1991:191)는 고전어와 현대어의 경계라고 일컬어지는 근세(江戸時代) 경어의 구성에 대해「근세경어는 앞 시대로부터 계승된 표현과, 근세에 들어와서 생겨난 표현으로 구성된다」라는 전제하에서, 다음과 같이 논하고 있다.

> 앞 시대로부터 계승된 표현은,「あそばす」「奉る」등, 형태가 안정된 규범적인 것이 많고, 주로 무가(武家)계급 등 지식층의 사람들에게 사용되었다. 근세가 되어 나타난 표현은「しゃる・さしゃる」나 인칭대명사 등, 규범적인 형태로부터의 음변화형이 많고, 주로 일반시민이라고 할 수 있는 사람들에게 사용되었다.

이 기술에서, 특정어형으로 발달한 경어는 비교적 지속성을 가지고 사용되고, 성분첨가에 의한 경어는 시대별로 변화를 해 왔다는 것을 엿볼 수가 있다. 또, 존경어와 겸양어의 사용이 근세가 되어, 특수한 계층의 사람 뿐만이 아니라, 일반인 사이에도 널리 보급되어 갔던 것을 엿볼 수 있다. 니시다(西田, 1988:110)는「경어는 에도(江戸)의 쵸닌(町人)사회에 이르기까지, 본질적으로는 이와 같은 신분질서 사회에 있어서의 상하관계의 질서를 나타내는 용어로 기능하고 있었다」고 지적하고 있다.

그러면, 한국어의 겸양동사는 어떠한가? 일본어에 비하면 한국어의 겸양동사는 상당히 빈약하다. 한국어고유의 겸양동사로 간주되는 것으로는「여쭈다(申し上げる・尋ねる), 말씀드리다(申し上げる), 바치다(差し上げる・捧げる), 모시다(お供する・仕える), 뵙다(お目にかかる), 드리다(差し上げる)」정도이다. 이들 6단어는 자주 사용된다.「아뢰다(申し上げる), 사뢰다(申し上げる)」도 있으나 이 두단어는 문장체적인 성격이 강하고,

말하자면 고체(古體)이다. 이 밖에, 「올리다(捧げる)・받들다(かしずく)・받잡다(戴く)」 등이 있으나, 특수한 장면에서 밖에 사용되지 않는다.

그런데, 위의 한국어에 대응하는 일본어역을 보면 알 수 있듯이, 한국어의 겸양동사는 모두 일본어의 겸양동사와 대응하고 있다. 「모시다」에 대응하는 일본어 「お供する」는 겸양성분의 첨가에 의한 것이기는 하지만, 분해하여 사용하는 것이 불가능하기 때문에 겸양동사로 인정해도 지장이 없을 것이다. 양언어의 이와 같은 대응은, 제6장에서 살필 겸양동사발달의 요인을 고찰할 때에 중요한 의미를 갖는다. 또한 한국어의 겸양동사에는, 위의 예에서 알 수 있듯이, 일본어의 「申し上げる」에 상당하는 단어의 종류가 많다. 이것은, 한국인이 윗사람에게 말을 걸 때에 특별하게 신경을 써왔다는 사실과 무관하지는 않을 것이다.

2) 겸양체언의 형태와 특징

특정어형을 가진 체언의 겸양어, 즉 겸양체언은 양언어에 존재한다. 그러나 겸양체언에 관해서도, 일본어가 한국어보다 풍부하게 갖춰져 있다. 일본어의 겸양체언으로는 다음과 같은 것을 들 수가 있다.

(5) a) 私(わたし・わたくし), てまえ
    b) 父(＜お父さん), 母(＜お母さん), 兄(＜お兄さん), 姉(＜お姉さん), 妹(＜妹さん), 弟(＜弟さん), 伯父・叔父(＜おじさん), 伯母・叔母(＜おばさん), 祖父(＜おじいさん), 祖母(＜おばあさん)

(5b)와 같은, 부모・형제자매 등을 나타내는 단어는 문맥에 의해 보통어로도 겸양어로도 기능한다. 예를 들면, 다음 (6a)의 「おじ」는 보통어로 사용된 것이고, (6b)의 「おじ」는 겸양어로 기능하고 있는 것이다.

(6) a) 太郎はおじの所で通っている。

　　 b) おじは出張からまだ帰っておりません。

　마찬가지로,「洋子さんには妹が二人いる」의「妹」와「私には妹が二人おります」의「妹」와는 확실히 그 성격을 달리 한다. 대자경어「ます」가 크게 기여하고 있지만, 이들 용어가 겸양어가 되기 위해 대자경어는 필수조건은 아니다. 즉,「です・ます」를 동반하지 않아도 겸양어로 기능할 수 있는 것이다.「息子・娘」「孫・孫娘」등도, 상황에 따라 보통어로도 겸양어로도 기능한다.

　(5b)에서 보는 것처럼, 일본어에는 친족용어에 겸양체언이 많이 발달되어 있다. 이것은, 상대경어법의 발달과 무관하지 않다. 내부인을 외부인에게 말할 때에 (5b)와 같은 겸양체언은 없어서는 안되기 때문이다.

　일본어에서는, 상대경어법의 발달에 의해 극히 일반적인 말을 화자측의 인물에는 적용할 수 없는 경우도 있다. 예를 들면, 다음과 같은 경우이다.

(7) a)*私は田中と申す人でございます。

　　 b)*私は男の人です。

　이것은 한국어에는 볼 수 없는 일본어에 독특한 상황이다. 이 점에 관해서 구니히로(国広, 1991:166)는 다음과 같이 지적하고 있다.

　　화자가 스스로를「－の人」라고 하면 자경표현(自敬表現)이 된다.「ひと」에는 가벼운 경의가 내포되어 있기 때문이다. 이 경우에는「人」을 떼고「男です」「女です」라고 하던가,「－と申すものです」라고 해야 한다.「もの」에는 가벼운 비하의 의미가 있기 때문에 행동주에 대해 사용하면 겸양하는 표현이 된다.

그러면, 한국어의 겸양체언에 대해 살펴보자. 한국어의 겸양체언은 그 종류가 매우 적다. 해당하는 단어는「말씀, 저」「아범(=애비), 어멈(=애미)」「자식, 여식」정도이다.

「말씀(お話)」은 일반적으로 존경어로 사용되는데, 이것은 문맥에 의해 겸양어로도 기능한다. 즉, 청자나 화제의 인물의「말」에 대한 존경어가 될 뿐만 아니라, 화자의「말」에 대한 겸손의 표현도 되는 것이다.

단, 이것이 존경어인지 겸양어인지는 전후관계로 파악해야 한다. 경어동사의 경우는,「말씀하시다(おっしゃる)」「말씀드리다(申し上げる)」와 같이, 존경어와 겸양어의 형태가 명확히 구분되는 것과 구별된다. 예를 들면「선생님 말씀의 뜻을 잘 모르겠습니다.(先生のお話の意味がよくわかりません)」와「제 말씀을 좀 들어 주십시오.(私のお話をちょっと聞いてください)」에 있어서, 전자의「말씀」은 높여야만 되는 인물의「말씀(お話・お言葉)」이라는 존경의 의미로 사용되고, 후자의 그것은 화자의「말(話・言葉)」에 대한 겸손의 표현, 즉「제 말씀(私のお話)」이라는 의미로 사용된 것이다. 이와 같이「말씀(お話)」은, 화자의「말」이긴 하지만, 그것이 청자에 미치는 것으로, 피행위자에의 배려를 나타내는 겸양어로써도 사용되는 것이다. 일본어의「お話」가 존경어로도 겸양어로도 기능하는 것과 성격이 아주 닮아 있다. 단, 일본어의「お話」는「父がすでにお話をしたかと思いますが」와 같이 화제의 인물에 관한 겸양어로써도 기능할 가능성이 있는데, 한국어의「말씀」은 화제의 인물에 관한 겸양어는 되지 않는다. 즉,「말씀」이 겸양어가 되기 위해서는 항상 화자의 행위를 가리키는 것이어야 된다.

한국어의 겸양체언은 그 종류가 적을 뿐만 아니라 사용범위도 좁다. 이 점에 대해「아범(=애비), 어멈(=애미)」을 가지고 설명해 보자.「아범(父=애비)」과「어멈(母=애미)」은 겸양어이긴 하지만, 일본어의「父」「母」와는 많이 다르다. 즉, 일본어의「父」「母」는 자기의 부모를 가족 이외의 타인에게 말할 때에 사용되는데 비하여, 한국어의 「아범」「어멈」은 자기의 배우자에 대해서나, 부모가 자식에게와 같이 가족이나 친족간에 있어서 일반적으로 사용된다. 「아버님, 아범은 아직 안돌아왔습니다」「아버님, 어멈은 친정에 갔습니다」와 같이, 아들 부부의 한쪽이 다른 한쪽을 부모에게 이야기할 때 사용하는 것이 가장 전형적이다. 이것은 또, 부모가 결혼한 아들이나 며느리를 부를 때, 화자의 자식인 양자에의 배려에서 사용되는 경우도 많다. 이와 같은 용법은 이웃간에도 사용되는 경우가 있는데, 이 때에는 친척에게 사용하는 것과 같은 감각으로 사용된다고 볼 수 있다.

이와 같이, 일본어의 「父」「母」는 외부의 사람에 대한 상대경어로 사용되는데에 비하여, 한국어의 「아범·어멈」은 내부인에 대한 상대경어로 사용되고 있는 것이다. 이 경우, 부부의 한편이 다른 한편을 상위자에게 말하는 경우에 사용하는 것이 상위자에 대한 겸양어로써의 용법이고, 상위자가 하위자에게 사용하는 용법은, 엄밀히 말하면, 겸양어로써의 용법이 아니다. 「자식, 여식」도, 일본어에 비해 일반성이 부족하다는 점에 있어서는 위의 두단어와 다르지 않다.

이상과 같은 몇가지의 예를 제외하면, 앞의 (5b)에 제시한 일본어의 친족명칭에 대응하는 한국어는, 존경어와 겸양어 또는 겸양어와 보통어의 형태적인 대립은 없다. 이들에 해당하는 한국어의 경우, 대상자가 손윗사람일 때에 존경접사 「님(樣)」을 붙이는 용법과 붙이지 않는 용법이 있는데, 「님」이 없다고 해서 보통어 또는 겸양어라고는 할 수 없다. 청자를 「형」이나 「형님」으로 부를 수 있고, 화자의 「형」을 소재로 하더라도 「형」과 「형님」의 양쪽이 사용되기 때문이다. 따라서, 자신의 형을 보통 「형님」이라고 부르는 사람이 타인에 대해 자신의 형을 「형」이라고 할 때, 이 「형」은 겸양어의 성격을 갖지만, 내부인과 외부인을 구별하지 않고 자신의 형을 항상 「형」이라고 부르는 사람에게 있어서의 「형」은,

자신의 형에게 말할 때에는 존경어의 의미를 갖고, 그 이외의 사람에게 말할 경우에는 대우의식을 갖지 않을 가능성이 높다. 이것은 그 밖의 단어에 대해서도 해당한다. 또한, 존경접사를 동반하지 않은 단어는 무대우의 보통어로써의 기능도 갖는다.

그런데, 양언어의 겸양체언은 소재경어보다 대자경어로써의 성격을 보다 강하게 갖는다는 점에서 공통되어 있다. 예를 들면, 화자가 행위자일 때에는 일인칭을 낮추는 겸양어로「私・저」가 사용되는데, 이것은 청자에의 배려를 나타내기 위하여 사용되는 것이다. 그 밖의 겸양체언도 소재에 관한 경의라고 하기보다 청자에 대한 경의를 나타내기 위하여 사용되는 것으로 보는 것이 보다 타당하다. 이 겸양체언의 대자경어로써의 기능에 대해서는 제7장에서 상세하게 다룬다.

여기에서는, 일인칭대명사가 대자대우표현으로 기능하기 때문에 어느 시대에나 특히 일인칭대명사는 겸양대명사를 포함하여 복잡하게 발달되어 있다는 점에 대해서만 언급해 두고자 한다. 데라시마(寺島, 1991)에 따라, 일인칭대명사를 시대별로 제시하면 이하와 같다.

- 古代；み・やつがれ・われ
- 中古；ここもと・みづから・われら・われわれ(複数)・小生・僕・余（予）
- 中世；おれ・こなた・それがし・わがみ・わらは・朕・おら・こち・この方・てまえ・みども・わし・わたくし・拙者
- 近世；おいら・下拙・こちと・こちとら・こちら・こっち・わたい・わたし・わちき・わっち・われわれ(単数)

많은 일인칭대명사가 발달한 것은 엄격한 신분제도에 있어서 화자가 청자의 신분 여하에 의해 자칭을 구분하여 사용하였다고 하는 점에 의한 것이라고 판단된다. 현대어에 있어서는 다양한 형태가 장면에 따라

구분사용되고 있다. 이런 의미에 있어서, 역사적 산물이 현대어에 활용되고 있다고 할 수 있겠다.

현대일본어에 있어서도 일인칭대명사는 비교적 풍부하다. 예를 들면, 「わたし・わたくし・ぼく・おれ・あたし・あたくし・あたい・じぶん・わし・うち・てまえ」등이 일반적으로 사용되고, 문장체에서는 「小生・本人・わがはい」등도 사용된다.

다음으로, 한자어에 의한 겸양어형을 살펴보자. 한자어에 의한 겸양어도, 특정어형을 가진 것과 성분첨가에 의한 것으로 나눌 수가 있다. 그러나, 이 양자의 구별은 명확하지 않다. 예를 들면, 「拝観する・拝聴する・拝見する」와 같은 단어는 「観る・聴く・見る」에 대한 특정어형으로써의 겸양어로 취급할 수도 있겠지만, 겸양성분 「拝」의 첨가에 의한 겸양어라고도 해석할 수가 있기 때문이다. 마찬가지로, 「進呈する(＜やる・あげる)」「進上する(＜贈る)」 등도 한자어에 의한 겸양동사라고도, 겸양접두사 「進」이 붙은 합성어라고도 할 수 있다. 『学研漢和大字典』은, 「進」에 대하여 「③사람 앞에 내밀다. 드리다. 『進呈』『進言』」이라고 설명하고 있다. 그래서, 이와 같은 「進」이나 「拝」 등이 붙은 단어는 접사가 붙은 특정어형이라고도 할 수 있는 것이다. 「愚息・粗品」 등의 명사에 대해서도 같은 해석을 할 수가 있다. 그러나, 이들은 한자의 의미분석에서 봤을 때 접사로써의 기능이 농후하기 때문에, 여기에서는 성분첨가에 의한 겸양어로 간주하고, 다음 절에서 취급한다.

3. 성분첨가에 의한 겸양표현

특정어형을 가진 겸양어와 함께 겸양표현을 이루는 또 하나의 축은 성분첨가에 의한 겸양어이다. 이것은 「お話しする・お話し申し上げる」

등, 겸양성분을 첨가함으로 인해 규칙적으로 생산된다.

겸양성분이 용언에 첨가되는 경우와 체언에 첨가되는 경우가 있는 점에 대해서는 한일양언어에서 공통된다. 그러나, 성분첨가에 의한 겸양어의 형태 및 운용에 관해서는 양언어 사이에 큰 차이가 나타난다. 일본어는 겸양성분의 종류가 풍부하고, 그들에 의한 겸양표현이 활발하게 행해지고 있다. 이에 비하여 한국어의 경우는, 특정어형을 가진 겸양어는 얼마간 있어도, 겸양성분의 종류는 매우 적다. 또, 성분첨가에 의한 겸양어의 사용도, 일본어의 경우와 비교하여 극단적으로 제한된다. 이하, 성분첨가에 의한 겸양표현에 대해, 그것을 용언과 체언으로 나누어서 검토한다.

1) 용언에 첨가되는 겸양성분

용언에 첨가되는 일본어의 겸양성분은 그 대부분이 동사에 사용되고, 형용사·형용동사에는 보통 사용되지 않는다. 이 점, 존경성분이 동사·형용사·형용동사의 구별 없이 첨가되는 것과는 다르다. 동사에 첨가되는 겸양성분은 「お-する」와 같은 형식동사 및 「てさしあげる」와 같은 보조동사로 구성된다. 존경성분 「れる・られる」와 같은 조동사에 의한 겸양성분은 없다.

한편, 용언에 첨가되는 한국어의 겸양성분은 특정어형을 가진 겸양동사를 보조동사로 원용하는 경우와, 현재는 거의 고어체가 되어 버린 겸양보조어간이 있다. 겸양보조어간은 동사에 뿐만 아니라 형용사에도 첨가된다.

그러나 어느 경우라도, 일본어의 겸양성분은 다양한 사용영역을 갖는데 비하여, 한국어의 겸양성분은 사용장면이 지극히 제한된다. 이와 같은 차이에 의해, 양언어의 겸양표현 자체에도 커다란 차이가 발생한다.

일본어의 성분첨가에 의한 겸양어의 대부분은, 한국어에서는 특정어형
이 없는 경우에는 보통어 표현으로 나타낼 수 밖에 없는 것이다. 예를
들면, 일본어의 「お書きする・提出いたす・お待ち申し上げる」 등, 겸양
성분의 첨가에 의한 표현은, 현대한국어에서는 「쓰다・제출하다・기다
리다」와 같이, 모두 보통어로 표현할 수 밖에 없다.

　여기에서는, 먼저 겸양형식동사 및 겸양보조어간에 대해 고찰하고, 다
음으로 겸양보조동사에 대해 살펴본다.

(1) 겸양형식동사 및 겸양보조어간

　겸양성분으로 일반적으로 사용되는 일본어의 형식동사에는 다음과 같
은 것이 존재한다.

　　(8) a) 「お・ご－する」　　　　（お話しする, ご訪問する）
　　　　 b) 「お・ご－いたす」　　　（お話しいたす, ご訪問いたす）
　　　　 c) 「お・ご－もうす」　　　（お願いもうす, ご報告もうす）
　　　　 d) 「お・ご－申しあげる」（お願い申し上げる, ご報告申し上げる）
　　(9) a) 「お・ご－いただく」　　（お聞きいただく, ご訪問いただく）
　　　　 b) 「お・ご－ねがう」　　　（お聞かせねがう, ご援助ねがう）
　　　　 c) 「お・ご－にあずかる」（お褒めにあずかる, ご賞賛にあずかる）

　(8)과 (9)와는 의미적인 차이가 있다. (8)의 겸양성분은 화자측의 행
위를 나타내는 말에 첨가된다. 이에 비하여 (9)의 경우에는 높여야 하는
인물의 행위를 나타내는 단어에 적용된다. 즉, 전자는 화자측을 오로지
겸손하는 의미가 강하고, 후자 쪽은 겸양표현의 수용자의 행위를 높이
고, 그 행위가 화자측에 은혜로 제공된다고 하는 의미로 사용된다. 요컨
데, (9)의 겸양표현은 전반부분과 후반부분으로 나누어져 있어서, 전반
의 「お・ご－」의 부분이 수용자의 행위에 대한 존경의 기분을 나타내고

있고, 후반부분에서 수용자의 행위를「いただく(받다)・ねがう(바라다)・
あずかる(与る;받다)」는 식으로 되어 있는 것이다. 따라서, (9)는 의미적
으로 존경어의 성격도 내포되어 있다고 할 수 있다. 동종의 표현에,
「お・ご－を仰ぐ」「お・ご－をこうむる」 등이 있다.「ご覧いただく」
도 이런 종류의 겸양표현이긴 하지만,「覧」만으로는 기능하지 않기 때
문에, 존경어「ご覧」이 일체가 되어 있는 특수한 표현이라고 할 수 있
다.

「お」와「ご」의 구분사용은 존경어의 경우와 같다. 즉,「お－」는 고
유어에 붙기 쉽고,「ご－」는 한자어에 붙기 쉽다. 그러나,「お」가 붙는
체언을 포함하는 겸양어의 경우에는「お電話する」「お約束する」와 같
이「お」가 붙는다. 이「お・ご」는 존경성분이라는 인식이 강하고, 그
때문에「お・ご－する」특히「ご－する」를 겸양표현으로 사용하는 것
에 저항감을 품는 경우가 있다. 예를 들면, 다음과 같은 표현에는 왠지
모르게 저항을 느끼게 되는 것이다.

(10) a) 間違いなくお約束しました。
    b) そのことはあなたにご一任するつもりでおります。
    c) それは昨日私がご指摘した通りですね。

이「お・ご－する」는 한묶음의 겸양성분으로 취급하는 것이 보통인
데, 그렇지 않은 견해도 있다. 그것은,「お・ご－する」구문에 있어서의
「お・ご」를 독립형태로 분석하는 것이다. 예를 들면, 国立国語研究所
(국립국어연구소, 1992:65)는,「お・ご－する」에 있어서의「お・ご」를「動
作・状態のかかり先への配慮(피행위자에의 배려)」를 나타내는 접두사로
취급하고 있다. 이 분석을 다음의 예에 준거하여 설명해 두도록 하자.

(11) a) どうも、<u>お</u>待たせしました。

b) お借りした本を<u>お</u>返しします。

c) 荷物を<u>お</u>持ちしましょう。

(11)은 어느것이나「お-する」구문으로써가 아니라,「お-」의 형식으로 해석되어, 화자의 행위를 나타내는 용어에「お」가 첨가되어 있다고 분석된다. 예를 들면 (11a)의「お-する」는「わたしが, <u>あなたを</u>, ~する」와 같은 식으로, 즉 직접목적어에 배려하는 표현으로, (11b)의「お-する」는「わたしが, なにかを, <u>あなたに</u>, ~する」와 같은 식으로, 즉 간접목적어에 배려하는 표현으로, 또 (11c)의 경우는「わたしが, なにかを, <u>あなたのために/に代わって/のことを考えて</u>~する」와 같은 식으로 해석되어 있다. 요컨데,「お-する」구문에 있어서의「お+連用形」을「お+名詞」(お話・お電話・お手紙)와 같은 독립형태로 취급하고, 거기에 단순히「~する」가 첨가된 것으로 해석되어 있는 것이다. 여기에 있어서의 겸양어로써의「お+名詞」와「お+連用形」은, 화자측의 행위・상태가 직접 상대에게 관련되어 있다는 점에서 공통되어 있다.

그러나 필자자신은,「お・ご-する」의「お・ご」는「お話・お電話・ご返事」등의「お・ご」와는 별개로 취급하는 편이 좋다고 생각한다.「お・ご-する」의「お・ご」는 접두사로 개별적으로 취급하기 보다,「する」에 관계되는 것으로, 즉「お・ご-する」구문의 일부로 간주하는 편이 타당하다고 하는 것이다. 왜냐하면,「お・ご-する」는 그 자체로 한묶음의 겸양성분을 이루고 있고, 항상 동사에 첨가된다고 하는 점에서, 명사에 첨가되는「お・ご」와는 구별되기 때문이다.

한국어의 경우, 일본어의 겸양형식동사의 기능을 하는 겸양성분은 보조어간인「옵・사옵」과 그 이형태이다. 앞의 음절이 자음으로 끝나는 경우에는,「으옵」등도 사용되지만, 이들은「사옵」의 이형태로 간주할 수

가 있다.「옵·사옵」의 구별은 어디까지나 자음어간인가 모음어간인가
에 의한 구별에 지나지 않기 때문에, 한국어의 겸양보조어간은 한종류
밖에 없다고 할 수 있다. 단, 이형태에 의해 경의도에 다소의 차이는 인
정된다고 할 수 있다.

  겸양보조어간은, 형식적인 면에 한정해서 말하자면, 매우 생산적인 겸
양성분이다. 따라서, 일본어의 겸양성분에 의한 표현은 모두「옵·사옵」
에 의한 표현으로 교체할 수가 있다. 또, 일본어의 겸양형식동사는 동사
에 밖에 적용되지 않는데 비해, 이것은 형용사에도 어려움 없이 사용할
수가 있다.

  그러나,「옵·사옵」에 의한 표현은 현대한국어의 일상대화에 있어서
는 거의 사용되지 않는다. 현대에는 거의 고어체가 되어 버렸기 때문이
다. 현대어에서는, 특수한 인사장 등의 문장체, 혹은 격식차린 장면에 있
어서의 연설 등에 있어서 그 용례를 발견할 수 있을 뿐이다. 겸양보조어
간으로 인정할 수 있는 형태는 틀림없이 존재하지만, 그 운용장면은 극
단적으로 좁은 것이다. 이것은, 한국어의 겸양성분이 현저하게 쇠퇴해
왔다는 것을 나타내고 있다. 이「옵·사옵」은 겸양성분이긴 하지만, 소
재경어로써보다도 대자경어로써의 기능이 우선적이다. 이 점에 관해서
는 후술한다.

  (2) 겸양보조동사

  일본어나 한국어의 겸양보조동사는 모두, 단독으로 겸양동사로써도
기능한다. 예를 들면, 이하의 (12)는 본동사로써의 용법이고, (13)은 보
조동사로써의 용법이다.

  (12) a) 私は先生にお手紙を差し上げました。
      b) 저는 선생님께 편지를 드리-었습니다.

(13) a) 私は先生に荷物を持っていって差し上げました。
    b) 저는 선생님께 짐을 갖다 드리-었습니다.

일본어의 겸양보조동사에는 이하와 같은 것이 있다. (14)는, 후술하는 바와 같이 순수한 소재경어로써 기능한다. 한편, (15)는 대자경어로써의 성질을 갖는다.

(14) a) てあげる・てさしあげる(<てやる)
    b) ていただく・(さ)せていただく(<てもらう・(さ)せてもらう)
(15) a) ておる(<ている)
    b) てまいる(<ていく・てくる)

일본어에 있어서는 보조동사의 첨가에 의한 겸양표현이 활발하게 행해지고 있는데, 그 사용빈도에 비하여 겸양보조동사의 종류는 반드시 많지는 않다. 보조동사로 사용되는 보통어의 종류도, 「いる・いく・くる・やる・くれる・もらう・おく・しまう・みる」로 한정되어 있다.[1] 이들 보통어 중에서, 겸양어형이 있는 단어가 겸양보조동사로 기능하게 된다. 「みる」의 경우, 겸양어형에 「拝見する」가 있는데, 이것은 한자어이고 또 성분첨가에 의한 것이기도 하다. 따라서, 「て拝見する」와 같은 보조동사의 용법은 없다.

(14a)의 「てあげる」는 겸양성분으로써의 기능을 거의 상실하고 있다. 「さあ、昔話をしてあげようね」와 같은 표현에서는 미화어적인 성격이 강하다. 또, 「手伝ってあげる」와 같은 표현에서는 은혜를 베푸는 듯한 느낌이 강하게 든다. 「てさしあげる」는 「送ってさしあげる」와 같이 사용하여 겸손한 표현을 만들 수 있다.

(14b)의 「ていただく」와 「させていただく」는 성질이 다르다. 「ていただく」에는 「お・ご―いただく」의 경우와 마찬가지로, 수용자측의 행

위를 나타내는 용언이 사용된다는 점에서 존경어적인 성질을 갖는다. 예를 들면, 「話していただく」에 있어서의 「話す」는 「ていただく」에 의해 상위자로 대우되는 인물의 행위를 나타내고 있다. 이에 비하여, 「させていただく」에는 「話させていただく」와 같이, 화자의 행위를 나타내는 단어가 사용된다.

「ていただく」에 의한 표현은 일본어에 특징적인 표현이다. 이것은, 행위자·수용자의 관계에 있어서의 수용자에 중심(重心)을 둔 표현이다. 즉, 화자가 수용자의 행위를 「삼가 받자옵는」 것을 강조하고, 수용자의 행위가 화자측에 영향을 미치는 것까지 언어표현에 포함시키고 있는 것이다. 예를 들면 다음의 예에서는 수용자인 「先生·田中さん」의 「おっしゃる·送る」라는 행위가 화자에까지 미치고 있는 것을 나타내고 있다.

(16) a) <u>先生に</u>おっしゃっ<u>ていただき</u>ました。
     b) <u>田中さんに</u>送っ<u>ていただき</u>ました。

이와 같은 표현형식은 한국어에는 일반적으로 존재하지 않는다. 따라서, 일본어의 「ていただく」를 한국어로 축어번역(逐語飜譯)해서는 말이 안된다. 한국어에서는 이와 같은 경우, 오로지 행위자의 행위에 중심(重心)을 두고, 「~해 주시다(てくださる)」와 같이 표현하기 때문이다. 위의 (16)을 한국어로 번역하고자 하면 「先生·田中さん」에 상당하는 단어를 주어로 세워서, 「<u>선생님이</u> 말씀하<u>여 주시</u>-었습니다.(<u>先生が</u>おっしゃっ<u>てくださいました</u>)」 「<u>다나카씨가</u> 바래다 <u>주시</u>-었습니다.(<u>田中さんが</u>送って<u>くださいました</u>)」와 같이, 존경표현으로 나타낼 수 밖에 없는 것이다.[2]

이와 같이, 일본어에서는 같은 사항을 「ていただく」에 의한 겸양표현<u>으로도</u> 「てくださる」에 의한 존경표현으로도 표현할 수가 있다. 그러나, 경의를 나타내야만 하는 인물로부터 화자에게 은혜가 전해지는 표현을

즐기는 경향이 있다. 한편, 한국어에서는 경의를 나타내야만 되는 인물의 행위에 대해서는 존경표현만을 사용하고, 그 영향이 화자에게 미치는지 어떤지까지는 표현하지 않는다. 한국어에서는, 겸양표현형식이 부족하다는 것과도 관계가 있겠지만, 상위자의 행위에 관한 경의는 오로지 존경표현에 의지할 수 밖에 없다. 즉, 행위자를 높임으로 인해, 화자가 행위자보다 하위자이거나 외부의 인물이라는 것을 나타낼 수 밖에 없는 것이다. 이 점에서, 일본어는 객체중심의 언어이고, 한국어는 주체중심의 언어라고 할 수 있다.

　양언어표현의 이와 같은 차이는 행위자가 몇인칭자인가라는 관점에서도 파악할 수가 있다. 행위자가 일인칭자인 경우, 한국어에서는 같은 사항에 관하여 존경표현과 겸양표현의 어느 방법으로도 표현가능한데 비하여 일본어에서는 불가능하다. 예를 들면, 한국어에서는「아버님이 선생님께 말씀하셨다.(お父様が先生におっしゃった)」도「아버지가 선생님께 말씀드렸다.(お父さんが先生に申し上げた)」도 성립하는데 비하여, 일본어에서는「父が先生に申し上げた」밖에 성립하지 않는다.[3] 한편, 행위자가 이인칭자 혹은 삼인칭자인 경우에는, 일본어에서는「先生がおっしゃってくださった」로도「先生におっしゃっていただいた」로도 표현할 수 있는데에 비하여, 한국어에서는 후자와 같은 표현은 하지 않는다.

　한국어의 겸양보조동사를 보도록 하자. 한국어의 겸양보조동사에는「드리다・뵙다・모시다」가 준비되어 있는데, 이 중에서 일반성을 갖는 것은「드리다」뿐이다. 이와 같이 한국어는 겸양보조동사의 종류도 매우 적고, 또 장면의 제약을 강하게 받는다.

　「드리다」는 사용제한이 많은 겸양성분 중에서 비교적 자유로운 성분이다. 이것은 일본어의「てさしあげる」의 의미를 나타낸다.「드리다」를「てあげる」라고 직역되는 경우도 적지 않은데, 전술한 바와 같이 의미적으로「てさしあげる」와 대응시키는 것이 바람직하다.「드리다」는 화자측의 행위에 관하여 폭넓게 사용된다. 단, 일본어의「あげる・差し上げる」와 마찬가지로, 행위자의 행위에 대한 수용자, 즉 대격(對格)「에게(~に)」에 의해 나타내어지는 수용자가 존재할 경우에 한하여 사용되고, 행위자 단독의 행위에는 사용되지 않는다. 겸양보조동사로 사용되는「뵙다」와「모시다」는「찾아 뵙다」「알아 모시다」등, 지극히 한정된 장면에서 밖에 사용되지 않는다.

　이와 같이, 양언어의 겸양성분과 그에 의한 겸양표현에는 커다란 차이가 있다. 일본어에는 겸양성분이 매우 풍부하다. 게다가, 겸양동사와 겸양성분의 첨가에 의한 표현과의 호환성은, 존경표현과 마찬가지로, 일본어 쪽이 강하고, 한국어 쪽은 제약이 많다. 겸양표현이 쇠퇴해 왔다고 지적되는 만큼은 일본어의 겸양형식은 쇠퇴하지 않은 것이다. 확실히, 어휘로써의 겸양어는 줄어든 것 같지만, 생산성이 높은 겸양성분이 풍부하기 때문에, 화자의 겸양의도만 있다면 얼마든지 겸양표현을 사용하여 겸손할 수가 있는 것이다. 그에 비하면, 한국어에서는 행위자를 낮추는 어휘도 교체형식도 부족하기 때문에, 일반적으로는 보통어를 사용하든가 또는 상대를 존경어로 대우함으로 인해 상대적으로 겸손하는 효과를 노리든가 할 수 밖에 없다.

2) 체언에 첨가되는 겸양성분

　일본어에는 체언에 첨가되는 대표적인 겸양성분으로 접사「お・ご」가 있다. 일본어의 경어성분의 풍부함은 체언에 첨가되는 겸양접사에도 보이는데, 특히 접사「お・ご」는 경어성분으로써의 생산성이 한층 눈에 띈다.

　「お・ご」는 용언・체언의 존경성분 및 미화성분으로 생산적으로 사용될 뿐만 아니라 겸양성분으로써도 기능한다. 단, 화자측의 행위 등에

사용되는 겸양성분으로써의 「お・ご」에 관해서는 그 사용법에 고민하게
되는 경우도 적지 않다. 「お・ご」의 존경성분으로써의 인식이 강하기
때문이다.

이하에, 겸양성분으로 기능하는 「お・ご」가 붙은 단어의 예를 얼마간
들어보도록 하자. (17a)는 「お」가, (17b)는 「ご」가 붙은 단어의 예이다.

> (17) a) お話, お電話, お手紙, お祝い, お見舞, お礼, お手伝い, お知
>   らせ, お答え, お進め, お力, お願い, お邪魔
>   b) ご報告, ご返事, ご相談, ご案内, ご招待, ご連絡, ご紹介, ご
>   挨拶

이들이 겸양어인지 어떤지는 그 전후관계를 고려하여 결정해야 한다.
(17)에 제시한 각 용어는 문맥에 의해 존경어가 되기도 하고 겸양어가
되기도 하기 때문이다. 다음의 예를 보도록 하자.

> (18) a) 以上簡単ですが、私の<u>お話</u>を終らせていただきます。
>   b) じっくり考えてみて<u>お電話</u>をいたします。
>   c) アメリカに着き次第<u>お手紙</u>を差し上げます。
>   d) <u>ご挨拶</u>に上がりました。
> (19) a) 先生の<u>お話</u>は本当に参考になりました。
>   b) 先生から<u>お電話</u>をいただきました。
>   c) 先生から<u>お手紙</u>を頂戴いたしました。
>   d) 先生から<u>ご挨拶</u>を賜りたいと存じます。

위의 (18)에 있어서의 예는 모두 겸양어로써의 용례이다. 이에 비하여
(19)에 있어서의 각 예와 같이, 높여야 되는 인물이 주체일 경우에는 존
경어로 기능한다. 즉, 그 행위를 일으키는 주체가 누구인가에 의해 의미
가 역전된다. 「御礼」는 「おんれい」라고 말할 경우에는 겸양어로써의 기

능으로 거의 고정되어 있다는 점에서 특수하다. 「お礼」도 겸양어로 사용
되는 경우가 많은데, 「先生から思いもかけないお礼をいただきました」와
같이, 존경어로써의 용법도 겸비하고 있다.

겸양접사로써의 「お・ご」는 존경접사의 「お・ご」와 형태는 같지만,
용법에 관해서는 명확하게 구별되지 않으면 안된다. 양자가 다른 점은,
「お・ご」에 의한 용어가 겸양어로 기능하기 위해서는 반드시 그 표현
의 수용자를 전제로 한다고 하는 점이다. (17)의 각 예에 있어서의
「お・ご」는 모두 화자측의 행위 등에 관하여 사용된 것인데, 그 화자
측의 행위가 수용자에 관련되는 것이기 때문에 「お・ご」가 첨가된 것이
다. 즉, 이들의 「お・ご」는 피행위자에의 배려를 나타내고 있으며, 결국,
수용자에 대한 화자의 상대적인 경의를 나타내고 있다. 이와 같이 겸양
접사로써의 「お・ご」는 그 행위의 수용자를 전제로 사용된다고 하는 점
에서, 반드시 수용자를 전제로 하지는 않는 미화어의 「お・ご」와도 구
별되는 것이다.

이와 같이 (17)과 같은 각 예는 그것이 화자의 행위이긴 하지만 수용
자와 분리하기 어려운 경우, 즉 수용자를 전제로 한 화자의 행위인 경우
에는 겸양어로 간주해야 할 것이다. 国立国語研究所(1992: 65-66)는 이
와 같은 표현을 「피행위자에의 배려(動作・状態のかかり先への配慮)」라고
하고, 「御採用の分には粗品進呈」의 「御採用」는 「저희들이 귀하의 것
(회답 등)을 귀하의 상황을 고려해서 감사와 함께 채택한다」는 것을 의
미한다고 논하고 있다. 「お力になれなくてすみません」「お答になってな
いと思いますけれども」와 같은 표현도 같은 해석이 가능하다. 단, 「お
言葉のようですが, 一つ言わせていただきます」와 같은 「お言葉」는 겸
양어로써는 보통 사용되지 않는다.

「お＋名詞」가 일체화되어 있어서 양자를 분리할 수 없는 경우가 있
다. 예를 들면, 이하의 예에 있어서의 「お目見得」「お構い」와 같은 것

은「目見得」「構い」라고는 사용하기 어려운 것이다.[4] 접사에 의해 생긴 이와 같은 용어는 이미 한단어화되어 있는 것으로 접사로써의 기능이 엷어져 있는 것이라고 할 수 있다.

    (20) a) <u>お目見得</u>に上がりました。
       b) どうも<u>お構い</u>もいたしませんで失礼いたしました。

겸양접사로써의「お」는 체언에 나타나는 것이 보통인데, 형용사 및 형용동사에 나타나는 경우도 드물게 있다. 国立国語研究所(1992:69)는「お＋感情形容詞」에 대해 다음과 같이 논하고 있다.

    대상격「が」를 취하는 감정형용사 중에서「なつかしい(懐かしい;그립다)」「うらやましい(羨ましい;부럽다)」「したわしい(慕わしい;그립다)」「いたわしい(労しい;딱하다)」「きのどくだ(気の毒だ;가엾다)」 등, 대상으로 인간을 취하기 쉬운 것은「お」를 붙이면 겸양어용법(객체존경)이라는 것을 이해하기 쉬워진다.

이상과 같이, 일본어에서는「お・ご」가 겸양성분의 역할을 수행하는 경우가 있는데, 한국어에 있어서는 앞에서 제시한 약간의 예외를 제외하면, 이와 같은 겸양접두사는 없다. 따라서, 일본어의「お・ご」에 의한 겸양어는, 그것을 한국어로 번역해도 겸양어가 되지 않는다. 예를 들면,「お電話」는「전화」라고 보통어로 표현할 수 밖에 없는 것이다.

체언에 첨가되는 겸양성분에는 양언어에서 비슷하게 사용되는 한자접두사가 있다. 다음에 제시한 것은 겸양접두사와 그에 의한 겸양어의 예로, 양언어에서 비슷한 기능을 갖는 것이다.[5]

    (21) a)【愚】 愚生, 愚拙, 愚僧, 愚兄, 愚見, 愚妻, 愚息, 愚作, 愚案
       b)【粗】 粗品, 粗餐, 粗茶, 粗肴, 粗飯

c) 【拙】 拙者, 拙僧, 拙稿, 拙妻, 拙文, 拙作, 拙著, 拙策, 拙筆

d) 【小】 小官, 小生, 小店, 小論, 小社

e) 【拜】 拜復, 拜見, 拜観, 拜察, 拜聴, 拜具, 拜啓, 拜辞, 拜受

f) 【弊】 弊校, 弊社, 弊店, 弊屋, 弊国

g) 【寡】 寡妻, 寡聞, 寡君, 寡人, 寡臣

h) 【荊】 荊妻, 荊室, 荊婦

i) 【豚】 豚児, 豚犬, (家豚)

j) 【鄙】 鄙見, 鄙言, 鄙第[6], 鄙人, 鄙地

k) 【卑】 卑官, 卑職, 卑見, 卑説, 卑人

l) 【上】 上書, 上啓, 上申, 上疏, 上奏

m) 【進】 進上, 進呈

n) 【献】 献上, 献策, 献呈, 献納, 献言

여기에 제시한 것이 한자접사에 의한 겸양어의 전부는 아니다. 예를 들면, 「微官(びかん;미관)・敬復(けいふく;경복)・復啓(ふくけい, ふっけい; 복계)」 등도 겸양어로써 양언어에 갖추어져 있다. 「寸志(すんし;촌지)・寸心(すんしん;촌심)」 등의 「寸(すん;촌)」도 겸양접두사로 들 수 있다. 일본어에서는 「参上(さんじょう)・参拝(さんぱい)・参内(さんだい)・参詣(さんけい)・参入(さんにゅう)」 등 「参(さん;참)」에 의한 겸양어가 많은 것도 특기(特記)할 만한 사항이다. 또한, 「迷(미)」에 의한 「迷豚・迷児・迷息」 등의 겸양어로써의 용법은 한국어에서만 그 용례가 발견된다.

이들 용어는 그 대부분이 접사를 포함한 한자 2음절어로 되어 있고, 이미 한단어화되어 있다고도 할 수 있는 점에서, 전술한 「お・ご」에 의한 것과는 성격이 다르다. 즉, 접사가 단어의 일부가 되어 있어서, 그것을 분리해서는 사용할 수 없게 되어 있다. 「お話・ご報告」 등, 「お・ご」에 의한 것은 그것을 분리해도 사용되는 것과 대비된다. 이러한 점에서, 상기의 것은 접사의 첨가에 의한 것으로 취급하는 데에 저항도 있겠으나, 한자의 의미로 봐서 접사로써의 공통성이 보이기 때문에, 접사에 의한 겸양어로 간주한다.

이와 같은 한자접사에 의한 겸양어는 양언어에서 거의 같은 기능을 가지고 사용되는데, 사용빈도는 낮다. 실제로, 현재는 거의 사용되지 않고, 서간문이나 특수한 인사문 등에서 그 흔적을 볼 정도이다.[7] 문장체적인 성격이 강한 이들 용어는, 예를 들면「これからの敬語」(1952)에서「平明・簡素な新しい敬語法(평이하고 간소한 새로운 경어법)」을 권장하고 있는 것과 같이, 대화체 쪽으로 용어변환이 권장되고 있다.

이 밖에, 일본어에는 접미사로 사용되는 겸양성분도 얼마간 준비되어 있다. 예를 들면「ども(私ども)」「め(せがれめ)」「儀(私儀)」「こと(私こと)」와 같은 것이다. 한국어에서는「놈・녀석」등을 화자측에 사용할 경우에 겸양접미사로 기능하는 수가 있지만, 일반적이지는 않다.

4. 맺음말

본장에서는 먼저, 겸양어와 객체경어라고 하는 용어의 차이에 대해 논했다. 겸양어는 행위자측에 시점을 둔 해석이고, 객체경어는 행위의 수용자측에 시점을 둔 해석이다. 겸양어에 관련된 여러 용어는 각각 유효한 해석이라고 할 수 있지만, 가장 포괄적으로 설명할 수 있는 용어는 겸양어라는 입장을 취했다.

겸양표현은 한일양언어에 존재하고 있으나, 어휘와 형태면 및 겸양표현의 운용면에 관해서는 양언어 사이에 현저한 상위점이 관찰된다. 특정 어형을 가진 겸양어의 형태를 보면, 일본어에는 겸양동사가 다양하게 발달되어 있을 뿐만 아니라, 상대경어법의 발달에 의해 겸양체언이 친족용어에 많이 발달되어 있다고 하는 특징을 찾아볼 수 있다.

성분첨가에 의한 겸양표현에 있어서는 양언어의 격차가 특히 크다.

일본어에는 겸양표현에 사용되는 성분이 매우 풍부하다. 즉 일본어에는, 화자의 경의도에 의해 선택할 수 있는 겸양표현의 선택지가 다양하게 갖추어져 있다. 이에 비하여 한국어에서는 겸양표현을 위한 형식이 매우 적다. 뿐만 아니라, 그 형식을 사용할 때의 제한도 강하고, 그 때문에 한국어에서는 겸양표현을 사용하는 것 자체가 매우 적다. 그 결과로써, 일본어에서는 겸양표현이 가능한 경우에 있어서도 한국어에서는 표현이 불가능한 경우가 많이 있고, 따라서 일본어의 겸양표현을 한국어로 번역하려고 해도 번역할 수 없는 경우가 많다.

▍주

1) 「−(し)はじめる」「−(し)だす」와 같은 종류도 의미적으로는 보조동사로 취급할 수도 있겠으나, 이들은 대응하는 경어형이 없기 때문에 고려하지 않고, 여기에서는 「−(て)いる」「−(て)いらっしゃる」와 같이 「−て」의 형태로 사용되는 것을 보조동사로 간주하였다.

2) 다른 표현법으로, 「선생님으로부터 <u>말씀들었습니다.</u>(先生がおっしゃることを聞きました)」라고 무리하게 말할 수도 있으나 일반적이지는 않다. 이것도 존경표현의 성격을 갖는다.

3) 이것은 절대경어법과 상대경어법으로 파악되는 것을, 시점을 바꿔서 파악해 본 것이다.

4) 「悔やみ」는 「お悔やみを申し述べました」와 같이 「お」를 첨가한 형태로 사용되는 경우가 많은데, 「悔やみ言」와 같이 「お」 없이 사용되는 경우도 있다.

5) 예 중에는 양언어의 어느쪽인가의 대사전류에 실려있지 않은 용어도 있지만 그 경우에도 양언어에서 겸양어로 기능한다고 해석할 수 있다.

6) 자신의 집을 겸손하게 지칭하는 용어이다.

7) 이와 같은 한자접사에 의한 겸양어의 사용빈도는 중국어에 있어서도 매우 낮은 것 같다. 고시미즈(輿水, 1977:293-294)는 중국어의 겸양성분으로, 「賤jian(賤姓jianxing)・弊bi(弊姓bixing)・鄙bi(鄙人biren)・舍she(舍弟shedi)・家jia(家父jiafu)・小xiao(小弟xiaodi)・愚yu(愚見yujian)・拙zhuo(拙作zhuozuo)」 등

을 들고 있는데, 이들은 현재, 거의 모두 사용되지 않게 되었다고 기술하고 있
다. 한자접사에 의한 겸양어가 한자문화권에서 거의 쓰이지 않게 된 것을 공통
의 현상으로 볼 수 있다.

제5장

겸양표현의 사용조건과 운용에 있어서의 제문제

제5장
겸양표현의 사용조건과 운용에
있어서의 제문제

경어사용을 유도하는 조건은 상하관계와 친소관계로 크게 나눌 수 있다. 일본어의 경우, 그것이 전통적인 상하관계에서 친소관계로 중심이 이동되고 있다고 볼 수 있다. 한편, 한국어의 경우, 경어사용에 있어서 상하관계가 미치는 영향력은 일본어 이상으로 심하다. 물론, 상하관계와 친소관계는 서로 보완관계에 있는 것이지, 대립관계에 있는 것은 아니다.

본장에서는, 먼저 한일양언어에 있어서의 겸양표현의 사용조건에 대해 고찰한다. 한일양언어에 있어서 어떠한 조건하에서 겸양표현이 나타나는가, 그 때의 경의는 누가 나타내는 것인가, 또, 겸양표현에 있어서의 경의의 대상은 누구인가를 고찰한다. 그 후, 겸양표현의 운용면에 관련된 제문제와 겸양어의 대자경어화현상에 대해 고찰한다.

1. 겸양표현의 사용조건

겸양표현의 성립에 있어서는, 화자 · 청자 · 행위자 · 수용자가 관계된다. 이 때, 가장 기본적인 조건은 수용자가 행위자보다 상위자로 대우되어야 되는 인물이라는 점이다. 이것은 양언어에 공통되어 있다. 그러나,

행위자·수용자 및 청자가 화자의 내부인인가 외부인인가에 의해 양언어에는 약간의 차이가 나타난다.

먼저, 행위자가 화자보다 하위자일 경우, 일본어에서나 한국어에서나 겸양표현이 사용된다. 이 경우, 수용자가 화자의 내부인인가 외부인인가는 관계하지 않지만, 일본어에서는 내부인이 수용자일 경우에는 청자도 내부인일 필요가 있다. 다음의 (1)은 수용자가 화자의 내부인인 예이고, (2)는 수용자가 화자의 외부인인 예이다. 단, (1a)와 같은 표현은 내부경어가 거의 사용되지 않는 일본어에 있어서는 일반적인 표현은 아니다.

> (1) a) <u>弟</u>が<u>お父様</u>に<u>差し上げ</u>ました。
> b) <u>동생</u>이 <u>아버님</u>께 <u>드리</u>-었습니다.
> (2) a) <u>妹</u>が<u>先生</u>に<u>申し上げ</u>ました。
> b) <u>여동생</u>이 <u>선생님</u>께 <u>말씀드리</u>-었습니다.

이들 예에 있어서, 겸양어「差し上げる·드리다」와「申し上げる·말씀드리다」에 의해 대우되는 수용자「お父様·아버님」과「先生·선생님」은 행위자인「弟·동생」과「妹·여동생」보다 상위자이다. 그리고, 행위자는 화자보다도 하위자이다.

또, 행위자가 화자보다 상위자이더라도, 행위자와 수용자가 내부인이면 겸양표현이 나타난다. 이것도 양언어에 공통된 사항이다.

> (3) a) <u>部長</u>が<u>社長</u>に<u>申し上げ</u>ました。
> b) <u>부장님</u>이 <u>사장님</u>께 <u>말씀드리</u>-었습니다.

그런데, 행위자가 화자보다 상위자이고, 수용자가 외부인일 경우에는 경어표현에 차이가 발생한다. 이와 같은 경우, 일본어에서는 (4a)와 같이 겸양표현을 사용하는 것이 통례이다. 한국어에서도 (4b)와 같은 겸양표현이 존재하기는 한다. 이 경우, 행위자와 수용자와의 관계는 실질적인 상하관계라고 하기보다는, 외부인을 상위로 대우한다고 하는 사회적 통념에 따른 것이라고 해석해야 한다. 그러나, 한국어가 일본어와 다른 것은, (5b)와 같은 표현도 용인된다고 하는 점, 그리고 오히려, 이와 같은 존경표현이 우선적으로 사용된다고 하는 점이다.

    (4) a) <u>我が社の社長</u>が<u>貴社の社長</u>に<u>申し上げ</u>ました。
        b) <u>우리회사 사장님</u>이 <u>귀사 사장님</u>께 <u>말씀드리</u>-었습니다.
    (5) a)*<u>我が社の社長</u>が<u>貴社の社長</u>に<u>おっしゃい</u>ました。
        b) <u>우리회사 사장님</u>이 <u>귀사 사장님</u>께 <u>말씀하시</u>-었습니다.

위의 사실에서 다음과 같은 점을 지적할 수 있다. 일본어에서는 외부인이 수용자일 경우의 경어사용의 조건으로, 내부인인가 외부인인가의 관계, 즉 일종의 친소관계가 우선적이고, 절대적인 상하관계는 종속적이다. 한편, 한국어에서는 상하관계 쪽이 우선적이고, 이것에 친소관계가 종속하고 있다. 실로 이와 같은 관계가, 한국어는 절대경어를 갖고, 일본어는 상대경어를 갖는다고 하는 일반론을 성립시키고 있는 것이다.

경어운용에 있어서의 이와 같은 차이는 회사 등과 같은 이차적으로 구성된 상대적인 내부인이 관계되는 경우 뿐만 아니라, 가족과 같은 일차적으로 구성된 절대적인 내부인에 관련된 경우에도 발견된다. 다음과 같은 절대적인 내부인이 행위자인 경우, 양언어의 차이는 보다 명확하게 나타난다.

    (6) a) <u>父</u>が<u>先生</u>に<u>申し上げ</u>ました。
        b) <u>아버지</u>가 <u>선생님</u>께 <u>말씀드리</u>-었습니다.
    (7) a)*<u>お父様</u>が<u>先生</u>に<u>おっしゃい</u>ました。
        b) <u>아버님</u>이 <u>선생님</u>께 <u>말씀하시</u>-었습니다.

겸양표현은, (6)에 제시한 대로 양언어에서 사용된다. 그러나 존경표현에 관해서는, (7)에 제시한 대로 일본어에서는 그것이 허용되지 않는데, 한국어에서는 허용된다. 즉 한국어에서는 같은 사항을 (6b)와 같은 겸양표현으로도, (7b)와 같은 존경표현으로도 나타낼 수가 있는 것이다. 여기에서 주의를 요하는 것은, (7b)와 같이 행위자에 경의를 나타낸다고 해서 수용자(선생님)보다 행위자(아버님)가 상위라고 하는 의식은 없다고 하는 것이다. 수용자와는 관계없이 행위자에게 경의를 나타내고 있다고 봐야 한다.

여기에서 부언해 두겠는데, 행위자와 수용자에 대해 동시에 경의를 나타낼 수 있는 것은 양언어에 공통되어 있다. 수용자가 행위자보다 상위자이고, 화자가 행위자와 수용자에 대해 경의를 나타내야만 되는 입장에 있는 사람일 경우, 다음과 같이 겸양어와 존경어가 동시에 나타난다.

    (8) a) <u>部長</u>が<u>社長</u>をアメリカまで<u>お供</u>されました。
        b) <u>부장님</u>이 <u>사장님</u>을 미국까지 <u>모시</u>고 <u>가시</u>-었습니다.

이 예에 있어서, 「お供する・모시다」에 의해 수용자가 행위자보다 상위자라는 것을 나타내고, 「れる・시」에 의해 행위자가 화자보다 상위자라는 것을 나타내고 있다. 이 경우, 경어성분의 배열순서는 「겸양＋존경」이 되고, 「존경＋겸양」이 되지는 않는다. 이것은, 겸양성분으로는 후접성분인 「れる・られる」와 같은 조동사가 존재하지 않는 것에 관계되어 있다.

이상과 같이, 겸양표현에 있어서, 행위자보다 수용자가 상위자로 취급되어야 되는 인물이라는 것은 거의 절대적인 조건이다. 따라서, 수용자가 화자보다 상위에 해당하는 인물이라고 하는 조건만으로는 겸양표현은 성립되지 않는다. 예를 들면, 「*社長が部長に申し上げました」와 같

이, 화자보다는 상위이지만, 행위자(社長)보다는 하위에 해당하는 동일집단내의 수용자(部長)에 대해서는 겸양표현을 사용할 수가 없다.

2. 겸양표현에 있어서의 경의의 주체

겸양표현의 성립에 있어서는 행위자와 수용자와의 관계와 더불어 화자와 청자와의 관계가 관련되는데, 그러면, 그 겸양표현에 있어서 경의를 나타내는 주체는 누구일까? 겸양표현에 있어서의 경의를 나타내는 주체에 대해서는 크게 두가지의 견해가 있다. 하나는, 행위자의 수용자에 대한 경의라고 하는 것이고, 또하나는 화자의 수용자에 대한 경의라고 하는 것이다. 여기에서는, 이 두가지의 견해의 논거(論據)를 살펴본 후에, 필자의 견해를 종합하도록 한다.

먼저, 행위자가 수용자에게 경의를 표한다고 하는 견해, 즉 겸양표현에 있어서의 경의의 주체는 행위자라고 하는 견해부터 보도록 하자. 이것은 문법론적인 해석이다.

겸양표현을 행위자의 수용자에 대한 경의표현이라고 하는 해석은, 다음과 같이 수용자가 화자보다 손아랫사람이라고 할만한 경우에 유효하다.

(9) a) 由美ちゃん、先のこと<u>お母さん</u>に<u>お話しし</u>たかい？(祖父→孫)
　　b) 유미야, 아까 그 일 <u>어머님께 말씀드리</u>-었니? (상동)

이 예에는, 겸양어를 화자의 수용자에 대한 경의표현이라고 해석할 경우의 문제가 있다. 여기에서는, 화자가 수용자(お母さん・어머님)에게 경의를 표시하고 있는 것이 아니기 때문이다. 화자의 손주에 해당하는 행위자와 그 모친인 수용자와의 관계를 화자가 고려하여, 행위자의 입장에서 수용자에게 겸양어를 사용했음에 지나지 않는다. 즉, (9)에 있어서의 「お話しする・말씀드리다」에 의해 대우되는 수용자는 행위자와 대비되어 있는 것이지, 화자와 대비되어 있는 것은 아니다.

한편, 겸양표현을 화자의 수용자에 대한 경의표현이라고 하는 해석에도 일리가 있다. 이 해석의 근저에는, 행위자와 수용자와의 관계에 의해 겸양표현은 성립되지만, 수용자에 대한 행위자의 겸양의식까지는 화자에게는 알 수 없다고 하는 견해가 있다. 따라서, 수용자에 대한 경의는 화자에 의해 나타내어진다고 하는 것이다. 이것은 화용론적인 해석이라고 할 수 있다.

이와 같은 해석에 입각하여 겸양어를 설명하고 있는 한 예로 와타나베(渡辺, 1991:148)를 들어 보자. 와타나베(渡辺)는, 「경어가 누군가에 대하여 경의를 표하는 언어형식이라고 한다면, 언어의 성립조건, 화자·청자·화제행위자·화제수용자의 네사람 중에서, 이『누구』는, 경의를 표하는 주체인『화자』이외의(소위『자경표현(自敬表現)』은 특수한 경우로 제외함),『청자』『행위자』『수용자』의 누군가가 된다」라고 하는 전제하에서, 겸양어를「화제의 인물, 행위자·수용자 사이에「행위자<수용자」의 관계를 인정하고, 그 상하관계를 통하여 화자로부터 수용자에 대하여 경의를 표하는 말」이라고 규정하고 있다.

이것은 겸양표현에 있어서 매우 중요한 지적이기는 하다. 그러나, 「행위자<수용자」의 관계만으로 겸양표현이 모두 성립하지도 않을 뿐더러, 경의를 표하는 주체가 항상 화자라고도 한정할 수 없다. 이것은, 위의 (9)에 의해서도 확실히 나타난다. 가령 이 해석이 타당하다고 한다면, (9)에 있어서의 경의의 주체는 화자인「祖父」이며, 그에 의해 높여지는 것은 화자의 딸인「お母さん」이 되어 버리기 때문이다.

겸양표현에 있어서의 경의의 주체가 화자라고 하는 해석에서는, 다음과 같이 수용자가 화자의 손윗사람이더라도 겸양표현이 성립하지 않는 경우도 설명할 수가 없다.

(10) a)＊夜分侵入してきた泥棒が先生に申し上げました。
　　 b)＊밤중에 쳐들어온 도둑이 선생님께 말씀드리-었습니다.

　겸양표현을 화자의 수용자에 대한 경의표현이라고 하는 해석이 맞다면, 화자가 수용자인 「先生・선생님」에게 경의를 표하는 것이 되는 (10)과 같은 표현이 성립해야 한다. 그러나, 현실적으로는 (11)과 같이 표현하는 것이 보통이다.

(11) a) 夜分侵入してきた泥棒が先生に言いました。
　　 b) 밤중에 쳐들어온 도둑이 선생님에게 말하-였습니다.

　(10)이 비문(非文)이 되는 것은 행위자가 수용자에게 경의를 표한다고는 생각할 수 없다고 화자가 인식하기 때문이다. 그 결과, (11)과 같이 보통어표현을 사용하는 것이다. 혹은, 「ぬかしました・지껄였습니다」라고 비속어를 사용할지도 모른다. 비속어를 사용하더라도 화자의 수용자(先生・선생님)에 대한 경의에 영향은 없다. 반대로, 「＊泥棒がおっしゃいました」와 같은 존경표현도 당연히 양언어에서 공히 성립하지 않는다.
　여기에서 필자의 견해를 서술하고자 한다. 필자는, 겸양표현에 있어서의 경의의 주체는 화자의 행위자에 대한 평가에 근거한 판단에 의해 다르다고 생각한다. 즉, 경의의 주체는 상황에 따라서 다르다고 생각하고자 한다. 크게는 수용자가 화자보다 상위자인 경우와 수용자가 화자보다 하위자인 경우로 나누어서 생각하지 않으면 안된다.
　수용자가 화자보다 상위자인 경우에는, 행위자의 수용자에 대한 겸양표현을 빌려서, 화자가 수용자에게 경의를 표하는 것이라고 해석해야 할 것이다. 행위자와 수용자와의 관계에 의해 겸양표현은 성립하는 것이지만, 행위자의 경의의 유무를 판단하는 것은 어디까지나 화자이다. 즉 필자는, 겸양표현에 있어서의 경의의 주체는, 기본적으로는 화자라고 생각한다. 이것을 다음의 예에 입각하여 설명해 보도록 하자.

(12) a) 課長が会長に新入社員を<u>連れていって差し上げ</u>ました。
　　 b) 과장님이 회장님께 신입사원을 <u>데려다 드리</u>-었습니다.
(13) a) 部長が社長に会長を<u>お連れして差し上げ</u>ました。
　　 b) 부장님이 사장님께 회장님을 <u>모셔다 드리</u>-었습니다.

　(12)는 행위자에 있어서 간접목적어는 경의를 나타내는 대상이고 직접목적어는 경의의 대상이 아니라는 것을 화자가 판단한 것이다. 한편, (13)은 행위자가 간접목적어에도 직접목적어에도 경의를 표해야 한다고 화자가 판단한 것이다. 이와 같이 (12)(13)은, 수용자가 행위자보다 경의에 해당하는 인물이고, 동시에 행위자가 수용자에 대하여 겸양하는 인물이라고, 화자가 판단한 것에 의해 성립한다. 따라서, 수용자가 화자보다 상위자인 경우에, 수용자에게 행위자가 경의를 표하는 입장에 있다고 하는 평가적 판단에서 표출되는 겸양표현에는, 그와 같이 판단한 화자의 수용자에 대한 경의가 확실히 내포된다고 생각된다.
　이에 대해서는, 다음과 같이 겸양표현이 나타나는 경우와 그렇지 않은 경우를 비교해 보면 한층 확실해진다.

(14) a) <u>課長</u>が<u>部長</u>に新入社員を<u>紹介</u>しました。(화자 : 평사원, 이하동일)
　　 b) <u>과장님</u>이 <u>부장님</u>께 신입사원을 <u>소개하</u>-였습니다.
(15) a) <u>課長</u>が<u>部長</u>に新入社員を<u>ご紹介</u>しました。
　　 b) <u>과장님</u>이 <u>부장님</u>께 신입사원을 <u>소개해 드리</u>-었습니다.

　(14)에는 수용자(部長·부장님)에 대한 경의가 나타나 있지 않다. 이에

비하여 (15)에는 수용자에 대한 경의가 나타나 있다. 이 경의의 있고 없음의 주체는, 「紹介する・소개하다」하는 사람이 「課長・과장님」이기 때문에 표현상으로는 행위자(為手)이다. 그러나, 그것을 판단한 것은 화자이다. 따라서 (15)에는, 수용자(部長・부장님)에 대한 화자의 경의가 확실히 제시되어 있다고 해석해야 되는 것이다.

또, 수용자와 청자가 동일인물인 경우에 있어서도 같은 해석이 가능하다. 예를 들면, 「田中が先生にご報告いたしましたように」와 같은 표현에서는, 화자가 수용자 겸 청자(先生)를 배려한다고도, 행위자(田中)가 수용자를 배려한다고도 해석할 수 있겠지만, 「田中」와 「先生」의 관계를 고려한 화자의 「先生」에 대한 경의표현이라고 판단되는 것이다.

앞의 (10)과 같은, 「*泥棒が先生に申し上げました」가 성립하지 않는 것도, 화자의 행위자에 대한 평가적 판단에 의한 것이다. 즉, 이와 같은 표현에서, 행위자가 수용자에게 경의를 표한다고는 도저히 생각할 수 없다고 판단한 것은 화자이다. 따라서, 겸양표현이 성립하지 않는 이와 같은 특수한 상황의 경우에는, 경의의 유무를 구하고자 하는 것 자체가 무리이다.

문제는, 수용자가 화자의 하위자인 경우에는 어떻게 해석해야 하는가이다. 이와 같은 경우에 있어서도, 화자의 행위자에 대한 평가적 판단이 가장 중요한 요소이기는 하다. 즉, 수용자가 행위자보다 상하(上下)・친소관계(親疎関係)에 있어서 「上」이나 「疎」의 관계이고, 행위자가 수용자에게 경어를 사용해야 하는 상황에 있다고 하는 판단이 화자에게 내려지면, 그 수용자가 화자보다 하위의 인물이더라도 겸양표현이 가능하다는 것이다. 이와 같은 평가적 판단에 의해서, 동일한 행위자와 수용자라고 하더라도, 화자가 바뀌면 같은 내용의 표현형태도 바뀌는 것은 이를 것도 없다. 단, 여기에서 경의의 유무를 판단하는 것은 곤란하다고 생각된다. 이와 같은 경우에는, 화자가 행위자와 수용자의 관계를 고려하여 겸양표현의 형식을 빌리고 있음에 지나지 않는다고 해야 할 것이다.

앞의 (8)(13)과 같은「겸양+존경」에 의한「お供される」「お連れして
差し上げる」와 같은「이방면경어(二方面敬語)」는 현대어에서는 별로 사
용되지 않는다. 이점에 대한 와타나베(渡辺, 1991:159-160)의 지적을 소개
해 두자. 와타나베(渡辺)는, 중고어(中古語)의 경어에서는 행위자와 수용
자를 동시에 대우할 수가 있고, 행위자와 수용자가「서로 간섭하지 않
고, 수용자·행위자가 각각 독자적으로 화자의 경의의 대상」이 되는데
비하여, 현대의 경어는「겸양+존경」이 없지는 않지만, 행위자·수용자
에게 동시에 경어를 가지고 대우하는 경우가 적어졌다고 지적하고 있다.
이 경향은 한국어도 마찬가지이다. 복수의 소재의 인물에 대한 경어의
구분사용은 양언어에서 별로 행해지지 않고 있는 것이 현상이다.

3. 겸양표현에 있어서의 경의의 대상

지금까지, 겸양표현은 수용자에 대한 경의를 나타내는 표현이라고 논
해 왔다. 문법적인 관점에서 보면 확실히 그렇다. 그런데, 이와 같은 틀
에서만 해석할 수 만은 없는 표현이 존재한다. 이점에 대해서 지적해 둘
필요가 있겠다.

먼저, 수용자에 대한 경의가 확실한 표현부터 보도록 하자. 다음과 같
이 청자가 보통체로 대우되는 경우, 즉 수용자와 청자가 동일인물이 아
닌 경우에 있어서의 겸양어는 수용자에 대한 경의를 나타내는 것이 확
실하다.

    (16) a) そのことは、俺が先生に申し上げたよ。

        b) 그것은, 내가 선생님께 말씀드리-었다.

그러나, 수용자와 청자가 동일인물인 경우에는 어떻게 해석해야 할 것인가? 수용자에의 경의와 청자에의 경의가 동시에 고려되는 이와 같은 경우에 겸양어가 나타날 가능성이 매우 높다. 이 때의 경의의 대상은, 형식적으로는 수용자이지만, 실질적으로는 청자이다. 이것은 다음의 예로 입증할 수가 있다.

(17) a) そのことは、課長が部長に<u>申し上げ</u>たと思いますが。

(청자 : 부장)

b) そのことは、課長が部長に<u>言っ</u>たと思いますが。 (청자 : 선배)

(17a)와 같이, 수용자가 청자와 동일인물인 경우에는, 화자(평사원)에 의해 행위자(課長)의 수용자(部長)에 대한 경의표현이 이루어질 가능성이 매우 높다. 이 경우의 겸양어는 청자에 경의를 나타내는 것이 된다. 한편, 수용자와 청자가 동일인물이 아닌 경우에는, (17b)와 같이, 수용자에 대한 경의표현이 이루어지지 않을 가능성이 비교적 높다.

겸양어가 청자에의 경의로 기능하는 가장 현저한 예는, 화자가 행위자이고, 청자가 수용자인 경우에 나타난다. 이와 같은 상황하에서 겸양어의 사용빈도는 가장 높아진다.

(18) a) そのことは、昨日も<u>先生</u>に<u>申し上げ</u>たんですが。(청자 : 先生)

b) 그것은, 어제도 선생님께 <u>말씀드리</u>-었습니다만. (청자 : 선생님)

(19) a) 私の方から<u>ご連絡いた</u>します。

b) 제쪽에서 <u>연락드리</u>-도록 하겠습니다.

이들 예에 있어서의 청자에의 경의는 「です・ます」뿐만 아니라, 겸양어에 의해서도 나타내어져 있다. 이것은 (18)보다 (19)와 같은 경우에 한층 확실해진다. (19)와 같이 수용자가 생략되는 경우에는 그것이 청자일 가능성이 높은데, 이 때의 청자에의 경의는, 「ます」 뿐만이 아니라, 「ご-いたす」에 의해서도 확실히 제시되어 있다. 이것은 소재경어가 청자를 의식하여 사용되는 것을 보여주는 것이다.

이와 같이, 소재경어로 간주되는 겸양어가, 수용자가 청자와 동일인물 인 경우에 나타나기 쉽다고 하는 것은 소재경어가 대자경어화하고 있는 것을 보여주는 것이다. 즉, 청자에 대한 경의는 소위 대자경어에 의해서 만 표시되는 것이 아니라, 소재경어에 의해서도 표시가 되는 것이다. 일 본어나 한국어나, 경어를 사용할 때에는 화자와 청자의 관계가 최우선시 되고, 소재의 인물에 대한 경의는 엷어지고 있다. 이것이 현대 경어운용 의 특징이라고도 할 수 있다.

4. 겸양표현 운용에 있어서의 제문제

경어의 사용법은 항상 문제를 내포하고 있다. 그 중에서도, 특히 겸양 어의 용법은 매우 복잡하다. 경어의 사용법이 문제가 될 경우, 거의가 겸양어에 관련된 것이라고 해도 과언이 아니다.

본절에서는, 일본어의 겸양어를 운용할 때에 부디치는 제문제, 즉 경 어의 오용·과잉경어·경어의 혼란(敬語の乱れ) 등이라고 지적되는 사항 중에서 특히 겸양어에 관계되는 문제에 대해 언급하고자 한다.

겸양표현에 관련된 제문제는 겸양어에 대한 의식의 변화와 밀접하게 관계되어 있다. 왜냐하면, 겸양어가 겸양의 의미로 사용되지 않고 미화 어로 사용되거나, 나아가서는 보통어와 같은 개념으로 사용되기도 하기 때문이다. 또한, 전통적으로 겸양어로 분류되어 온 몇가지의 표현형식이 공손어·정중어로써, 즉 대자경어로써의 역할을 수행하는 경우도 보이 기 때문이다.

필자는, 겸양어를 사용하여 청자에의 배려를 나타내는 현상을, 겸양어의 공손어화현상 즉 대자경어화현상이라고 보고자 한다. 겸양어를 청자에의 배려를 나타내기 위하여 사용하는 표현은 겸양어의 오용이라고 지적되면서도 지금은 정용(正用)으로 정착하고 있는 표현도 찾아볼 수가 있다.

1) 청자에 대한 배려로 사용되는 겸양어 운용의 문제

먼저, 청자에 대한 배려로 사용되는 겸양어에 대해 살펴보자. 겸양어를 사용할 때에 항상 논의의 대상이 되는 몇가지의 용어가 있는데, 특히 문제를 일으키기 쉬운 것은 「まいる・おる・もうす・いたす」이다. 이들은 제7장에서 논할 대자성겸양어와 정중어의 기능을 갖는 용어들이다.

청자에 대한 배려로 사용되는 겸양어는 다음의 예에 있어서와 같이, 주어를 낮추고 청자를 높이기 위하여 사용되는 것이 본래의 용법이다.

> (20) a) <u>私は</u>昨日東京へ行って<u>まいり</u>ました。
> b) 今日矢に刺さった鴨を<u>取材陣が</u>発見<u>いたし</u>ました。

(20a)와 같이 주어가 청자에 대하여 겸손해야 하는 화자측의 인물일 경우가 청자에 대한 겸양어로써의 가장 전형적인 용법이다. 반대로 말하면, 주어가 화자의 내부인이라는 것이 명확한 경우에는, 청자를 배려하는 겸양어를 사용하는 것이 기본이다. (20b)에 사용된 「いたす」는 「내부인・외부인」의 관계에서 사용된 것이 아니라, 단순히 청자에 대한 정중한 표현에 지나지 않는다고도 해석할 수 있다. 그렇지만, 주어인 「取材陣」은 화자의 내부인이기 때문에, 그것을 낮추기 위하여 「いたす」가 사용되어 있다고 해석할 수도 있다.

그런데, 특정인물로 나타나는 주어가 낮추어야 하는 대상이 아닌 삼인칭자인 경우에는 문제가 발생한다. 다음의 예는 필자가 뉴스에서 직접 들은 표현인데, 겸양어의 오용례로 종종 지적되는 부류의 표현이다. 겸양어를 사용해야 되는 상황이 아닌 경우에 겸양어가 사용되었다고 하는 것이다.

    (21) a) <u>外務大臣</u>は政治改革について次のように<u>述べております</u>。
        b) <u>千代の富士</u>が引退<u>いたし</u>ました。

  그러나, 이와 같은 표현은 일상생활에 있어서 다용되고 있고, 필자는 이것을 오용이라고는 할 수 없다고 생각한다. 위에 있어서의 「おる」나 「いたす」는 주어와는 관계없이, 청자에 대한 정중함을 나타내기 위한 정중어로 사용되어 있다. 그들은 겸양어 본래의 용법과는 다른 사용법을 하고 있는 것이다. 즉, 청자(시청자)에 대해 주어가 나타내는 인물(外務大臣·千代の富士)을 낮추기 위하여 사용된 것이 결코 아니다. 만약 그와 같은 의식이 화자에게 있다고 한다면, 주어를 내부인(방송국측)으로 생각하고, 청자(시청자)를 외부인 취급을 하고 있는 것이 된다. 그러나, 그와 같은 의식이 화자에게 없다는 것은 상황으로 보아 명확하다. 청자에 대해 공손하고자 하여 사용되는 종래의 겸양어를 오용이라고 하는 것은, 후술한 겸양어의 세 영역, 즉, 소재성겸양어·대자성겸양어·정중어의 구별을 참작하지 않고 해석하고자 하기 때문이다.

  위에 있어서의 문제는 주어가 특정인물이라고 하는 점이다. 이와 같이, 화자에 있어서 특정인물인 주어를 낮출 필요성이 특별히 없는 경우에는 아직 용인도가 낮다고도 할 수 있다. 그러나, 주어가 일인칭자라고도 이인칭자라고도 할 수 없는 경우에는 정중어로써의 용법으로 인정해도 지장이 없을 것이다. 이와 같은 경우에는 특히, 청자가 불특정다수라는 것이 저항감을 덜하게 하는 요소로 작용하고 있다고 할 수 있다.

그런데, 청자를 배려하는 겸양어에는 주어를 낮추는 기능이 있기 때문에, 높여야 되는 청자의 행위에 사용해서는 안된다. 따라서, 다음과 같이 화자와 청자가 동시에 대우되는 경우에는 기본적으로는 오용이 된다.

(22) a) ?では一緒にまいりましょうか。

b)??その会議に一緒に出席いたしましょうか。

(22a)는 (22b)에 비하면 위화감이 적을 것이다. 이것은 「いたす」보다 「まいる」 쪽에 정중어로써의 인식이 일반화되어 있는 것에 의한 것이라고 판단된다. 또, 「まいる」가 미화어로 사용되는 것도 관계가 있다고 생각된다. (22b)의 표현은 (22a)의 표현보다 저항감이 강하다. 행위자가 명확하고, 청자의 행위가 맞물려 있기 때문에, 그 청자가 불쾌감을 느낄지도 모른다. 그럼에도 불구하고 (22b)와 같은 표현도 일반화하고 있는 추세이다. 권유형은 청자가 맞물리기 때문에 「いたしましょうか」로는 문제가 있는데, 그렇다고 해서 「なさいましょうか」라고 해서는 더욱 통용되지 않는다.

「まいる・いたす・おる」 등이 대자경어로 사용되는 것이 아니라, 틀림없는 오용으로 판단되는 경우가 있다. 예를 들면 다음과 같은 표현은 존경어를 사용해야 되는 특정인물인 청자에게, 잘못하여 겸양어를 적용해 버린 경우이다.

(23) a)*昨日はどちらへまいりましたか。

b)*教師がそのようなことをいたしましてはいけません。

c)*何をおっしゃっておりますか。

d)*お客さんの中で高橋さん、おりましたら至急事務室までお越しください。

여기에 사용된 겸양어는 모두 청자의 행위에 대해 표현된 것이다. 이들이 대자경어로 기능한다고는 하더라도, 청자에 대한 배려로 사용되는 겸양어는 주어를 낮춤으로 인해 청자를 높이기 위하여 사용되는 것이지, 청자를 낮추기 위하여 사용되는 것은 아니다. 따라서, 높여야 되는 청자의 행위에 겸양어를 적용해서는 안된다. 즉, 주어가 청자와 동일인물이 아닌 경우는 청자에 대한 겸양어가 성립되는데, 주어가 청자인 경우에 겸양어를 사용하면 오용이 되는 것이다.

그런데 한국어화자는 일본어화자와는 다른 이유에 의해서 오용을 야기한다. 한국어화자는 청자에 대한 겸양어를 종종 다음과 같이 사용하는 경우가 있다.

> (24) a)＊先生は昨日どこへまいりましたか。
> b)＊先生は韓国のことをよく存じますか。
> c)＊先生もそのように存じてますか。

한국어화자가 범하는 (24a)와 같은 예는, 일본어화자의 오용 (23a)와 형태는 같은데, 오용을 불러일으키는 원인은 같지 않다. 일본어화자의 경우는 「まいる」를 존경어로 착각하든가, 혹은 대자경어로 인식하는 것에 의한다고 볼 수 있다. 혹은 미화어로 인식하기 때문일 수도 있다. 한국어화자의 경우도, 이들을 존경어라고 오인하여 상위성을 나타내야 하는 주어에 사용하고 있을 가능성은 있다. 그러나, 존경어로 오인할 때에 있어서 확실히 다른 원인이 작용한다고 생각된다. 한국어에는 「行く」와 「まいる」의 어휘적 대립이 없기 때문에, 즉 「行く」에 대한 겸양어가 없기 때문에, 「まいる」를 존경어의 감각으로 사용하고 있을 가능성이 높은 것이다.

보통어와 겸양어의 어휘적 대립이 없는 것에 기인하는 오용은, (24c)에 있어서 현저하다. 일본어화자의 경우는 (24a)와 같은 오용은 있어도,

(24c)와 같은 오용이 발생할 가능성은 매우 낮다. 「存じる」는 다른 겸양어와는 성질이 달라서, 화자의 「思う(생각하다)」하는 것에만 사용되기 때문이다. 즉, 화자측의 인물이더라도 화자 본인이 아닌 경우에는 그것을 사용하지 않기 때문에, 일본어화자에게는 이와 같은 오용은 우선 없다고 판단된다.

한국어화자가 일본어를 운용할 때에 특징적으로 관찰되는 다음과 같은 오용이 있다. 겸양어를 사용하여 낮추어야 하는 가족을, 존경어를 사용하여 높여버리는 현상이다.

  (25) a)*お父さんは出張にいらっしゃいました。
     b)*お母さんがよろしくとおっしゃいました。

이것은, 한국어에 있어서의 절대경어 용법을 그대로 일본어에 도입하고 있는 예이다. 내부인이 소재가 되는 경우의 이와 같은 오용은 빈번하게 발생한다. 절대경어와 상대경어, 내부(ウチ)와 외부(ソト)의 인식이 부족한 것에 기인하고 있다. 학습력에 의해 오용이 출현하는 빈도에 차이가 있는 것은 당연하지만, 초급단계에 있어서의 학습자는 가장 가까운 존재인 가족의 상위자를 낮추는 것에 상당한 저항을 느낀다.

여기에서, 본래의 정중어로써의 용법이 오용이라고 지적되는 경우에 대해 부언해 두고자 한다. 「次のバスは三時十五分にまいります」와 같은 예에 있어서의 「まいる」와 같이, 낮추어야 할 주어가 존재하지 않거나 자연현상 등을 나타내는 것은 정중어로써의 용법인데, 이런 종류의 표현까지도 오용 취급하는 경향이 있다. 그러나, 이와 같은 경우의 겸양어형은, 대자경어로써의 기능이 명확하다. 따라서, 이것은 청자에 대한 정중한 의미로 사용된 것으로, 공손어의 성격이 강하며, 오용이 아니다.

2) 소재의 인물에 대하여 사용되는 겸양어 운용의 문제

원칙적으로 소재의 인물에 대한 경의에 근거하여 사용되는 겸양어의 운용에 관련된 몇가지의 문제를 살펴보도록 하자. 소재의 인물을 배려하는 겸양어는 그 본래의 용법으로 사용되는 경우도 있지만, 그것을 대자경어로 사용하는 경우도 있다.

먼저, 「いただく」를 사용한 다음 표현에 있어서의 문제를 생각해 보자.

> (26) a) これをそっと温めますと、おいしく<u>いただけ</u>ます。
>   b) (食事の時に)さあ、<u>いただき</u>ましょう。

이들은, 「いただく」의 미화어화현상 또는 공손어화현상이라고 할 수 있다. (26a)와 같은 표현에 있어서의 「いただく」를, 오이시(大石, 1983)는 「고품어(上品語)」[1]라고 명명하고 있다. 그러나, (26b)와 같이, 청자가 직접 관련되는 경우에는 특히 논란의 여지가 많다. 청자가 어린아이라면, 친애어 또는 미화어적인 성격이 강하지만, 가족 이외의 외부인일 경우에는 문제가 발생한다. 소재에 관련된 겸양어는, 주어를 낮춤으로 인해 상대적으로 수용자를 높이는 것인데, 그 겸양어로 상대방을 대우하는 결과가 되어 버리기 때문이다. 소재경어이든 대자경어이든, 특정한 청자가 동작에 관련되는 경우에는 겸양어는 피하는 것이 바른 용법이 된다. 단, (26)과 같이 정용인지 오용인지 애매한 경계선에 있는 표현은, 무엇을 허용하고 무엇을 오용이라고 해야 하는가가 지극히 곤란한 문제이기는 하다.

「いただく」에 관한 한국어화자의 오용의 현상을 보도록 하자. 「いただく」에 대해서도 청자가 단독으로 주어가 되는 경우에는 다음과 같은 오용이 자주 발견된다.

(27) a)*私が送った手紙を<u>いただき</u>ましたか。
　　 b)*韓国から書類は送って<u>いただき</u>ましたか。

　이와 같은 표현에 있어서의「いただく」는 윗사람에 대하여 경어로
대우하고자 하는 기분이 앞서서, 보통어「もらう」보다 경의가 들어 있
다고 하는 인식에 입각하여 사용된 것이라고 판단된다. 일본어화자에게
도「社長，我々が描いた絵を<u>拝見していただけ</u>ましたか」와 같은, 청자
가 단독으로 주어가 되는 경우에 겸양어를 사용한 오용이 종종 들린다.
　또, 한국어화자에게는 다음과 같은 완전한 오용이 종종 관찰된다.

(28) a)*(私が書いたものを)<u>見せていただい</u>て本当によかった。
　　 b)*先生の論文を(私が)<u>見ていただき</u>ました。

　(28a)의「見せる」는「見る」로, (28b)의「見る」는「見せる」로　해야
한다. 이와 같은 오용이 한국어화자에게서 자주 보이는 것은 한국어에
「(させ)ていただく」에 상당하는 표현이 존재하지 않기 때문이다. 일본
어에 특징적인 이와 같은 수수표현(授受表現)은 한국어화자에게 있어서
대단히 서투른 분야이며, 이것에 습숙하는 데는 상당한 일본어능력이 요
구된다.
　「お－ていただく」구문에 관해서도 한국어화자에게 특징적으로 보이
는 오용이 있다. 이하는 실례(實例)인데,「お－いただく」와「ていただ
く」를 단순히 합체시킨 형식이다.

(29) a)*それちょっと<u>お見せていただけ</u>ますか。
　　 b)*奥さんによろしく<u>お伝えていただき</u>たいと思います。

　「あげる」도 많은 문제를 내포하고 있는 겸양어이다.「あげる」를 포함

하는 다음과 같은 표현은 경어의 오용를 논할 때에 항상 문제가 된다.

    (30) a) <u>赤ちゃん</u>には母乳を<u>あげた</u>ほうがいいと思います。
       b) <u>わんちゃん</u>に餌を<u>あげて</u>ください。
       c) <u>ペット</u>は大事にし<u>てあげ</u>なくちゃいけません。

이와 같은 표현에 있어서의 「あげる」에는 미화어적・친애어적인 성격이 강하게 나타나 있다. 그와 같은 것으로 「あげる」를 이해하면, (30)의 표현은 저항 없이 받아들여질 수 있다. (30c)와 같이 「あげる」가 보조동사로 사용되는 경우도 청자를 의식하여 사용된 대자성의 미화어라고 할 수 있을 것이다.

「あげる」를 겸양어로 분류하는 것 자체에 문제가 있다고도 할 수 있다. 왜냐하면, 그것을 문자대로의 겸양어로 사용한 경우, 다음과 같은 받아들이기 어려운 표현이 생성되어 버리기 때문이다.

    (31) a)??私は<u>先生</u>にご返事を<u>あげ</u>ました。
       b) *先生のかばん、持っ<u>てあげ</u>ます。

그렇기는 하지만, 「あげる」가 본래는 겸양어라는 것은 의문의 여지가 없다. 그렇기 때문에, 앞의 (30)과 같은 표현이 논란의 대상이 되는 것이다. 이것이 겸양어라는 것은 사전의 기술에서도 확실히 알 수 있다. 『現代敬語辞典(현대경어사전)』에는 다음과 같은 설명이 보인다.

    「あげる」는 「与える」라는 뜻의 겸양어로, 중세・무로마치(室町)시대 이후에 사용되고 있다. 옛날에는 「進ず」「まいらす」와 함께, 「あぐ」 혹은 「あぐる」라고 사용하다가, 현대의 구어에서는 「あげる」가 되었다. 「さしあぐ」는 무로마치시대에 생성되어, 현대는 「さしあげる」의 형태로 사용하는데, 이 편이 「あげる」보다 경의도가 높다.

이와 같이 「あげる」는 본래 겸양어이긴 하지만, 지금은 위에서 언급
한대로 친애어 · 미화어적인 성격이 강하고, 겸양어로써의 의미는 매우
얇어져 있는 상태이다. 이 경향은 「あげる」를 보조동사로 사용하는 경
우에도 마찬가지이다.

수수표현(授受表現)에 사용되는 「あげる」의 경의도에 관한 전통적인
견해는, 国立国語研究所(1992:126-127)에도 나타나 있다. 거기에 의하면,
「さしあげる」의 경의도는 「+2」, 「あげる · いただく · くださる」의 경우
는 「+1」, 「やる · もらう · くれる」의 경우는 「0」이다. 이와 같이, 「あげ
る」의 경의도는 「いただく · くださる」의 그것과 같이 되어 있다. 그러
나, 현대어에 있어서 「あげる」의 경의도가 「いただく · くださる」보다도
훨씬 낮아져 있다는 것은, 같은 책에 소개되어 있는 「あげる」의 사용의
식에 관한 조사 결과로부터도 확실하다. 이 책에는, 이와 같은 용어의
경의도에 관한 인식의 차에는 연령차와 성별이 가장 크게 관계되어 있
다는 것도 지적되어 있다.

「あげる」는 한국어화자가 잘못 사용하기 쉬운 단어의 하나이다. 이하
는 한국어화자에게 특징적으로 보이는 겸양표현의 오용의 한 예이다. 이
예는 상당한 일본어력을 갖추고 있는 일본어학습자로부터 직접 채집된
것이다.

   (32) a)*先生に電話を<u>あげ</u>ます。
       b) 선생님께 전화를 <u>드리</u>-겠습니다.
   (33) a)*お借りした本を返し<u>てあげ</u>ます。
       b) 빌린 책을 <u>돌려드리</u>-겠습니다.
   (34) a)*先生、私が田中先生に伝え<u>てあげ</u>ます。
       b) 선생님, 제가 다나카선생님께 <u>알려드리</u>-겠습니다.

오용의 원인은 모어의 간섭에 있다. 일본어의 「あげる」를 한국어로 번

역할 경우, 일반적으로 「드리다」가 사용된다. 「드리다」는 틀림없는 겸
양어이다. 그래서, 한국어로 「전화를 드리다」라고 하면 훌륭한 겸양어가
되는데, 그 직역인 「電話をあげる」는 일본어표현으로는 부자연스러운
것이다. 일본어에서는 윗사람에게 「電話をあげる」라고는 하지 않기 때
문이다. 「電話を差し上げる」「お電話する」「お電話いたす」 등과 같이
하는 것이 보통이다.

이와 같이, 「あげる」를 본동사로 사용하는 경우도 문제가 있는데, 그
것을 보조동사로 「てあげる」의 형태로 사용하는 경우에는 특히 주의를
요한다. (33a)나 (34a)와 같이 「返してあげる」라든가 「伝えてあげる」라
고 하는 것은 용인하기 어려운 것이다. 그러나 한국어에서는 (33b)나
(34b)와 같이 「돌려드리다」라든가 「알려드리다」라고 하면 손색 없는 겸
양어가 된다. 한국어화자가 (33a)나 (34a)와 같이 말할 때, 그것은 (33b)
나 (34b)를 직역하고 있음에 지나지 않는 것이다.

또한, 「やる」와 「くれる」는 한국어에서는 형태적인 구별이 없고, 양
자 모두 동일한 형태 「주다」가 사용된다. 보조동사 「てやる」와 「てくれ
る」에 대해서도 동일한 형태 「-아(어) 주다」가 사용된다. 이 점도 오용의
원인이 된다. 실제로, 「てやる」와 「てくれる」는, 한국어에서도 다른 형태
가 부여되는 존경어의 「てくださる」와 겸양어의 「てさしあげる」의 경우
와는 달리, 형태적 혼동이 생길 가능성이 높은 것이다. 이에 비하여, 「て
あげる」의 사용에 있어서의 오용은 문법적인 오용이라고 하기보다, 화
용론적인 오용이라고 할 수 있겠다. 그런데, 일본어에서 「くれてやる」가
사용되는 것으로부터 유추하자면, 원래는, 일본어에서도 「くれる」와 「や
る」의 방향성이 반드시 명확한 것만은 아니었을 가능성이 있다.

다음으로, 화자보다 상위인 청자의, 더욱 상위인 화제의 인물에 대한
표현에 대해 생각해 보자. 国立国語研究所(1990:88-90)는 평사원에서 과
장에의 표현으로 이하의 양자가 모두 타당하다고 하고 있다.

(35) a) では課長、社長によろしく<u>おっしゃって</u>ください。
　　　 b) では課長、社長によろしく<u>申し上げて</u>ください。

소재의 인물이 그 자리에 없을 경우, 필자에게는 (35b)보다 (35a) 쪽
이 보다 적격한 표현으로 생각된다. 이들 표현에 있어서의 행위자가 상
위의 청자이기 때문이다. 물론 이와 같은 표현에는 화자와 청자와의 친
밀도가 깊게 관계되고, 청자를 특별히 고려하지 않아도 되는 경우에는
(35b)와 같은 표현도 저항 없이 사용된다. 일반적으로 (35b)에 저항을
느끼는 것은, 이것이 다음의 (36b)와는 내부, 특히 친족과 외부의 영역
을 달리 하기 때문이다.

(36) a) 先生、これを坊ちゃんに<u>お渡しになって</u>ください。
　　　 b) 先生、これを坊ちゃんに<u>差し上げて</u>ください。

(36b)에서는 화제의 인물과 청자가 속하는 영역이 화자가 속하는 영
역과는 다르다. 이와 같은 경우에 있어서의 화제의 인물은 청자보다는
하위자이지만, 청자와 동격으로 취급해야 하는 인물이다. 따라서, 여기
에서의 경어는 화제의 인물에 관한 배려에서 출현한 것이 아니라, 화제
의 인물과 같은 영역에 속하는 청자에의 배려에서 출현한 것이라고 봐
야 한다. 「お子さんに差し上げる」와 같은 표현은, 청자보다 하위자를 높
이기 때문에 오용이라고 지적하는 수도 있는데, 이 경우에는 하위자에의
배려가 아니라 청자에의 배려이기 때문에 적격한 표현이다. 또한, 「それ
は田中先生の坊ちゃんに差し上げました」와 같은 경우에는, 청자에의 배
려는 제시되어 있지 않지만, 이 경우도 「差し上げる」의 배려의 대상은
화제의 인물 「坊ちゃん」이 속하는 것과 같은 영역의 「田中先生」이다.
　이에 비하여, (35)는 등장인물의 삼자가 모두 같은 영역에 속하는 인
물이다. 더구나, 이차적인 내부의 사회이다. 따라서, 그 자리에 없는 화

제의 인물에의 경의보다 그 자리에 있는 인물에의 경의가 우선되어야
할 것이다. 즉, (35b)와 같은 표현이 일본어에 있어서 저항이 느껴지는
것은, 현대의 경어가 청자 중심의 경어, 즉, 상위의 청자에 대한 경의를
우선적으로 고려하여 사용되는 것에 의한다. 물론, 행위자가 청자가 아
닌 경우에는, 「課長が社長に申し上げました」가 무난하게 성립한다. 「申
し上げられました」라고 하는 표현은, 화제의 인물이 되는 「課長」와 「社
長」에의 경의가 동시에 고려되는 표현이기 때문에, 행위자와 청자의 관
계 여하에 관계 없이 사용할 수가 있다. 그러나, 이와 같은 이방면경어
의 표현형식은, 있어서 당연한 것이긴 하지만, 현대어에서는 별로 용례
를 찾아볼 수가 없다.

　이중경어는 겸양표현에 있어서는 별로 문제가 되지 않는다. 존경어에
관해서는 (37a)와 같은 이중경어가 항상 문제시되는데, (37b)와 같은 겸
양표현의 이중경어는 정중한 겸양표현으로 받아들여지고 있는 경향이다.

　　(37) a)*ただいま<u>先生</u>が<u>お着きになられ</u>ました。
　　　　 b) 後ほど<u>お伺いいたし</u>ます。

　명사에 「お・ご」를 첨가하여 겸양어로 사용하는 표현에 이론(異論)이
제기되는 경우가 있다. 예를 들면 오이시(大石, 1976:47)는, 겸양어로 「ご
返事」는 성립하는데, 「お手紙」는 성립하기 어렵다고 하고, 「返事」는
상대방 쪽에 직접 관련된다고 하는 점에서 「手紙」와 성질이 다르다고
해석하고 있는데, 납득하기 어렵다. 「手紙」는 반드시 누군가에게 보내
는 것을 전제로 하는 것이고, 「お手紙を差し上げたいと思います」에 있
어서의 「お手紙」는 겸양어로 성립하는 것이라고 생각된다.

　이 밖에, 가능형에 「お」를 첨가하는 오용이 있다. 예를 들면, 어느 안
내판에 「お持ち帰れます」라고 하는 것이 있었다. 이것은 「お話せます」

와 같은 오용이다. 「お持ち帰りできます」 혹은 「お持ち帰りいただけます」로 하지 않으면 안된다.[2]

5. 맺음말

본장에서는 먼저, 겸양표현의 사용조건과 경의를 나타내는 주체 및 경의의 대상에 대해 고찰하였다. 겸양표현의 성립에 있어서 가장 기본적인 조건은, 수용자가 행위자보다 상위자인 것이다. 이 때에 경의를 나타내는 주체는 행위자가 아니라, 기본적으로 화자이다. 그러나 엄밀히는, 수용자가 화자보다 상위자인 경우에 한해서, 화자가 수용자에게 경의를 나타내고 있다고 해석하지 않으면 안된다. 겸양표현의 성립유무 및 경의의 주체는, 「행위자<수용자」의 관계에 있어서의 화자의 행위자에 대한 평가적 판단에 의해 다른 것이다. 또한, 소재의 인물에 대한 배려에 근거하여 사용하는 겸양표현에 있어서의 경의의 대상은 수용자인데, 그와 같은 경우에도 청자에의 경의가 우선적으로 고려되는 경우가 있다는 것을 지적하였다.

다음으로, 겸양표현운용에 있어서의 제문제와 겸양어의 대자경어화현상을 관찰하였다. 경어의 오용이라고 지적되는 것은 그 대부분이 겸양어에 관계되어 있다. 그러나, 일본어에 있어서 겸양표현의 오용이라고 지적되어 온 얼마간의 표현은 이미 오용이 아니라 정용이 되어 가고 있다. 이와 같은 경우에 오용을 지적하는 것은 언어규범의 고집에 지나지 않는 경우가 많다. 오용이라고 간주되는 겸양표현 중에는, 청자를 의식하여 사용되는 대자경어로써의 기능이 농후한 것도 있고, 대자경어 그 자체로 기능하는 겸양어도 있다. 친소관계에 입각한 청자에의 경어운용의 발달이, 일본어에 있어서 겸양어를 대자경어화시키는 요인이 되어 있다

고 볼 수 있다. 장면중시의 경어사용의 발달이 소재경어의 대자경어화를
유도하고 있다고 볼 수 있는 것이다.

▌주

1) 「上品語」는 「품위어」라고 번역하는 것이 타당하겠지만, 「品位語(품위어)」라는
   용어를 사용하는 경우도 있기 때문에 「고품어」라고 번역하기로 한다.
2) 「お持ち帰りできます」와 같은 「お・ご-できる」는 「お・ご-する」의 가능형
   이기 때문에 높여야 되는 수용자에게 사용하는 것은 오용이라고 하는 의견이
   있다(예를 들면 坂詰(1985), 『日本語百科大事典』 등). 그러나 필자는 여기에
   는 따를 수 없다.

제6장

한일양언어의 경어동사 발달의 요인

제6장
한일양언어의 경어동사 발달의 요인

1. 들어가는 말[1]

한일양언어의 경어는, 일반적으로 특정한 어형을 가진 경어와 성분첨가에 의한 경어로 구성된다. 전자는, 예를 들면「おっしゃる・申し上げる」「いらっしゃる・まいる」와 같은 것을 가리키고, 후자는「お話しになる・お話しする」「お名前」「お美しい」와 같이, 성분첨가에 의해 규칙적으로 생산되는 경어를 가리킨다.

특정어형을 가진 경어는, 주로 용언과 체언에 나타난다. 이 중에서, 용언의 경어로 나타나는 것은 동사에 한정되는데, 이와 같은 동사를 경어동사라고 한다. 그래서,「おっしゃる・申し上げる」등은, 특정어형을 갖기 때문에 경어동사인 것이고,「お話しになる・お話しする」등은, 경어성분을 첨가해서 만들어진 경어이기 때문에 경어동사로는 간주되지 않는다. 또한, 경어동사는 존경어와 겸양어의 두가지의 형태를 갖는데, 전자는 존경동사, 후자는 겸양동사라고 한다.

본장에서는, 한일양언어의 경어동사의 형태를 비교대조함으로 인해 그 생성, 발달의 요인을 고찰하고자 한다. 경어동사의 두가지의 형태, 존경동사와 겸양동사의 형태가 각각 어떠한 특징을 갖는가, 또, 대응하는 보통어와의 관계는 어떠한가를 비교하여, 거기로부터 경어동사 발달의 요인을 고찰하고자 하는 것이다.

2. 양언어의 경어동사의 형태 비교

양언어의 존경동사의 형태부터 비교하도록 하자. 먼저, 제2장에서 살핀 현대일본어에서 사용되는 존경동사를 다시 제시하면 다음과 같다. 각 존경동사의 특징과 존경동사로 인정하는 이유 등에 대해서는 제2장을 참조하기 바란다.

> (1) いらっしゃる・おっしゃる・くださる・亡くなる・なさる・召し上がる・あがる・召す・みえる・あそばす・おぼしめす・仰せつける・仰せられる・たまわる(<授ける)・おいでになる・お越しになる・ご覧になる・お休みになる(<寝る)・お出ましになる・おかくれになる

한편, 일본어에 비하면 한국어의 존경동사의 절대수는 매우 적다. 한국어 고유의 존경동사로써 일반적으로 사용되는 것으로는,「말씀하시다・계시다・잡수시다・주무시다・돌아가시다・드시다」의 여섯개 밖에 없다. 그 결과, 일본어의 존경동사를 한국어로 표현하고자 할 경우에는, 몇가지를 제외하고는 존경성분의 힘을 빌리지 않으면 안된다.

그러나, 여기에서 주목할 점은, 한국어의 존경동사는 모두 일본어의 존경동사와 대응한다고 하는 점이다.「말씀하시다 : おっしゃる, 계시다 : いらっしゃる, 잡수시다 : 召し上がる, 주무시다 : お休みになる, 돌아가시다 : お隠れになる, 드시다 : 召し上がる」와 같이, 한국어의 존경동사를 일본어로 번역하면, 일본어도 모두 존경동사가 대응하는 것이다. 이것은 우연에 의한 일치가 아니다. 이것은 한일 양국에 있어서 인간을

대할 때의 발상이 동일하다는 것을 시사하는 것으로, 다음 절에서 분석할 존경동사 발달의 요인에 중요한 의미를 갖는다.

그러면, 겸양동사의 형태는 어떠한지를 보도록 하자. 먼저, 현대일본어에서 사용되는 겸양동사를 열거하면 다음과 같다. 각 겸양동사의 특징과 겸양동사로 인정하는 이유 등에 대해서는 제4장을 참조하기 바란다.

> (2) 上がる・申す・申し上げる・差し上げる(あげる)・かしこまる・ま
>   いる・存じる(存ずる)・存じ上げる・捧げる・いただく・たまわ
>   る・うけたまわる・うかがう・いたす・頂戴する・おる・お耳に
>   入れる・お目にかかる・お目にかける・ご覧に入れる・お目見え
>   する・お目もじする・お見逸れする・つかまつる・たてまつる・
>   仰せつかる

이상과 같이, 일본어의 겸양동사는 매우 다양하다. 「参上する・拝見する」 등은 한자접사에 의한 것이기 때문에 본장의 고찰대상에서 제외한다.

일본어에 비하면, 한국어의 겸양동사는 상당히 빈약하다. 한국어고유의 겸양동사로 간주되는 것 중에서 자주 사용되는 것으로는 「여쭈다・말씀드리다・바치다・모시다・뵙다・드리다」 등이 있고, 문장체적인 성격이 강하고, 특수한 장면에서 밖에 사용되지 않는 것을 보더라도, 「아뢰다・사뢰다・올리다・받들다・받잡다」 정도이다.

그런데 여기에서 주목할 점은 역시, 한국어의 겸양동사는 모두 일본어의 겸양동사와 대응하고 있다는 점이다. 「여쭈다 : 申し上げる・尋ねる, 말씀드리다 : 申し上げる, 바치다 : 差し上げる・捧げる, 모시다 : お供する・仕える, 뵙다 : お目にかかる, 드리다 : 差し上げる, 아뢰다 : 申し上げる, 사뢰다 : 申し上げる, 올리다 : 捧げる, 받들다 : かしずく, 받잡다 : 戴く」와 같이, 한국어의 겸양동사를 일본어로 번역하면, 일본

어도 모두 겸양동사가 대응하는 것이다. 양언어의 이와 같은 대응은, 다음에서 살필 겸양동사 발달의 요인에 깊이 관련된다.

3. 양언어의 경어동사 발달의 요인

여기에서, 양언어의 경어동사가 어떠한 요인에 의하여 생성, 발달되게 되었는지를 고찰하도록 하자. 이를 위해 먼저, 존경동사에 대응하는 보통어의 형태적 특징 및 그 어휘적 특징을 고찰하고, 다음으로 겸양동사에 대응하는 보통어의 형태적 특징 및 어휘적 특징을 고찰하여 그 요인을 찾도록 한다.

1) 존경동사 발달의 요인

존경동사와 그에 대응하는 보통어와의 관계에서 하나의 특징이 발견된다. 그 특징이란, 현대어에 있어서의 전형적인 존경동사 「いらっしゃる」「おっしゃる」「なさる」「召す」 등은, 그에 대응하는 보통어 「いる・来る・行く」「言う」「する」「着る」 등이 2음절의 단어라는 점이다. 「お休みになる」「ご覧になる」와 같은 존경성분을 포함하는 존경동사도, 대응하는 보통어 「寝る」「見る」는 2음절어이다. 「召し上がる」에 대한 「食う」도 2음절어이다. 「食べる」라는 보통어도 있으나, 이것은 「食う」에 대한 미화어로 사용되다가 보통어화한 것이다. 따라서, 「召し上がる」에 대한 본래의 보통어는 「食う」라고 해야 할 것이다. 「くださる」에 대한 「くれる」가 예외적으로 3음절어이다. 그러나, 「くださる」는 「遣る・与える」라는 뜻의 존경어로 사용되었던 것이고, 또 「くれる」도 2음절어 「くる(呉る)」의 구어(口語)로 발달해 온 것이다.

그러면, 이와 같은 2음절의 보통어에 존경성분을 부가하면 어떻게 되는지를 보도록 하자. 존경동사에 대응하는 보통어를 존경성분인 형식동사「お-になる」에 대입시켜, 그것이 적격한 표현이 되는지 어떤지를 시험해보자.

(3) a)*ご主人お居になりましたら、お目にかかりたいんですが。
　　b)*どこからお来になりましたか。
　　c)*首相のお言いになることはどうしても理解できません。
　　d)*今まで何をおしになっていらっしゃいましたか。
　　e)*遠慮なくたくさんお食いになってください。
　　f)*外は寒いのでこのコートをお着になったらどうですか。
　　g)*お疲れでしょうからなるべく早くお寝になった方が良いと思います。
　　h)*富士山をお見になったことがありますか。

이와 같이 존경동사에 대응하는 2음절의 보통어에는, 존경형식동사를 부가하여 표현하는 것이 허용되지 않는다. 이와 같은 현상은「お-になる」뿐만 아니라, 형식동사로 사용되는 존경성분 전부에 해당한다. 예를 들면,「お居なさる・お居だ・お居あそばす・お居くださる」「お言いなさる・お言いだ・お言いあそばす・お言いくださる」 등으로는 표현할 수가 없는 것이다.[2] 참고로, 조동사「れる・られる」의 첨가에 의한 경어표현은 허용범위가 넓어져서, 예를 들면「来られる」「言われる」등이 보통으로 사용되지만,「れる・られる」는 본래, 존경성분으로써보다 수동이나 가능의 성분으로 일반적으로 사용된 것이기 때문에, 본장에서는 고찰의 대상으로 삼지 않는다.

여기에서, 존경동사의 발달을 촉진시켰을 것이라고 생각되는 요인이 두가지 떠오른다. 하나는, 2음절의 단어에는 존경성분을 첨가하기 어렵

기 때문에, 다른 형태를 가진 존경동사가 발달을 한 것이 아닌가 하는
점이다. 존경동사 중에서, 존경성분을 포함하는 「お休みになる」「ご覧
になる」와 같은 단어에 관해서도, 그에 대응하는 「寝る」「見る」에 존
경성분을 첨가하여 「お寝になる」「お見になる」라고는 음성환경상 표현
하기 어려웠기 때문에 다른 형태가 필요했던 것이 아니었을까? 단, 여
기에 관해서는 그 반대의 견해도 성립할 수 있다. 즉, 존경동사가 존재
하기 때문에 2음절어에 존경성분을 첨가하여 표현할 필요성이 없었으며,
만약 존경동사가 없었더라면 존경성분을 이용했음에 틀림없다라고도 생
각할 수 있다는 것이다. 그러나 존경동사에 대응하는 보통어가 하나하나
2음절어라는 것은 무시할 수 없는 사실이다. 참고로, 『1万語語彙分類
集』에는 동사가 1530 단어 실려있는데, 그 중에서 2음절어는 1할이 약
간 넘는 190 단어 밖에 없다.

　존경동사에 대응하는 보통어의 형태적 특징은, 그 거의 대부분이 2음
절어라는 점 이외에도 찾아낼 수가 있다. 그것은, 1단동사와 「サ行변격
·カ行변격동사」에는 존경형식동사를 첨가하기 힘든데, 5단동사에도 모
음어미를 갖는 2음절의 단어에는 형식동사를 첨가하기 힘들고, 그와 같
은 부류의 단어에 존경동사가 발달했다고 하는 점이다.

　그러나, 동사의 종류와는 관계없이, 2음절의 단어에는 존경형식동사를
첨가하기 어렵다고 하는 것은 일반적인 경향이라고 할 수 있다. 예를 들
면, 「得る·似る·煮る·経る·診る」 등에 대해 「お得になる·お似に
なる·お煮になる·お経になる·お診になる」 등으로는 말하지 않는다.
또, 「去る·為す·要る·ある·知る」 등에 대해서도 「お去りになる·お
為しになる·お要りになる·おありになる·お知りになる」 등으로는 보
통 말하지 않는다. 「刈る·練る·舞う·蒸す·漕ぐ·炊く·塗る·干す」
등에 대해서 「お刈りになる·お練りになる·お舞いになる·お蒸しにな
る·お漕ぎになる·お炊きになる·お塗りになる·お干しになる」 등은 어

떨까? 허용될 표현일지도 모르지만, 현실적으로는 이와 같은 표현을 필요로 하는 장면은 별로 없을 것이다. 그러나, 「お-になる」라는 표현이 확실하게 가능한 2음절어도 있다. 예를 들면, 「書く・発つ」 등은 「お書きになる・お発ちになる」 등으로 표현할 수가 있다.

이것은 왜일까? 일반적으로 5단동사는 「お-になる」로 변형하기 쉽고, 그 밖의 동사는 변형하기 어려운 점은 있다. 国立国語研究所(1992)는 연용형이 1음절이 되는 단어는 「お-になる」로 변형할 수 없다고 하고 있다. 그러나, 이것은 완전한 설명이라고는 할 수 없다. 왜냐하면, 「お言いになる・お食いになる・お去りになる・お為しになる・お要りになる・おありになる・お知りになる」 등은 연용형이 2음절임에도 불구하고, 부적격한 표현이 되어 버리기 때문이다.

존경동사의 발달을 촉진한 또하나의 요인으로써, 위와는 다른 사실을 지적하지 않으면 안된다. 그것은, 존경동사에 대응하는 보통어 「言う・寝る・食う」 등이 인간의 가장 기본적인 행동양식에 관한 단어, 즉 기초어휘라고 하는 사실이다. 이들이 기초어휘라는 것은 『1万語語彙分類集』에서도 확실히 알 수 있다. 거기에는, 가장 기초적인 레벨로, 학습시간 500 시간 미만의 레벨C인 동사가 393 단어(동사 전체의 25%) 있는데, 2음절동사 전체(190 단어)의 약 반수가 이 레벨에 속하고, 경어동사에 대응하는 보통어의 거의 대부분이 이 레벨에 속한다.

보통, 상위자의 행위를 직접적으로 표현하는 것은 예의에 벗어나는 행위라고 하는 인식이 작동하기 때문에, 그것을 간접적으로 표현하려고 한다. 존경동사 「おっしゃる・お休みになる・召し上がる」 등의 특별한 어형은, 바로 간접적인 표현을 하기 위한 어형이다. 이와 같은 어형에 관해서는, 일상생활에 있어서 사용빈도가 극히 높기 때문에, 그들을 특별히 갖추어 둘 만큼의 가치가 충분히 존재하는 것이다. 한편, 기초어휘가 아닌 동사에 관해서는, 간접적인 표현을 하기 위한 특별한 어형을 준

비하더라도, 그것을 사용하는 빈도가 낮다. 그렇기 때문에, 일부러 그와 같은 어형을 만들 필요가 없었을 것이다. 「書く・発つ・着く・取る・持つ」 등의 2음절어는 기초어휘이긴 하지만, 「言う・食う」 등과 비교하여 일상적인 면에서나 상위자에 대해서 사용하는 장면이 훨씬 적은 단어라고 볼 수 있다. 이와 같은 동사에 대응하는 존경동사가 존재하지 않고, 오로지 「お書きになる・お発ちになる・お着きになる・お取りになる・お持ちになる」라는 표현을 사용하는 것은 그 때문으로 봐야 할 것이다.

그러면, 한국어의 경우에는 존경동사에 대응하는 보통어가 어떠한 형태적 특징을 갖는지를 살펴 보자. 앞에서 제시한 한국어의 존경동사와 대응하는 보통어의 형태는, 「잡수시다;먹다, 주무시다;자다, 드시다;들다, 계시다;있다, 돌아가시다;죽다, 말씀하시다;말하다」이다.

이와 같이, 한국어의 경우도 존경동사에 대응하는 보통어는 그 대부분이 2음절의 단어이다. 이 점에 관해서는 일본어의 경우와 같다. 「말하다」는 3음절인데, 이것은 일종의 복합어로, 1음절 체언의 「말」과 2음절 용언의 「하다」로 분해할 수가 있다.

그러면, 이들 보통어에 존경성분 「시」를 첨가할 수 있는지 어떤지를 살펴 보자. 한국어의 존경성분은, 보조동사 「계시다」를 제외하면, 일반적으로 보조어간 「시」만으로 형성되어 있고, 이 「시」는 상위자의 행위・상태를 나타내는 대부분의 용언에 첨가하여 사용할 수가 있음에도 불구하고, 존경동사에 대응하는 보통어에는 다음과 같은 현상이 발생한다.

(4) a) 먹다(食う) → *점심 먹으-시-었어요?
    b) 자다(寝る) → *잘 자 -시-었어요?
    c) 들다(食う) → *아침 들으-시-었어요?
    d) 있다(居る) → *사장님 있으-시-어요?
    e) 죽다(死ぬ) → *회장님은 어제 죽으-시-었어요.
    f) 말하다(言う) → ??선생님이 말하 -시-었어요.

이와 같은 현상은, 존경동사에 대응하는 2음절의 보통어에 존경성분을 첨가하여 인물을 대우할 수가 없다는 것을 나타내고 있다. 최근의 동향으로써 (4f)와 같은 예외적인 현상도 관찰되지만,「시」를 첨가한 표현은 규범적으로는 오용이다.

이상의 고찰에서 알 수 있듯이, 존경동사에 대응하는 보통어에 관해서는, 한일양언어 사이에서 세 가지의 공통점이 있다. 하나는 그들 보통어가 2음절어라는 것과 또 하나는 그들이 인간의 가장 기본적인 행동을 서술하는 전형적인 기초어휘라는 것이다. 실은 이 2음절어라는 것과 기초어휘라고 하는 것은 깊은 관련성을 갖고 있다. 기초어휘가 음절수가 적다는 것은 언어의 보편적인 성질이기 때문이다. 또 하나의 공통점은 이들 단어에 존경성분을 첨가하기 어렵다는 것이다. 이와 같은 공통점은, 한국어의 존경동사가 일본어의 그것과 같은 요인에 의해 생성, 발달한 것이라는 것을 시사하고 있다.

그런데, 대응하는 존경동사를 갖지 않는 2음절의 보통어에 관해서는, 한일양언어 사이에서 다음과 같은 차이점이 관찰된다. 일본어의 경우에는, 전술한 바와 같이, 대응하는 존경동사가 없는 2음절의 보통어에 존경성분「お-になる」를 첨가할 수 없는 경우가 적지 않은데, 한국어에서는 그와 같은 동사도 포함하여 거의 대부분의 용언에 존경성분을 첨가할 수가 있다는 것이다. 예를 들면, 일본어에서는「お塗りになる」라든가「お干しになる」등은 어딘지 모르게 부자연스런 느낌이 드는데, 한국어에서는「칠하다(塗る)」에 대해「칠하-시-다(お塗りになる)」가 극히 보통으로 사용되고,「말리다(干す)」에 대한「말리-시-다(お干しになる)」도 마찬가지로 자연스런 표현이다. 또 일본어에서는「お刈りになる」라든가「お掘りになる」등의 표현에도 어색함이 느껴지는데, 한국어에서는「베-시-다(お刈りになる)」라든가「파-시-다(お堀りになる)」등에 부자연스러움은 전혀 느껴지지 않는다. 나아가,「煮る」에 대한「お煮になる」

가 부적격한데 대하여, 한국어에서는 「삶다(煮る)」에 대한 「삶으-시-다(お煮になる)」가 보통으로 사용된다. 존경성분을 첨가할 수 있는지 없는지에 관해서, 한일양언어 사이에 이와 같은 차이가 존재하는 것은 왜일까?

이 의문을 풀기 위해서는, 한일양언어에 있어서의 경어사용의 범위를 생각하지 않으면 안된다. 한국에서는, 일본에 있어서보다도 경어를 사용하는 기회, 혹은 경어를 사용하는 것이 기대되는 장면이 많고, 전통적으로, 화자보다 상위자, 특히 연령의 상위자에 대해서는 거의 절대적으로 경어를 사용하지 않으면 안된다. 청자 혹은 소재의 인물이 예를 들면 농민이든지 어민이든지를 불문한다.[3] 또, 친족인가 아닌가도 불문한다. 실제로, 내부의 상위자를 경어로 대우하는 것은, 근대이전의 신분사회에 있어서도, 만민의 평등을 원칙으로 하고 있는 현대사회에 있어서도, 일종의 교양으로 간주되고 있다. 따라서 한국어에서는, 존경동사에 대응하는 보통어를 제외한 모든 동사에 대해, 존경성분을 첨가하여 사용하는 빈도가 높아서, 예를 들면 「베-시-다(お刈りになる)」라든가 「파-시-다(お掘りになる)」 등도 일상생활 안에서 지극히 보통의 표현으로 사용되고 있는 것이다. 물론 여기에는, 보조어간 「시」가 운율적으로 첨가하기 쉽다고 하는 요인도 크게 작용하였다고 볼 수 있다.

이 점, 일본에서는 사정이 확실히 다르다. 일본에서는, 내부자끼리 경어를 사용하는 경우는 거의 없다. 예를 들면, 화자의 부모가 뭔가를 베거나 파거나, 혹은 삶거나 짓거나 하여도, 그 행위를 「お刈りになる」「お掘りになる」, 혹은 「お煮になる」「お炊きになる」 등으로 표현하는 일은 보통 없다. 이와 같은 표현이 일본어로써 웬지 모르게 부자연스런 느낌을 갖는 것은, 그들이 현실의 일상회화 안에서 거의 사용되는 경우가 없기 때문일 것이다.

존경동사에 대응하는 보통어의 형태적 특징 및 어휘적 특징은 고어에

있어서는 어떠하였을까? 이것을 조사하기 위하여, 일본어의 고어의 예
로 자주 드는 전형적인 존경동사를 들어보자. 다음의 (5)~(8)은 고어에
있어서의 존경동사와, 그에 대응하는 보통어와, 현대어에 있어서의 대표
적인 존경어를 병기한 것이다.

(5) a) 在すかり(いますかり), あり・居り, いらっしゃる
    b) 仰す(おほす), 言ふ・命ず, おっしゃる
    c) 大殿篭る(おほとのごもる), 寝ぬ(いぬ), お休みになる
    d) 聞こし召す(きこしめす), 聞く・飲む・食ふ・治む, 召し上がる
    e) 聞こす(きこす), 聞く・言ふ, お聞きになる
    f) 御覧ず(ごらんず), 見る, ご覧になる
    g) 知ろし召す(しろしめす), 知る・治む, お治めになる
    h) 奉る(たてまつる), 食ふ・着る・乗る, お召しになる
    i) 遣はす(つかはす), やる・使ふ, おやりになる
    j) 宣ふ(のたまふ), 言ふ, おおせられる
    k) 参る(まゐる), 食ふ・飲む・着る, お召しになる
    l) 見そなはす(みそなはす), 見る, ご覧になる

(6) a) 思し召す(おぼしめす), 思ふ, お考えになる
    b) 思ほす(おもほす), 思ふ, お思いになる

(7) a) 贈ぶ(たぶ)・給ぶ(たぶ), 与ふ, くださる
    b) 給ふ(たまふ)・賜ふ(たまふ), 与ふ, お与えになる

(8) a) 遊ばす(あそばす), す, なさる
    b) 座す(います)・在す(います), 在り・行く・来, いらっしゃる
    c) 御座します(おはします), 在り・行く・来, いらっしゃる
    d) 御座す(おはす), 在り・行く・来, いらっしゃる
    e) 坐します(まします), 在り・をり, いらっしゃる
    f) 召す(めす), 食ふ・着る・招く, お召しになる

이상의 예를 보면, 고어존경동사에 있어서도, 역시 존경동사에 대응하

는 보통어는 2음절의 단어가 대부분이라는 것을 알 수 있다. (5)의 안에
는 「命ず, 治む, 使ふ」 등, 3음절어가 약간 보인다. 그러나, 이들에 대응
하는 경어 「おほす, きこしめす・しろしめす, つかはす」가 「命ず, 治む,
使ふ」의 경어로 사용되는 것은 부수적인 용법이며, 기본적으로는 2음절
어의 보통어 「言ふ, 聞く・飲む・食ふ・知る, やる」의 경어로 사용되었
던 것을 고어사전의 기술 등으로부터 엿볼 수가 있다. (6)의 「思ふ」와
(7)의 「与ふ」는 3음절의 보통어인데, 「与ふ」는 2음절의 「やる」로 대체
가 가능하다. 그래서, 「たぶ・たまふ」에 대한 보통어는 「やる」라고 할
수도 있다. (8f)의 「招く」도 3음절어인데, 「めす」에 대한 본래의 보통어
는 「食ふ・着る」이다. 「招く」는 이차적인 보통어라 할 수 잇다. 이 밖
에도, 「いまさうず(ある:いらっしゃる), おはさうず(ある:いらっしゃる), お
はさふ(ある:いらっしゃる), おぼす(思ふ:お思いになる), たうぶ(与ふ:く
ださる), たばす(与ふ:お与えになる), たまはす(与ふ:お下しになる), たま
はる(くれる:くださる), のたまはす(言ふ:おおせられる), ます(ある:いらっ
しゃる), まつる(食ふ:召し上がる)」 등이 보이는데, 대응하는 보통어는 기
본적으로는 2음절의 단어이다. 이들 존경동사 중에는 「たてまつる・た
まはる・まつる・まゐる」 등과 같이 겸양어에서 전와된 존경어도 있다.
　고어에 있어서의 존경동사는, (5)~(8)에서 알 수 있듯이, 현대어의
존경동사 「なさる」「いらっしゃる」「おいでになる」「おっしゃる」「め
しあがる」「くださる」 등의 의미로 사용되는 것이 많은데, 현대어의 존
경동사의 경우와 마찬가지로, 인간의 가장 기본적인 행동을 서술하는 기
초어휘에 속한다. 따라서, 고어존경동사가 생성, 발달한 요인으로써도 그
에 대응하는 보통어가 2음절어였다는 것에 더하여, 그들이 전형적인 기
초어휘였다고 하는 점을 들 수 있다. 참고로, (7)(8)은 존경동사임과 동
시에 존경보조동사로써도 다용되었던 것인데, 고어존경동사 안에는 이
와 같이 두가지의 기능을 겸비한 것이 많다.

2) 겸양동사 발달의 요인

양언어의 특정어형을 가진 겸양동사는 어떠한 요인에 기인하여 발달하였는가를 살펴보자. 이를 위하여, 먼저, 겸양동사에 대응하는 보통어의 형태적 특징 및 어휘적 특징을 고찰하기로 한다.

겸양동사에 대응하는 보통어는, 그 대부분이 2음절어라고 하는 형태적인 특징을 갖는다. 예를 들면, 현대일본어에 있어서 가장 일반적인 겸양동사「申す・申し上げる・差し上げる・かしこまる・まいる・存じる・存じ上げる・うけたまわる・うかがう・いたす・お耳に入れる・お目にかかる」등에 대응하는 보통어는,「言う・やる・知る・行く・聞く・する・会う・見る」등과 같이 2음절어이다.「いただく・たまわる・お目にかける・ご覧に入れる」등에 대응하는 보통어는「もらう・見せる」등의 3음절인데, 그 수는 많지 않다.

겸양동사에 대응하는 이들 보통어에 겸양성분인 형식동사「お－する」를 첨가할 수 있는지 어떤지를 보도록 하자.

(6) a)*先日私が<u>お言い</u>したことを覚えていらっしゃるでしょうか。
    b)*私はこのプレゼントを先生に<u>おやりする</u>ことにしました。
    c)*それは私も<u>お知り</u>しております。
    d)*明日の午後、先生の部屋に<u>お行き</u>したいと思います。
    e)*これは総理大臣から<u>おもらい</u>したものです。
    f)*私が<u>おし</u>したことは私が責任を取ります。
    g)*先生の作品を<u>お見</u>しました。
(7) a) ちょっと<u>お聞き</u>したいことがあります。
    b) 先日文部大臣に<u>お会い</u>しました。
    c) 拙作を<u>お見せ</u>したいと思います。

겸양동사에 대응하는 보통어는, (7)과 같이「お－する」로 변형할 수

있는 것도 있지만, (6)과 같이 대부분이 변형이 불가능하다. 대응하는 겸양동사를 갖지 않는 동사이더라도, 예를 들면「擦る・診る・追う・剃る」등의 2음절어는, 일반적으로「お擦りする・お診する・お追いする・お剃りする」등과 같은 형태로는 변형할 수 없다. 물론, 상대방과 관련되지 않는 동작을 나타내는「噛む・凝る・着る」등도「お噛みする・お凝りする・お着する」등으로는 변형할 수 없다.

　여기에서, 겸양동사 발달의 요인으로써, 존경동사의 경우와 마찬가지로 다음의 두가지를 생각할 수 있다. 하나는, 겸양동사의 경우에도 대응하는 보통어는 2음절어가 많고, 그들에는 겸양성분을 첨가하기 어렵기 때문에 겸양동사가 보급된 것이 아닌가 하는 점이다.「掘る・刈る」등의 2음절어에는 존경성분을 첨가할 수 없었던 것과 같이, 겸양성분에 있어서도「お掘りする・お刈りする」등이라고는 보통 말하지 않는다. 그 이유는 존경동사의 항에서 지적한 것과 마찬가지이다. 물론 여기에는, 겸양동사가 존재하기 때문에 일부러 겸양성분을 첨가한 표현이 발달하지 않았다, 라는 견해도 성립한다. 그러나, 2음절어에 겸양성분을 첨가하기 어려웠다는 것은 겸양동사를 발달시킨 한 요인으로 충분히 생각할 수가 있는 것이다.

　겸양동사를 발달시킨 또하나의 요인은, 겸양동사에 대응하는 보통어의 대부분이 기초어휘라고 하는 사실에서 구할 수가 있다. 일반적으로, 상위자에 관련되는 행위를 서술할 때에는 직접적인 표현보다 간접적이고 우회적인 표현을 할 필요가 있고, 간접적인 표현을 하기에는, 직접적인 보통어 이외의 다른 형태에 의한 표현이 유효하다. 그 중에서도, 일상생활에 있어서 사용빈도가 지극히 높은 단어에 관해서는, 특별한 어형을 갖추어 둘 만한 경제성이 있다.「言う・やる・行く」등에 대응하는 겸양동사「申し上げる・差し上げる・うかがう」등은, 직접적인 보통어의 요소가 남아 있는 성분첨가에 의한 표현에 비하면, 간접적이고 우회

적인 표현을 하기 위한 어형이라고 할 수 있다. 또 이들은 **일상생활**에 있어서 지극히 사용빈도가 높은 기초어휘이다. 따라서, **특정한 어형**을 가진 겸양동사가 발달하게 된 것이라고 판단된다.[4]

다음으로, 겸양동사에 대응하는 보통어가 한국어에 있어서는 어떠한 형태를 하고 있는지를 살펴보자. 앞에서 제시한 한국어의 겸양동사와 대응하는 보통어의 형태는, 「여쭈다;묻다, 바치다;주다, 드리다;주다, 뵙다; 보다, 모시다;데리다, 말씀드리다;말하다」이다. 존경동사에 대응하는 보통어는, 앞에서 제시한 대로, 3음절어가 한단어 밖에 없었는데, 겸양동사에 대응하는 보통어는 3음절어가 두단어 있다. 단, 3음절어 중에서, 「데리다」는 「데리고-가다(連れていく)」와 같이, 항상 보조동사를 동반하여 사용되는 특수한 형태이다. 또, 「말하다」는 「말」과 「하다」가 일체가 되어 사용되는 것으로, 전술한 대로, 실질적으로는 2음절의 단어라고 간주할 수가 있다. 따라서, 겸양동사에 대응하는 보통어도 기본적으로는 2음절어라고 할 수 있다.

그러면, 이들 보통어에 겸양성분을 첨가해 보겠는데, 여기에서 한가지 문제가 발생한다. 현대한국어에는, 일본어의 형식동사 「お-する」에 해당하는 겸양성분이 존재하지 않는 것이다. 그래서 그 대용으로, 「드리다」를 첨가해서 그 성립유무를 살펴보기로 한다. 「드리다」는 일본어의 보조동사 「-てさしあげる」에 상당하는 겸양보조동사이고, 겸양표현을 할 때에 사용되는 가장 일반적인 겸양성분이다.

    (8) a) 묻다(聞く)　　→ *한가지 <u>물어드리</u>겠습니다.
       b) 주다(遣る)　　→ *이것을 선생님께 <u>줘드리</u>겠습니다.
       c) 보다(会う)　　→ *내일 선생님을 <u>봐드리</u>겠습니다.
       d) 데리다(連れる) → *제가 선생님을 <u>데려드리</u>겠습니다.
       e) 말하다(言う)　→??제가 <u>말해드리</u>겠습니다.

이와 같이, 한국어에서도 겸양동사에 대응하는 보통어에 겸양성분을 첨가하여「물어드리다, 줘드리다, 봐드리다, 데려드리다」 등과 같이 표현하는 것은 불가능하다. (8e)의「말하다」만은 첨가형식을 사용한「말해드리다」가 사용되는 장면에 조우하는 경우가 있는데, 겸양동사「말씀드리다(申し上げる)」에 비하여 경의도도 낮고, 오용이라고 할 수 있다.

한국어의 겸양동사가 발달한 요인도 존경동사의 경우와 같이 생각할 수가 있다. 단, 한국어의 겸양성분은 보조동사를 사용하고 있기 때문에, 2음절어에 겸양성분을 첨가하기 어려웠다고 하는 것이 겸양동사 발달의 직접적인 요인이었다고는 생각하기 어렵다. 보조동사는 일반적으로 음절수에 관계없이 첨가할 수가 있기 때문이다. 그렇기는 하지만, 겸양동사에 대응하는 보통어에는 겸양성분인 보조동사도 첨가할 수 없는 것은 확실한 사실이다.

겸양동사의 경우도 그에 대응하는 보통어의 모두가 인간의 기본적인 행동을 나타내는 기초어휘인데, 그와 더불어 다음의 사실에 주목하지 않으면 안된다. 겸양동사에 대응하는 보통어의 전부가, 화자의 행위가 반드시 수용자와 관련되는 것을 나타내는 단어라는 점이다.「聞くこと(묻는 것)・遣ること(주는 것)・会うこと(보는 것)・言うこと(말하는 것)」 모두가 수용자에 관련되는 동작이다. 이것은, 앞에서 제시한 존경동사에 대응하는 보통어의 많은 단어가,「食うこと(먹는 것)・寝ること(자는 것)・居ること(있는 것)・死ぬこと(죽는 것)」 등, 반드시 수용자를 전제로 하지는 않는 동사인 것과 대비된다. 이와 같이, 상위의 수용자에게 직접 관련되는 행위를 나타내고, 또한 사용빈도가 지극히 높은 단어에 대해서는, 그것을 간접적으로 나타내기 위한 특정어형을 가진 겸양동사를 갖추어 둘 필요가 있었을 것이다. 간접적인 표현을 하고자 하는 의도가, 존경동사의 경우에는 존경의 대상이 되는 인물의 직접적인 행위에 대해 나타내어지고, 겸양동사의 경우에는 화자의 행위가 존경에 해당하는 인

물에 관련되는 관계에서 그 화자의 행위에 대해 나타내어졌다는 것을
의미한다.

　그러면, 고어에 보이는 겸양동사와 그에 대응하는 보통어의 형태적
특징 및 어휘적 특징은 어떠한지를 조사해 보자. 아래에, 일본어의 고어
의 예로 자주 드는 전형적인 겸양동사를 제시한다. 이하의 (9)(10)은 고
어에 있어서의 겸양동사와, 그에 대응하는 보통어와, 현대어에 있어서의
대표적인 겸양어를 병기한 것이다.

　　(9) a) 承る(うけたまはる), 聞く・受く, うけたまわる
　　　　b) 啓す(けいす), 言ふ, 申し上げる
　　　　c) 候ふ(さぶらふ), あり・ゐる・行く, まいる・おる
　　　　d) 奏す(そうす), 言ふ, 申し上げる
　　　　e) 食ぶ(たぶ)・賜ぶ(たぶ), 飲む・食ふ, いただく
　　　　f) 賜はる(たまはる), 受く・もらふ, いただく
　　　　g) つかうまつる(つこうまつる), す・仕ふ, いたす・お仕えする
　　　　h) つかへまつる, す・仕ふ, いたす・お仕えする
　　　　i) 仕る(つかまつる), す・仕ふ, いたす・お仕えする
　　　　j) 侍り(はべり), 有り・居り, おる・お仕えする
　　　　k) 参づ(まうづ)・詣づ(まうづ), 来・至る, お参りする・参詣する
　　　　l) 罷づ(まかづ), 出づ・行く, まいる
　　　　m) 罷る(まかる), 行く・来・退く, まいる
　　　　n) 見ゆ(まみゆ), 会う, お目にかかる
　　　　o) 参る(まゐる), 行く, 参上する・詣でる
　　(10) a) 聞こえさす(きこえさす), 言ふ, 申し上げる
　　　　b) 聞こゆ(きこゆ), 言ふ, 申し上げる
　　　　c) 奉る(たてまつる), やる・与ふ, 差し上げる・献上する
　　　　d) 給ふ(たまふ)・賜ふ(たまふ), 飲む・食ふ, いただく
　　　　e) 申す(まうす), 言ふ, 申し上げる・言上する

f) 奉る(まつる), やる・与ふ, 差し上げる・献上する

g) 申す(まをす), 言ふ, 申し上げる・言上する

h) 参らす(まゐらす), 与ふ, 差し上げる

이들 예에서 알 수 있듯이, 고어겸양동사에 있어서도, 각 겸양동사에 대응하는 보통어는, 특수활용을 하는「す・来」를 포함하여 2음절 이하의 단어가 대부분이다. 3음절어가 대응하는 경우는 드물다. (10)의 각 용어는 특정어형의 겸양동사로써 뿐만 아니라, 겸양보조동사로써도 비교적 자주 사용되었던 것이다.

위의 예를 보면, 고어의 겸양동사의 대부분이 현대어에서도 겸양동사로 표현할 수가 있다는 것을 알 수 있다. 단, 고어 쪽에 겸양동사의 종류가 많이 갖추어져 있다. 이 점으로부터, 고어에 있어서는 동일한 동작에 대하여 다양한 겸양표현이 가능하였다고 할 수 있겠다. 고어와 현대어의 경어동사가 대응한다고 하는 것은, 고금을 막론하고, 경어동사가 발달하는 어휘영역이 거의 일치한다고 하는 것을 나타내는 것이다. 그 영역은 인간의 가장 기본적인 행동양식을 나타내는 단어영역, 즉 기초어휘의 영역이라는 것을 말해주고 있다.

이와 같이, 고어의 겸양동사에 대해서도, 대응하는 보통어가 2음절어이고, 기초어휘였다라는 점이 그것을 발달시킨 주요한 요인이었다고 생각할 수가 있다.

4. 맺음말

본장에서는, 한일양언어의 경어동사의 형태를 조사하여, 그것이 어떠한 요인에 근거하여 발달했는지를 양언어를 비교대조함으로 인해 밝히고자 하였다. 필자는 경어동사발달의 기본적인 요인으로, 다음의 두가지를 생각하였다. 하나는, 경어동사에 대응하는 보통어의 대부분이 2음절어이고, 거기에 경어성분을 첨가하는 것이 어려웠다고 하는 점이다. 또하나의 요인은, 그들 2음절어가 인간의 가장 기본적인 행동양식을 나타내는 기초어휘라는 사실에서 구할 수가 있다. 기초어휘 중에서도 경어동사에 대응하는 보통어는 일상생활에 있어서 사용빈도가 지극히 높기 때문에, 그것을 특별한 어형으로 갖추어 둘 만큼의 가치와 경제성이 충분히 있었던 것이다. 이것은 존경동사나 겸양동사나 마찬가지이다. 겸양어의 경우, 보통, 상위자에 관련되는 행위에 대해서는 직접적으로 표현하기보다 간접적이고 우회적으로 표현하는 편이 예의에 맞고 겸양하는 의식의 발로라고 인식되어 있는데, 겸양동사는 그야말로 간접적인 표현을하기 위한 단어이기도 하다. 상기의 두가지 기본적인 요인은, 현대어·고어를 불문하고 공통되며, 또 한일양언어에 공통되어 있다.

경어동사는, 존경동사·겸양동사 어느 것이든, 일본어 쪽이 한국어보다 훨씬 다양하게 발달되어 있다. 그러나, 그 발달에 있어서의 기본적인요인은 같다고 할 수 있다. 경어동사에 인간의 가장 기본적인 행동양식을 나타내기 위한 단어가 많다고 하는 것은, 경어와 일상생활과의 깊은관련성을 보여주는 것이라고 생각된다.

주

1) 본장은 「日韓敬語動詞発達の要因に関する一考察」라는 제목의 필자의 공표논문(『日本語学』第十五巻第7号, 明治書院, 1996)을 중심으로 수정, 가필한 것이다.
2) 방언에 따라서는 「お居なさる」와 같은 표현이 행해지는 경우가 있다.
3) 이것은, 사회적 신분에 관계 없이 경어가 사용되는 것을 의미하는데, 근대 이전의 신분사회에 있어서는 신분의 상하가 연령의 상하에 우선하는 경우도 있었

다. 그러나, 동일신분 안에서는 연령의 상하가 경어사용에 있어서의 기본적인 요인으로 작용하고 있었다고 볼 수 있다.

4) 모든 기초어휘에 겸양동사가 갖추어져 있는 것은 물론 아니다. 이것은, 존경동사의 경우와 마찬가지로, 사용빈도에 의한 경제성이 크게 관련되어 있다고 생각된다.

제7장

한일양언어의 겸양어의 기능과 종류

제7장
한일양언어의 겸양어의 기능과 종류

1. 들어가는 말[1]

한일양언어의 경어에는 겸양어라는 영역이 존재하고 있다. 이것은 존경어·겸양어·공손어(丁寧語)로 분류되는 전통적인 삼분법의 하나이다. 이 겸양어에 관해서는 종래부터 여러 가지 논의가 있었고, 그 결과, 하위주체어·객체경어·수용자경어(受け手敬語)·피동작주경어·목적어경어·관계경어 등 다양한 용어가 사용되고 있다. 이와 같은 용어의 설정은 각각 일리는 있지만, 본서에서는, 전술한 바와 같이 일반성이 높고 한일양언어를 비교대조하는 데에 가장 유효하다고 생각되는 겸양어를 사용한다.

이 겸양어라고 불리는 것을 그 기능의 면에서 관찰하면, 현저하게 다른 종류로 나누어지는 것을 알 수 있다. 그것은, 겸양어가 누구에 대한 배려에서 사용되었는가, 소재의 인물을 배려하는 것인가, 청자를 배려하는 것인가에 의한다. 배려의 대상이 누구인가라는 기능을 기준으로 겸양어를 하위분류하는 것은, 경어의 본질로 봐서 매우 의미 있는 작업이라고 생각된다.

겸양어의 기능에 의한 하위분류는 선행연구에 있어서도 행해져 있다. 특히 미야지(宮地, 1976), 오이시(大石, 1978), 기쿠치(菊池, 1989) 등은 참고가 되는 점이 많다. 필자도 그들에서 참고한 바가 많다.

그러나, 각 논자에 따라 의미범주가 동일하지 않고, 동일한 논자라도 발표연도에 따라 정의가 다른 경우도 있다. 더구나, 그 분류는 「겸양어 A」와 「겸양어B」, 혹은 「겸양어」와 「정중어」와 같이 이분형식으로 되어 있으며, 반드시 적확한 명명이라고는 하기 어렵다. 취급하고 있는 것도 용언에 국한되어 있는 것이 대부분이어서, 체언을 포함한 각각의 겸양어에 속한 용어를 종합하여 제시할 필요가 있다고 생각된다.

한편, 한국어의 겸양어도 그 기능에 의해 몇가지의 종류로 나눌 수가 있다. 일본어와 마찬가지로, 소재에의 대우를 나타내는 것과 대자에의 대우를 나타내는 것이 있는 것이다. 그러나, 한국어의 경어론에 있어서는 「겸양어」인가 「객체경어」인가의 논의는 활발한데, 그것을 기능에 의해 분류하고, 그 종류를 고찰하는 데에는 관심이 기울여져 있지 않아 보인다.

이와 같은 사정을 감안하여, 본서에서는 기존의 논고를 살펴보면서, 양언어에 있어서의 겸양어에 대하여 그 기능에 의한 하위분류를 시도하고, 각각의 종류를 정리하기로 한다. 그로 인해, 양언어 화자의 경어행동의 한 측면을 살펴봄과 동시에, 일본어와 한국어를 비교대조함으로 인해 겸양어의 각 기능의 차이가 더욱 확실해지기를 기대한다.

2. 겸양어의 기능에 의한 하위분류

겸양어에는 기본적으로 두가지 종류가 있다. 하나는 소재의 인물에 관한 겸양어로 사용되는 것이고, 또하나는 청자에 대한 겸양어로 사용되는 것이다. 다음의 예를 비교해 보자.

(1) a) その件でしたら、すでに先生に申し上げました。

　　b) 그 건이라면, 벌써 <u>선생님께</u> <u>말씀드리</u>-었습니다.
　(2) a) <u>私は先生に</u>プレゼントを<u>差し上げ</u>ました。
　　b) 저는 <u>선생님께</u> 선물을 <u>드리</u>-었습니다.

　이 예에 있어서의 겸양어는, 양언어 공히, 소재의 인물에 관한 것이다.
즉, (1)의「申し上げる・말씀드리다」및 (2)의「差し上げる・드리다」는
소재의 인물「先生・선생님」에 대한 배려에 근거하여 사용되어 있다.
　이에 비하여, 다음과 같이 겸양어「存じる・申す」및 겸양성분「옵・
사옵」에 의한 겸양어의 경우는 어떠한가?

　(3) a) 私もそのように<u>存じ</u>ます。
　　b) 저도 그렇게 생각하 -<u>옵</u>-니다.
　(4) a) その件でしたら、すでに<u>弟</u>に<u>申し</u>ました。
　　b) 그 건이라면, 벌써 <u>동생</u>에게 말하였-<u>사옵</u>-니다.

　이 예에 있어서의 겸양어는, 소재의 인물이 아니라 청자에 대한 것이
다. (3a)의「存じる」는 물론 청자에의 배려에 근거하여 사용되어 있는
데, (4a)와 같이 소재의 인물이 나타나는 문에 있어서도,「申す」는 소재
의 인물「弟」에의 경의를 나타내는 것이 아니라, 청자에의 경의를 나타
내는 말이다.
　이것은 한국어에 있어서도 마찬가지이다. (3b)의「옵」및 (4b)의「사
옵」은 한국어의 겸양성분을 대표하는 것인데[2], 이들도 청자에 대한 경
의를 나타내기 위하여 사용되는 것이다. (4b)와 같이 소재의 인물이 나
타나더라도, 그 소재의 인물「동생」과는 관계 없이, 경의가 향하는 대상
이 청자라는 것은 일본어와 다르지 않다.
　이와 같이,「申し上げる・말씀드리다」류에 의한 표현과「申す・옵/
사옵」류에 의한 표현과의 사이에는 단순한 경의도에 의한 차이가 있을

뿐만 아니라, 기본적인 기능의 차이가 있다고 생각하지 않으면 안된다. 양자는 다른 종류인 것이다. 이들의 기능을 경의도에 의한 차이로 해석할 수 있는 것은, 대우해야 하는 소재의 인물과 청자가 동일인물인 경우에 한한다.

이「申し上げる」와「申す」와의 사이에 관찰되는 기능의 차이를 선행연구에서는 어떻게 논해져 있는가를 보도록 하자. 와타나베(渡辺, 1978)[3]는「申し上げる」와 같은 경어를「受手尊敬(수용자존경)」라고 하고,「申す」와 같은 경어를「謙遜の敬語(겸손의 경어)」라고 칭하고 있다. 또 미야지(宮地, 1976)는 전자를「겸양어」, 후자를「정중어」로 하고 있다. 한편, 오이시(大石, 1976)는 양자를「겸양어A」와「겸양어B」로 나누고 있고, 기쿠치(菊池, 1989)도 이 분류법을 채용하고 있다.

본서에 있어서는 양자를 다음과 같이 분류하고자 한다. 먼저, 소재의 인물이고, 동시에 수용자가 되는 인물을 높이기 위하여 사용되는「申し上げる・말씀드리다」와 같은 겸양어를「소재성겸양어(素材性謙讓語)」라고 명명한다. 이것은,「소재의 인물, 특히 수용자(受け手)에 관련되는 겸양어」라는 의미이다. 한편, 수용자(受け手)가 되는 인물과는 관계 없이[4], 청자에의 배려를 나타내는 경어로 사용되는「申す・옵/사옵」과 같은 겸양어를「대자성겸양어(対者性謙讓語)」라고 명명한다. 이것은,「소재와는 직접적인 관계를 갖지 않고, 청자에의 배려로 사용되는 겸양어」라는 뜻이다. 겸양어를 소재성겸양어와 대자성겸양어로 구분사용하는 것은, 그것을 겸양어A와 겸양어B로 나누는 것보다, 기능과 용어의 상관성을 높인다는 관점에 있어서도 유효함에 틀림 없다.

여기에서, 소재성겸양어와 대자성겸양어의 기능에 관련된 화자의 의식에 괴리가 발생하는 경우도 있다는 점에 대해서 언급해 둘 필요가 있겠다. 예를 들면, 화자가「A先生」에 대하여「そのことについてはB先生にも申しました」라고 했을 경우에, 이「申す」의 경의의 대상은 청자

인「A先生」인데, 그 경의의 대상이 소재의 인물「B先生」라는 의견이
일본어화자로부터 직접 채집되었다. 그러나, 청자가 손아랫사람인 경우
에는「そのことについてはB先生にも申したよ」가 사용되지 않는 점에
주의하지 않으면 안된다.「申す」는 청자인「A先生」에의 배려로 사용
된 것이다.

청자에의 배려로 사용되는 겸양어는, 주어의 성질에 의해 또다시 두
가지의 종류로 나눌 수가 있다. 하나는, 다음의 (5)와 같이, 낮추어야 하
는 특정한 인물을 주어로 하는 경우이다. 그리고 또하나는, (6)과 같이,
자연현상 또는 불특정다수를 주어로 하는 경우이다.

(5) a) <u>私</u>は、昨日東京へ行って<u>まいり</u>ました。
    b) <u>저</u>는, 어제 도쿄에 다녀왔-<u>사옵</u>-니다.
(6) a) だんだん冷え込んで<u>まいり</u>ましたね。
    b) 점점 추워지고 있-<u>사옵</u>-니다.

여기에 있어서의「まいる・사옵」은, 양쪽 모두 청자에 대한 경어로
사용되어 있다는 점에서는 공통되어 있다. 이 중에서, 주어가 특정인물
인 (5)와 같은 경우의 겸양어가 대자성겸양어의 보통의 용법이다.「겸
양」이라고 하는 말에는「누군가가 누군가에게 겸손한다」라는 의미가 있
고, (5)에서는 겸손해야 하는 인물이 주어로 명확하게 나타나 있다. 높
여지는 것은, 말할 것도 없이 청자이다. 물론, 여기에서「겸손한다」라거
나「낮춘다」「높인다」라고 하는 것은, 어디까지나 언어적 대우를 가리
키는 것이다. 실제의 경의의 유무는 화자 본인에게 밖에 알 수가 없기
때문이다.

이에 비하여, (6)과 같이, 자연현상 등을 서술하고 있고, 특정인물을
주어로 쓰지 않는 문에 있어서의 겸양어는, 누군가가 누군가에게 겸손한
다고 하는 본래의 겸양어의 기능을 갖지 않는다. 높여야 되는 청자는 존

재하지만, 낮추어야 되는 행위자가 존재하지 않는 것이다. 따라서, (6)의 「まいる・사옵」은 단순히 화자의 청자에 대한 정중한 태도를 나타내는 것에 지나지 않는다. 이와 같은 종류의 단어를 「정중어(丁重語)」라고 칭한다. 정중어는, 대자성겸양어의 특수한 기능이라고 할 수 있다.

정중어는, 형태적으로는 대자성겸양어의 일종이긴 하지만, 그 기능의 면에서 독립된 종류로 간주하고자 한다. 이와 같은 정중어의 개념은 오이시(大石, 1976)에도 보인다. 논자에 따라서는, 「もうす」「まいる」와 같은 동일한 단어에 다른 명칭을 부여하는 것은 이해할 수 없다고 하는 견해도 있는데, 그렇게 말하는 논자라도 예를 들면 「お手紙」 등을 때로는 존경어로, 또 때로는 겸양어로, 또 어떤 때에는 미화어로 취급하기도 한다. 그들은 물론 기능에 의해 구분사용하고 있는 것이다. 따라서, 「もうす」 등을 기능에 의해 구분사용하는 것을 문제시하는 것은 논리에 맞지 않다.

정중어는 이미 겸양의 기능은 갖지 않고, 오로지 청자에 대한 정중함을 나타내는 경어로 고정되어 있기 때문에, 대자경어로 취급해야 하는 것이다. 이렇게 해서, 종래로부터 겸양어라고 일컬어져 오고 있는 것은, 소재성겸양어・대자성겸양어・정중어의 2種3類로 나눌 수가 있다. 이상을 다음과 같이 종합할 수가 있다.

겸양어	겸양의 성질을 갖는 것	소재성겸양어
		대자성겸양어
	대자대우성이 강한 것	정 중 어

이상과 같이, 한일양언어의 어느 겸양어에도, 기본적으로 소재성겸양어와 대자성겸양어의 두가지 종류를 찾아낼 수가 있고, 또 대자성겸양어로부터는 정중어로써의 기능을 도출해 낼 수가 있다. 이하, 양언어의 겸

양어의 세가지 종류, 소재성겸양어·대자성겸양어·정중어의 각 어휘와
그 기능에 대해 구체적으로 고찰한다.

3. 소재성겸양어

겸양어 중에서, 어떠한 것이 소재성겸양어로 기능하는가, 그 형태부터
제시하도록 하자. 겸양어는 특정어형을 가진 겸양어와 겸양성분을 첨가
해서 만드는 겸양어로 구성되는데, 먼저, 양언어의 특정어형을 가진 용
언, 즉 겸양동사 중에서, 소재성겸양어로 기능하는 것으로는 다음과 같
은 것을 들 수 있다.

    (7) 上がる·申し上げる·差し上げる·上げる·存じ上げる·捧げ
        る·いただく·たまわる·うけたまわる·うかがう·頂戴する·お
        耳に入れる·お目にかかる·お目にかける·ご覧に入れる·お目見
        えする·お見逸れする·お目もじする·たてまつる·仰せつかる
    (8) 여쭈다·말씀드리다·모시다·바치다·뵙다·드리다·아뢰다·사뢰다

일본어에서는, (7)에서 보듯이, 겸양동사의 대다수가 소재성겸양어에
포함된다. 여기에는, 「申し上げる·差し上げる·存じ上げる」 등 「上げ
る」형이 모두 포함되는데, 이것은 「上げる」의 성질이 「누군가가 누군가
에게」 즉 반드시 수용자를 전제로 하기 때문이라고 볼 수 있다. 「かし
こまる」는 소재성겸양어와 대자성겸양어의 양쪽의 기능을 갖는데, 대자
성겸양어의 성질이 더 강하다고 할 수 있다.

한편, (8)은 현대한국어에서 일반성을 가진 겸양동사의 전부이다. 이
것은 한국어의 겸양동사는 모두가 소재성겸양어로 기능한다는 것을 의
미한다.

그러면, 소재성겸양어를 형성하는 성분으로 기능하는 겸양성분은 어떠한지를 보도록 하자. 일본어의 경우, 다음의 (9)와 같은 형식동사에 의한 겸양어는 거의 모두가 소재성겸양어로 기능하는 것이다. 앞의 (7)에 제시한 겸양동사 중에서, 보조동사로 사용되는 것도 소재성겸양어로 기능한다. 즉, 「てあげる・てさしあげる」「ていただく・(さ)せていただく」 등은 소재성겸양어로 기능한다.

(9) 「お・ご－する」, 「お・ご－いたす」, 「お・ご－もうす」, 「お・ご－申しあげる」, 「お・ご－いただく」, 「お・ご－ねがう」, 「お・ご－にあずかる」, 「お・ご－を仰ぐ」, 「お・ご－をこうむる」

한편, 한국어의 겸양성분은 매우 빈약하지만, 겸양보조동사는 얼마간 존재한다. 그것은 앞의 (8)에 제시한 겸양동사 중에서 보조동사로써의 기능도 갖는 「드리다・뵙다・모시다」의 3단어인데, 이 3단어가 소재성겸양어로 기능한다. 단, 보조동사로써 일반성이 있는 것은 「드리다」뿐이다.

이상에 제시한 것은, 양언어의 용언의 겸양어 및 겸양성분의 대다수인데, 이와 같이 용언으로 사용되는 겸양어의 대부분이 소재성겸양어이다. 다음 항에서 보는 대자성겸양어의 얼마간을 제외한 대부분의 용언의 겸양어가 소재성겸양어로 기능하는 것이다. 겸양어를 하위분류하지 않고 한 묶음으로 취급해 온 것은, 이와 같이 용언으로 나타나는 겸양어의 대부분이 소재성겸양어로 기능하고 있기 때문인 것이다. 그러나, 용언에도 다른 종류가 있을 뿐만 아니라, 체언에까지 시야를 넓히면 한 묶음으로 취급할 수 없다는 것이 명확해진다.

그럼, 양언어의 겸양동사에 의한 표현예에서 소재성겸양어의 기능을 관찰하도록 하자. 이하의 (10)(11)은, 거기에 사용되어 있는 일본어의 겸양동사와 한국어의 겸양동사가 대응하고 있는 예이다. 한편 (12)는, 일본어의 겸양동사에 대해 대응하는 현대한국어의 겸양동사가 존재하지 않는 예이다.

   (10) a) それについては、<u>先生</u>に<u>うかがう</u>つもりです。

       b) 그 점에 대해서는 <u>선생님</u>께 <u>여쭈</u>-ㄹ 생각입니다.

   (11) a) 近いうちにまた<u>お目にかかり</u>たいと思います。

       b) 가까운 시일 내에 또 <u>뵙</u>-고 싶습니다.

   (12) a) <u>その方</u>でしたら、お名前は<u>存じ上げ</u>ております。

       b) <u>先生</u>から乾杯の音頭を<u>たまわり</u>たいと存じます。

이들 예에 있어서의 겸양어는, 모두 행위자를 낮추고, 상대적으로 수용자를 높이고 있다. (10)과 같이 행위자가 나타나지 않는 문에서는, 그 행위자가 화자인 것이 보통이다. 또 (11)과 같이 수용자가 나타나지 않는 문에서는, 수용자와 청자가 일치하는 경우가 많다. 이와 같은 경우에도 문의 형식상 소재에의 경어로 해석하는 것이다.[5]

겸양동사에 대해 해석할 수 있는 것은, 겸양성분의 첨가에 의한 다음과 같은 표현에 있어서도 해석할 수 있다.

   (13) a) そのことは<u>先生</u>に<u>ご報告申し上げ</u>ました。

       b) 그것은 <u>선생님</u>께 <u>보고</u>-<u>드리</u>-었습니다.

   (14) a) 明日ご自宅の方へ<u>お訪ねいた</u>します。

       b) 내일 자택으로 <u>찾아</u>-<u>뵙</u>-겠습니다.

   (15) a) <u>ご贔屓</u>にあずかりまして、ありがとうございます。

       b) せっかくですから、<u>お教えねがい</u>たいと思います。

이상과 같이, 소재성겸양어는 행위자와 수용자와의 관계를 화자가 고려하여, 그 수용자를 높이는 기능을 가진 것이다. 따라서, 소재성겸양어가 겸양어 본래의 기능을 충실하게 수행하고 있다고 할 수 있다.

소재성겸양어와 대자성겸양어의 차이는 문말에 「ます」가 필요조건인지 아닌지에 의해 명확하게 판별된다. 소재성겸양어는, 대자성겸양어와 달리, 문말에 「ます・ます」(체언의 경우는 「です・입니다」)가 반드시 필요하지는 않다. 그것은, 청자에의 경어가 아니기 때문에, 다음과 같이 대자경어 「ます・습니다」를 동반하지 않아도 사용할 수가 있는 것이다.

> (16) a) それは<u>先生</u>に<u>差し上げた</u>よ。
> b) 그것은 <u>선생님께 드리</u>-었다.
> (17) a) それについては、<u>先生</u>に<u>うかがう</u>つもりだ。
> b) 그점에 대해서는 <u>선생님께 여쭈</u>-ㄹ 생각이다.
> (18) a) そのことは<u>先生</u>に<u>ご報告申し上げた</u>よ。
> b) 그것은 <u>선생님께 보고</u>-<u>드리</u>-었다.

이와 같은 표현이 성립하는 것은, 여기에 사용된 겸양어가 청자를 대우하는 것이 아니라, 소재의 인물을 높이는 것으로 기능하고 있기 때문이다. 이와 같이, 소재의 인물에 대한 경의는, 청자 여하에 따라서는 대자경어를 동반하지 않고, 소재성겸양어만으로 충분히 나타낼 수가 있다. 단, 「お・ご-いたす」만은 대자경어 없이는 사용되지 않는 예외적인 존재라고 할 수 있다.

한국어문법에서는 소재성겸양어와 대자성겸양어가 구별되는 경우는 없다. 그러나 실제로는 두가지의 구별이 존재하고 있다. 먼저, 한국어에 있어서도, (16)~(18)의 예에서 확실히 알 수 있듯이, 소재성겸양어는 대자경어 「습니다」 없이도 사용할 수 있다. 전술한 바와 같이, 한국어의 겸양동사 및 보조동사로 사용되는 겸양어는 모두 소재성겸양어로 기능하기 때문에[6], 그들은 모두 대자경어 없이도 사용된다는 셈이 된다.

이것을, 겸양어 「申し上げる・말씀드리다」를 포함한 다음의 예에 입각하여, 좀더 구체적으로 살펴보자.

    (19) a) 弟が<u>先生</u>に<u>申し上げました</u>。
        b) 동생이 <u>선생님께 말씀드렸습니다</u>.
    (20) a) 弟が<u>先生</u>に<u>申し上げた</u>。
        b) 동생이 <u>선생님께 말씀드렸다</u>.

   (19)는 청자를 플러스로 대우하는 공손체, (20)은 청자를 제로 또는 마이너스로 대우하는 보통체인데, 그 어느것에 있어서나 「申し上げる・말씀드리다」를 사용할 수가 있다. 이것은, 「申し上げる・말씀드리다」가 청자와는 관계없이, 오로지 수용자인 「先生・선생님」에 대한 소재성겸양어로 사용되어 있기 때문이다.

   수용자를 높이는 위와 같은 표현에 있어서, 높이고자 하는 수용자가 청자인 경우에는 당연히 공손체가 나타난다. 따라서, (19)는 수용자와 청자가 동일인물일 가능성이 있으나, (20)에 있어서는 그 가능성이 전무하다. 가령, (19)에서 수용자와 청자가 동일인물이라고 하더라도, 「申し上げる・말씀드리다」는 문법적으로는 수용자에 대한 경어로 기능하는 것이라고 해석되는 것이다.

   한자접사에 의한 단어가 동사로 사용될 경우에는 소재성겸양어로 기능하는 것이 보통이다. 양언어가 마찬가지이다. 예를 들면, 「拜見する : 拜見(배견)하다, 進呈する : 進呈(진정)하다, 献上する : 獻上(헌상)하다, 上申する : 上申(상신)하다」 등은 소재성겸양어로 기능한다.

   체언의 겸양어에도 소재성겸양어와 대자성겸양어가 있다. 체언의 겸양어는 특정어형인가 성분첨가에 의한 것인가를 기준으로 하여 기능의 차이를 구별할 수가 있다. 특정어형의 겸양체언은 그 대부분이 대자성겸양어로 기능한다. 이에 비하여, 성분첨가에 의한 겸양어는, 「お・ご」의 첨가에 의한 겸양어는 소재성겸양어로 기능하고, 그 밖의 한자접사에 의

한 체언의 겸양어는 대자성겸양어로 기능한다. 먼저, 소재성겸양어로 기능하는 체언을 보도록 하자.

일본어의 경우, 소재성겸양어로 기능하는 체언은 다음과 같이 접사「お・ご」의 첨가에 의한 것이다.「御礼」를「おんれい」라고 읽는 경우에도 소재성겸양어이다.

> (21) a) お話, お電話, お手紙, お祝い, お見舞, お礼, お手伝い, お知らせ, お答え, お進め, お力, お願い, お邪魔
>
> b) ご報告, ご返事, ご相談, ご案内, ご招待, ご連絡, ご紹介, ご挨拶

이와 같은 접사「お・ご」에 의한 용어가 겸양어로 기능하기 위해서는, 반드시 그 표현의 수용자를 전제로 한다. 즉 (21)의 각 용어는, 피행위자가 되는 수용자에 대한 경어로 사용되는 경우에만 겸양어로 기능하는 것이다. 따라서, 이들은 소재성겸양어이다. 수용자와 청자가 동일인물인 경우에는, 수용자에의 경의가 청자에의 경의와 일치하는 것은 말할 것도 없다.

한편, 현대한국어에서는, 일본어의「お・ご」와 같은 접사의 첨가에 의한 겸양어는 보통 사용되지 않는다. 따라서, 제3장에서 논한 예외적인 현상을 제외하고는, 현대한국어에서 소재성겸양어로 기능하는 체언은 존재하지 않는다고 할 수 있다. 단, 일본어의「お話」가 존경어와 겸양어의 기능을 겸비하고 있는 것과 마찬가지로 한국어의「말씀」도 존경어뿐만 아니라 겸양어, 즉 소재성겸양어로써의 기능도 갖추고 있다.

4. 대자성겸양어

1) 용언의 대자성겸양어

대자성겸양어는 청자를 대우하는 겸양어이다. 일본어의 용언의 대자
성겸양어는, 먼저 특정어형으로「申す・まいる・存じる(存ずる)・いた
す・おる・つかまつる」가 갖추어져 있다. 이들이「ておる・てまいる」와
같이, 보조동사로 사용되는 경우에도 대자성겸양어로 기능한다. 또한,
「かしこまる」는 문말에 사용되는 경우가 많은데, 대자성겸양어로 기능
한다고 할 수 있을 것이다.

이와 같이 대자성겸양어로 기능하는 용언의 겸양어의 종류는 비교적
많지 않다. 그러나, 현대경어의 대자경어화현상과 맞물려, 그 기능과 사
용빈도에 관해서 말하자면, 소재성겸양어에 뒤지지 않는 점이 있다.

대자성겸양어는 수용자와는 관계없이 청자에의 배려로 사용되는 것인
데, 이것을 다음의 예에서 관찰할 수가 있다.

> (22) a) その件については父にも申しました。
> b) 妹が田舎から訪ねてまいりました。
> c) そうしていただけると大変ありがたく存じますが。
> d) 応募書類は昨日私が提出いたしました。
> e) 先生にはいつも感謝いたしております。
> f) はい、かしこまりました。

(22)의 각 예에 있어서의 겸양어에 의해 대우되고 있는 것은 청자이
고,「為手(행위자)・受け手(수용자)」의 관계에 있어서의 수용자가 아니라
는 것은, (22a)만을 놓고 보아도 명료하다. (22a)의「父に申しました」와
같은 표현에, 소재성겸양어와 대자성겸양어의 차이가 명백하게 나타나
있는 것이다.

(22a)가 성립하는 것은, 「申す」가 대자성겸양어이기 때문이다. 만일, 「申す」에 의해 대우되는 인물이 수용자(父)라고 한다면, 이 표현은 오용이 될 터이다. 상대경어법을 기본으로 하는 일본어에서는 낮추어야 하는 가족을 높이는 것이 되기 때문이다.

(22a)에 있어서, 청자를 대우하는 「申す」 대신에, 소재성겸양어인 「申し上げる」를 사용하여 「父に申し上げました」라고 하면, 가족을 높이는 것이 되어 오용이 된다. 따라서, (22a)의 용언을 소재성겸양어로 대체할 수는 없는 것이다. 「あの不良少女に注意事項はちゃんと申しておきました」와 같이, 문의 수용자격인 인물이 하위자나 높일 필요가 없는 경우에도 이 용어를 사용할 수 있는 것은, 바로 「申す」가 대자성겸양어이기 때문이다. (22e)와 같이, 수용자가 높여야 되는 인물로 나타나는 문에 있어서도 대자성겸양어에 의한 배려의 대상이 청자라는 것은 다른 예와 마찬가지이다.

대자성겸양어의 청자대우성은, 문말에 있어서의 공손어 「ます」의 첨가유무에 의해서도 관찰할 수가 있다. 위에 제시한 (22)의 문말을 보통체로 바꾸면 어떻게 되는지를 시험해 보자.

(23) a)*その件については父にも申した。
　　 b)*妹が田舎から訪ねてまいった。
　　 c)*そうしていただけると大変ありがたく存じるが。
　　 d)*応募書類は昨日私が提出いたした。
　　 e)*先生にはいつも感謝いたしておる。
　　 f)*はい、かしこまった。

대자성겸양어는 거의 문말에 나타나고, 그 경우에는 반드시 「ます」를 동반한다. 「ます」가 없는 경우에는, (23)과 같이 비문(非文)이 된다. 이들 용어는 수용자를 높이는 것이 아니라, 청자를 높이는 것이기 때문이

다. 즉, 청자를 높이는 가장 기본적인 대자경어인 공손어가 없이는 사용
할 수가 없는 것이다. 따라서, 대자성겸양어는 청자가 일반적으로「상
(上)・소(疏)」의 관계에 있는 인물일 때에 사용된다고 하는 특징을 갖는
다. (23e)의 표현은 때때로 들리는 경우도 있으나, 그 경우의「おる」는
겸양어로써가 아니라 보통어로 사용된 것이라고 판단된다. 왜냐하면, 방
언에 따라서는「おる」를「いる」와 같은 감각으로 사용하는 경우가 있
고, 위의 표현의 청자는 적어도 화자보다 동등이하의 인물이라는 것을
알 수 있기 때문이다. 만약 청자가 상위자라면, (23e)와 같이 표현하는
사람이더라도, 문말에「ます」를 사용하여 표현할 것이다.

그런데, 대자성겸양어가 나타날 경우, 행위자는 화자일 가능성이 높
다. 이것은, 대자성겸양어가 청자에 대한 경어라는 것을 생각하면 당연
하다고 할 수 있다. 그러나 다음과 같이, 행위자가 화자가 아닌 경우에
대자성겸양어가 나타나는 경우도 있다.

(24) a) 父がそのように申しておりました。
     b) 妹は専門学校に通っております。

이와 같이 화자 이외의 일인칭자가 대자성겸양어문에 있어서의 행위
자가 되는 수가 있다. 단, 이와 같은 경우에 있어서도, 청자에 대한 경의
를 표현하는 주체는 어디까지나 화자라는 것을 잊어서는 안된다.

여기에서, 겸양어의 기능의 차이에 착안하여 대자경어성을 고찰한 선
행연구에 대해 언급해 두고자 한다. 미야지(宮地, 1976)는 경어를 존경
어・겸양어・미화어・정중어・공손어(丁寧語)의 다섯가지로 분류하고 있
다.[7] 그 중에서, 청자경어성을 갖는 겸양어를「정중어」로 취급하고,「화
제에 관련되는 사항의 표현을 통하여, 화자가 청자에의 경의적 배려를
나타내는 경어」라고 정의하고 있다. 이「詞辞(しじ)결합설」은, **화제에**

관련되는 사항(詞)과 청자에의 배려(辞)가 일체가 되어 있다, 라는 것이다. 미야지(宮地)의 분류에 의한 용언의 정중어와 겸양어는 다음과 같이 되어 있다(pp.107-116). (25)는 정중어이고, (26)은 겸양어이다.

(25) 동사　　　いたし(マス)・まいり(マス)・申し(マス)・申しあげ(マス)・存じ(マス)・存じあげ(マス)・ござい(マス)

　　　 형식동사　お-いたし(マス)・お-申し(マス)・お-申しあげ(マス)

(26) 동사　　　さしあげる・申しあげる・あがる(訪ネル)・うかがう(訪ネル・聞ク)・いただく(受ケル・タベル)・参上する・拝見する・拝聴する　等

　　　 형식동사　お-する・お-申しあげる・お-いただく・(-シテ)さしあげる・(-シテ)いただく

　(25)에서 보는 바와 같이 미야지(宮地)는, 「いたす・まいる・申す」뿐만 아니라, 「申しあげる・存じあげる・ござる」도 「정중어」로 취급하고 있다. 뿐만 아니라, (26)에서 보는 바와 같이 「申しあげる・お-申しあげる」를 겸양어로도 취급하고 있다. 미야지(宮地)는, 「ます」를 동반하여 주로 문말에서 사용되는 것은 「정중어」로, 그렇지 않은 경우는 「겸양어」로 취급하고 있는 듯 하다. 그러나, 앞에서 기술한 이유에 의해 「申し上げる・存じ上げる」는 대자성겸양어(미야지의 정중어)가 아니라, 소재성겸양어로써의 기능을 갖는 것으로 해석해야 타당하다. 또한, 미야지(宮地)의 정중어란 주어가 특정인물인 경우도 그렇지 않은 경우도 포함해서 가리키고 있지만, 필자는, 주어가 낮추어야 할 특정인물인 경우에는 대자성겸양어로 취급하고, 그렇지 않은 경우에는 정중어로 취급한다. 그리고, 필자가 「ござる」를 대자성겸양어로 취급하지 않는 것은, 「ござる」는 항상 「ます」를 동반하여 문말(혹은 중지법)에 있어서 사용

되기는 하지만, 일인칭자를 낮추는 등의 겸양의 기능을 갖지 않고 오로지 청자에 대한 공손한 태도를 보이는 점에서, 이것을 공손어의 일종으로 간주하기 때문이다.[8]

청자대우성을 갖는 겸양어를 두가지로 나누고 있는 것은 오이시(大石, 1976)이다. 오이시(大石)는, 앞에서도 언급하였듯이, 겸양어를「겸양어A」와「겸양어B」로 나누고 있는데,「겸양어B」에서「정중어」를 도출해 내고 있다. 기쿠치(菊池, 1989,1994)는,「겸양어B」의「정중어」로써의 기능은 인정하기는 하지만, 그것을「겸양어B의 정중어로써의 용법」이라고만 하고, 새로운 틀은 설정하지 않는다. 참고로,「おる」는 오이시(大石) 이외에서는 경원시되어 있는 듯이 보인다.

그러면, 한국어의 대자성겸양어에 대해 살펴 보자. 한국어의 용언의 대자성겸양어는 겸양보조어간「옵·사옵」및 그 이형태(異形態)가 붙어서 나타내어지고, 항상 청자에 대한 배려를 나타내기 위하여 사용되는 것은 전술한 대로이다.

겸양성분「옵·사옵」은 거의 문말에 나타난다. 그리고, 문말에 나타나는 경우에는 반드시 대자경어「니다」를 동반한다. 이것은 일본어의 대자성겸양어가 문말에 있어서 반드시「ます」를 동반하는 것과 마찬가지이다.「옵·사옵」에「니다」가 동반되어 있는 예를 들어 보자.

(27) a) 오는 10월 1일에 가을운동회가 있음을 알려드리-옵-니다.
　　 b) 동생은 서울에 갔-사옵-니다.
　　 c) 선생님께서는 그 회의에 참석하-시-옵-니까?

이 예에 있어서의「옵·사옵」및「니다」는 모두 청자에 대한 배려를 나타내기 위하여 사용되어 있다. 이 중에서, (27a)와 (27b)에 있어서의 동작을 하는 주체는 일인칭자이다. 이에 비하여 (27c)의 동작의 주체는 이인칭자이다. 따라서, 주어가 일인칭자인 (27a)와 (27b)에서는 존경성분「시」를 사용할 수가 없는데, 주어가 이인칭자인 (27c)에서는 「시」의 사용이 기대된다.

여기에서, 문말을 「니다」 대신에 보통체로 하면 비문(非文)이 된다. 왜, 「니다」를 동반하지 않으면 비문이 되는가를 생각해 보자. 청자에 대한 경의는 기본적으로 대자경어 「입니다·습니다」에 의해 표출된다. 즉, 청자에게 경의를 나타내는 경우에는, 필연적으로 대자경어인 공손어가 나타난다. 「옵·사옵」도 청자에 대한 배려를 나타내는 성분이기는 하지만, 어디까지나 기본적인 대자경어인 공손어에 더하여 더욱 청자에의 배려를 높이기 위하여 사용하는 것이다. 따라서, 「옵·사옵」이 나타나 있는데 「(습)니다」가 없는 것은 매우 불균형한 문이 되기 때문에, 「옵·사옵」이 나타나는 경우에는 반드시 「(습)니다」가 필요하게 되는 것이다. 이것은, 일본어의 「私は東京へまいりました」를 「東京へ行きました」라고는 할 수 있지만, 「東京へまいった」는 이상한 것과 마찬가지 현상이다.

이와 같이 겸양형태소 「옵·사옵」이 문말에 있어서 대자경어 없이는 사용할 수 없다는 것은, 그것이 청자경어로 기능하고 있다는 것을 보여주는 것이다. 즉, 한국어의 겸양보조어간은, 항상 청자에의 정중한 의미를 전제로 사용되는 것이며, 미야지(宮地)류로 말하자면, 한국어의 「정중어」의 역할을 수행하는 것이라고도 할 수 있을 것이다. 단 필자는, 주어가 낮추어야 되는 특정인물인 경우에는 「정중성」 뿐만 아니라 주어에 대한 화자의 「겸양성」도 인정되기 때문에 대자성겸양어로 한다. 또한, 「옵·사옵」에는 낮추어야 되는 주어를 갖지 않는 경우의 정중어의 용법도 있는데, 이에 관해서는 후술한다.

「옵·사옵」에는 「니다」 대신에 「나이다」도 첨가할 수가 있다. 「나이다」는, 겸양어의 의미가 매우 강한 대자경어로, 주로 겸양문체적 역할을 수행하는 요소이다. 일본어의 「ございます体」 또는 「まいります」「いた

します」와 같은 정중체라고도 할 수 있는 것에 해당하는 것인데, 「옵·
사옵」과 마찬가지로 특수한 장면에서 밖에 사용되지 않는다. 이하의 예
를 보도록 하자.

> (28) a) 제가 오늘은 서울에 가 -옵-나이다.
>   b) 제가 어제는 서울에 갔 -사옵-나이다.
>   c) 선생님께서는 오늘 서울에 가 -시-옵-나이다.

이와 같은 용례에 있어서도, 「옵·사옵」의 대자경어성을 확인할 수가
있다. (28a)와 (28b)에 있어서의 「가다」의 행위자는 일인칭자이고, 「옵
·사옵」 및 「나이다」에 의해 대우되는 것은 청자이다. 이에 비하여, 존
경보조어간에 겸양보조어간 및 대자경어의 「나이다」가 첨가된 (28c)의
경우의 주어는, 존경보조어간 「시」의 사용에 해당하는 인물이 아니면
안된다. 즉, (28c)의 술부에 있어서 소재의 인물에 관한 경어는 존경보
조어간 「시」뿐이고, 「옵」 및 「나이다」는 화자의 청자에 대한 경의를
나타내는 것이다. 따라서, 「옵·사옵」은 겸양성분이면서 청자에 대한 배
려를 나타내는 독특한 요소라는 것이 명백하다. 이와 같이, 사용환경이
나 현대어에 있어서의 빈도의 차이는 있지만, 한국어에도 소재성겸양어
뿐만 아니라 대자성겸양어도 갖추어져 있다.

2) 체언의 대자성겸양어

대자성겸양어도 용언 뿐만 아니라, 체언에도 나타난다. 더구나, 양언
어의 특정어형을 가진 겸양체언은, 거의 대부분이 대자성겸양어로 기능
한다.

대자성겸양어로 기능하는 겸양체언의 형태를 비교해 보자. 이하의 (29)
는 일본어의 겸양체언이고, (30)은 한국어의 겸양체언이다.

    (29) a) 私(わたし・わたくし), てまえ

        b) 父(＜お父さん), 母(＜お母さん), 兄(＜お兄さん), 姉(＜お姉さん), 妹(＜妹さん), 弟(＜弟さん), 伯父・叔父(＜おじさん), 伯母・叔母(＜おばさん), 祖父(＜おじいさん), 祖母(＜おばあさん)

    (30) 저(私), 아범(父＝애비), 어멈(母＝애미), 자식(息子), 여식(娘)

(29b)에서 보는 바와 같이, 일본어에는 친족용어에 겸양체언이 많이 발달되어 있다. 이것은, 상대경어법의 발달과 무관하지 않다. 필시, 내부인을 외부인에게 알릴 때에 (29b)와 같은 겸양체언이 불가결하였을 것이다. 단, (29b)에 제시한 단어가 항상 겸양체언으로 기능하는 것은 아니다. 예를 들면,「私には妹が二人おります」의「妹」는 겸양어로 기능하는 것이지만,「彩子さんには妹は二人いる」의「妹」는 보통어로 기능하는 것이다.「息子・娘」「孫・孫娘」등도, 상황에 따라 보통어로써도 겸양어로써도 기능한다.

한편, 한국어의 겸양체언은 (30)에서 보는 바와 같이, 그 종류가 매우 적다. 더구나,「아범(父＝애비)・어멈(母＝애미)」과 같은 단어가 겸양체언으로 기능하는 것은 매우 한정된 장면에 있어서이다. 일본어의「父・母」가 친족 이외의 타인에게 말할 경우에 사용되는데에 비하여, 한국어의「아범(父)・어멈(母)」은 친족간에 있어서만 사용되는 것이다. 일본어의「父・母」와는 개념도 달라서, 한국어의 그것은 자식 부부의 한편이 다른 한편에 관한 것을 부모에게 이야기할 때에 사용하는 것이 가장 전형적인 용법이다. 이웃에 사는 세대가 위인 사람에 대하여, 친척끼리 사용하는 것과 같은 감각으로 이들 용어를 사용하는 경우도 있다. 이와 같이, 부부의 한편이 다른 한편에 관한 것을 상위자에게 말할 경우에 사용하는 것이 상위자에 대한 겸양어로써의 용법이다.[9] 바꿔 말하면, 일본어의「父・母」는 타인에 대한 상대경어로 사용되는 데에 비하여, 한국어의 「아범·어멈」은 친족 내의 상대경어로 사용되는 것이다.

겸양체언이 대자성겸양어로 기능하는 가장 현저한 예는 겸양자칭대명사 「私·저」에 나타난다. 일인칭의 겸양체언이 소재경어보다도 대자경어의 성격을 보다 강하게 갖는 것은 다음과 같은 예에서 관찰할 수가 있다.

    (31) a) 私は先生にお手紙を差し上げました。
        b) 저는 선생님께 편지를 드렸습니다.
    (32) a) 俺は先生に手紙を送ったぞ。
        b) 나는 선생님께 편지를 보냈다.

(31)에서 「私·저」를 사용하고 있는 것은, 소재인 수용자(先生·선생님)가 경의에 해당하는 인물이기 때문이 아니라, 청자를 고려해서의 것이다. 보통, 「私·저」라고 듣기만 해도 문말에 「です·ます / 입니다·습니다」가 연상되는 것으로도, 일인칭의 겸양체언은 대자경어로 기능하는 것을 알 수 있다. (31a)에서, 소재의 인물에 관한 경어는 「お手紙·差し上げる」이고, 청자에 대한 경어는 「私·ます」이다. 이에 비하여, (32)의 「俺·나」는 문말에 공손하지 못한 표현을 예상하게 한다. 즉 이 화자는 청자를 경어로 대우하지 않아도 괜찮은 인물이라고 평가하고 있는 것이 된다. 「俺·나」가 「です·ます / 입니다·습니다」와 공기(共起)하지 않는 것은 아니지만, 「私·저」에 비하여 기대도가 훨씬 낮아진다. 공손하지 못한 일인칭대명사를 사용하더라도, 「俺は先生にお手紙を差し上げたぞ」와 같이, 소재(先生)에 대한 경어표현은 충분히 기능하기 때문에, 일인칭대명사가 대자경어적 성격을 갖는 것은 명백하다.

이와 같이, 겸양자칭대명사는 수용자인 소재의 인물이 아무리 상위자라고 하더라도 청자가 상위자로 대우해야 할 인물이 아니면 경어로써는 사용할 수가 없다. 물론, 「私·저」에 겸양의 의미가 있는 것은 말할 것도 없다. 따라서, 이들은 화자를 낮추고 청자를 높이는 경어, 즉, 틀림없는 대자성겸양어이다.

그 밖의 겸양체언도 소재에 관한 경어라기보다 청자에 대한 경어로 파악하는 것이 보다 타당하다. 예를 들면, 「父は今おりません」이라고 했을 경우의 「父」는 상대경어법에 입각한 겸칭인데, 이것은 내부인을 낮추어서 청자를 높이는 경어용법이다. 즉, 화자가 일인칭자에 관한 내용을 겸손함으로 인해 청자를 고려하고 있는 것이다.

다음으로, 「お·ご」를 제외한 한자접두사에 의한 체언의 겸양어는 대부분이 대자성겸양어로 기능한다. 한일양언어에서 마찬가지이다. 예를 들면, 다음과 같은 체언은 청자에의 겸양어로 기능하는 것이 기본적이다. 단, 한자접사에 의한 것이라고 하더라도, 보통, 동사로 사용되는 「参上する·拝見する·進呈する」 등은, 앞에서 지적한 대로, 소재성겸양어로 기능한다.

(33) 愚息, 愚見, 粗品, 粗茶, 拙者, 拙稿, 小生, 小社, 弊社, 弊店, 寡妻, 寡聞, 荊妻, 荊婦, 豚児, 豚犬, 鄙見, 鄙人, 卑見, 卑職

미야지(宮地, 1976:114)는, 이와 같은 한자접사에 의한 겸양어를 정중어로 취급하고 있다. 「小生·小社·拙宅·愚弟·愚妹·愚息·弊社·弊店·当方」가 그 예이다. 요컨데 미야지(宮地)는, 문말형태 뿐만 아니라, 종래에 겸양어로 분류되어 있던 이와 같은 명사류도 「화자가 청자에의 경의적 배려」를 나타내는 것으로 다른 항목으로 세우고 있는 것이다. 「小·拙」 등의 겸양접두사에 의한 명사를 정중어로 취급하고 있는 것은, 의미론적으로 대자경어로써의 기능을 중요시하고 있기 때문이라고 생각된다.

그러나, 이들이 청자에의 배려를 전제로 사용되는 것은 확실하지만,

이들에게는 청자에 대한 겸양의 의미도 내포되어 있다고 생각하지 않으면 안될 것이다. 예를 들면, 「愚息ももう中学生になりました」에 있어서의 「愚息」에는, 청자에 대한 정중함 뿐만 아니라, 일인칭자를 겸손하는 겸양의 뜻도 확실히 감지된다. 「いつも弊社をお引き立てくださいましてありがとうございます」라고 했을 경우의 「弊社」에도 화자의 겸손의 뜻이 감지될 것이다. 따라서, 이들은 「대자성겸양어」로 취급하는 것이 보다 타당하다고 판단된다.

5. 정중어

청자에 대한 배려로 사용되는 겸양어는, 대자성겸양어 외에, 「정중어」로써의 용법이 있다. 정중어는, 전술한 바와 같이, 대자성겸양어의 특수한 기능을 갖는 것이다. 즉, 대자성겸양어 중에서 행위자가 겸손해야 할 특정인물로 지정되는 것이 아니라, 자연현상 등을 나타내는 경우의 용법이 정중어로써의 용법이다.

그 용법을 다시 확인해 두자. 정중어는, 이하와 같이, 주어가 나타내는 것을 겸양할 이유를 특별히 갖지 않는 사실을 말할 때, 주로 문말에서 「ます」와 공기(共起)하여 청자에 대한 정중함을 나타내는 표현형식이다.

> (34) a) 立春が過ぎたら、春らしくなって<u>まいり</u>ます。
> b) ずいぶん暖かくなって<u>まいり</u>ましたね。
> c) 三番線から上りの電車が<u>まいり</u>ます。

이와 같이, 주어가 특정인물을 나타내지 않고, 일반현상을 나타내는 경우에 사용되는 것이 순수한 정중어로써의 용법이다. 청자에 대한 정중

한 의미로 사용되는 예의 「まいる」와 같은 용어는 대자경어로써의 기능
이 명확하고, 공손어의 성격도 갖는다고 볼 수 있다. 이와 같은 용어가
주어와는 관계 없이 사용되는 것은 (34c)와 같은 표현에서 확인할 수가
있다. 여기에 있어서의 「まいる」는 소재에 관한 경의표현이 아니라, 청
자 즉 「客(손님)」에 대한 경의 또는 공손함을 나타내는 것이라는 데에
이의는 없을 것이다. 이것이 대자성겸양어라면 겸양하는 주체가 「電
車」가 되어 버리기 때문이다. 따라서, 여기에 쓰인 「まいる」는 대자성
겸양어가 아니라 정중어이다.

정중어와 대자성겸양어와의 차이를 좀더 구체적으로 살펴 보자. 정중
어는 대자성겸양어와 구별하기 어려운 점도 있으나, 양자의 차이는 이하
와 같은 예에서 명확하게 나타난다.

(35) a) <u>私</u>がそのように<u>いた</u>しました。
b) そろそろラーメンが美味しい季節になって<u>まいり</u>ました。

(35a)의 「いたしました」는 「しました」보다 정중한 느낌을 청자에게
주는 것으로, 정중어라고 해도 별문제 없을지도 모른다. 구조로써는, 겸
양어 「いたす」에 공손어 「ます」가 일체가 되어 있는 것이어서, 소재경
어와 대자경어로 나누어서 생각할 수도 있을 것이다.

그러나, 이와 같이 화자가 행동주로 명확한 경우에는 청자에 대한 정
중함 뿐만 아니라, 화자의 겸양의 뜻도 내포되어 있다고 해석된다. 따라
서, 이것은 대자성겸양어이다. 어떤 단어를 대자성겸양어로 인정하는 데
에는, 문의 주어가 겸손해야 할 일인칭자라는 것이 전제가 된다.

이에 비하여 (35b)는 어떠한가? 이 문에는 겸손해야 할 일인칭자가
주어로 나타나 있지 않다. (35b)에 있어서의 「まいります」는, 오로지 청
자에 대한 배려를 나타내기 위하여 사용된 것이기 때문에 정중어이다.

이와 같이, 어떤 단어가 대자성겸양어인가 정중어인가는 주어가 무엇인
가에 의해 결정된다.

그런데, 정중어 본래의 용법의 연장선상에 있는 다음과 같은 용법은
어떠한가?

(36) a) 宮沢総理大臣は昨夜東南アジアから帰ってまいりました。
　　　b) 細川総理がアメリカから帰国後、記者会見で次のようにもう
　　　　　しました。

이들이 「まいる・もうす」에 「ます」를 첨가하여, 청자에 대한 배려를
나타내는 표현이라는 점에서는 다른 것과 마찬가지이다. 그러면서도 이
와 같은 표현은, 경어의 오용을 논할 때의 대상이 되어 있다. 행위자가
특정인물로 명확한 경우에는, 주어를 낮추고 청자를 높이는 대자성겸양
어 본래의 용법으로 간주될 가능성이 있기 때문이다.

그러나, 그 행위자가 화자와 특별히 관계가 없는 (36)과 같은 표현은
이미 일반적인 표현으로 정착되어 있고, 정중어로 기능하는 것이라고 판
단된다. 이들은 겸양어로 취급하는 것이 아니라, 정중어로 취급하는 것
이 보다 현실적일 것이다. (36)의 「まいる・もうす」는, 「父が大阪から
帰ってまいりました」의 「まいる」와 같은 용법과는 확실히 구별되기 때
문이다.

(36)과 비슷하게 주어가 인물로 명확하게 나타나는 경우의 표현이, 다
음과 같이 틀림 없는 정중어로 정착되어 있는 경우도 있다. (37a)는 불
특정다수인 인물이 주어가 되어 있는 경우이고, (37b)는 역사적 인물이
주어가 되어 있는 경우이다.[10] 어느 경우나 주어의 청자에 대한 배려는
없고, 오로지 화자의 청자에 대한 정중함만이 존재한다.

(37) a) 広島大会にはアジア大会史上最大の<u>選手団</u>が<u>参加いたしまし</u>
た。
b) <u>福沢諭吉</u>は「天は人の上に人を造らず、人の下に人を造ら
ず」<u>ともうしました</u>。

이와 같이 정중어는, 자연현상을 서술할 때에 사용될 뿐만 아니라, 주어가 나타내는 인물이 특수한 경우에도 사용된다. 언젠가는 앞의 (36)과 같은 표현에 대한 위화감도 엷어져 갈 것이라고 생각된다.

여기에서, 정중어라는 용어를 사용한 선행연구에 언급해 두고자 한다. 겸양형태를 사용하여 청자에의 배려를 나타내는 표현형태를 정중어라는 개념으로 제안한 것에 미야지(宮地)가 있다. 그러나, 앞에서도 언급하였 듯이, 본서에서 사용하는 정중어는 미야지(宮地)의 정중어와 동일하지 않다. 미야지(宮地, 1976:108)는, 예를 들면「雨が降ると存じます」라고 했을 경우의「存じる」는 겸양적인 의미를 갖지 않고,「オモウ」하는 것을 청자에 대하여 정중하게 말하고자 하는 것에 지나지 않는다고 해석한다. 따라서, 이와 같은 표현은 정중어라는 것이 된다. 그러나,「存じる」는 항상 화자 자신의「思う(생각하다)」하는 행위를 나타내는 특수한 표현이며, 거기에는 화자에 의한 겸양적인 의미가 담겨있다고 봐야 할 것이다.

오이시(大石)도 비교적 빨리 정중어라는 용어를 사용하고 있는데, 약간의 변화가 보인다. 먼저 오이시(大石, 1975)에서는「まいる・もうす」등에, 일반적으로 공손어(丁寧語)라고 불리는「です・ます」를 더해서 정중어로 취급하고 있다. 이어서 오이시(大石, 1976)에서는 정중어를「정중어A」와「정중어B」로 나누고, 전자에「まいる・もうす」등을, 후자에「です・ます」등을 위치시키고 있다. 이 분류법은 그 후의 오이시(大石, 1983) 등에도 그대로 사용되어 있다. 그러나, 정중어와 공손어는 구별할 필요가 있다고 생각된다.

한국어의 용언에 있어서는, 대자성겸양어로 사용되는 「옵·사옵」이, 다음과 같이 정중어로써의 기능도 갖는다.

　(38) a) 경기가 점차 풀리리라고 사료되-옵-니다.
　　　 b) 날씨가 참 따뜻해졌-사옵-니다.

물론, 이것은 현대어에서는 보통 사용되지 않는다. 그렇기는 하지만, 일본어의 대자성겸양어가 정중어로써의 기능도 갖는 것과 마찬가지로, 한국어의 겸양성분 「옵·사옵」도 대자성겸양어와 정중어의 기능을 겸비하고 있는 것이다.

　대자성겸양어와 정중어는 원칙적으로 문말에 나타나는데, 일본어에서는 다음과 같이 그들이 문중에서 「ます」를 동반하여 연체수식형 등으로 사용되는 경우가 적지 않다.

　(39) a) 先ほど<u>もうしました</u>件に関して補足説明をさせていただきます。
　　　 b) このように成績が伸びて<u>まいります</u>と、将来が楽しみですね。

이에 비하여 한국어의 대자성겸양어 및 정중어는, 공손어를 동반하여 문중에 나타나는 경우는 보통 없다. 그들이 문중에서 공손어와 함께 나타나는 것은, 다음의 (40a)와 같이 「-만」을 포함하는 역접구문에 있어서 뿐이다. 단, 공손어를 동반하지 않은 대자성겸양어 및 정중어는, (40b)와 같이 문중에 나타나는 경우도 적지 않다.

　(40) a) 지난번에 연락드렸-<u>사옵</u>-니다-만, 거듭 부탁하-옵-니다.
　　　 b) 만장일치로 결정되었-<u>사오(ㅂ)</u>-니, 양지하시기 바랍니다.

다음으로 체언의 정중어, 라고 하기 보다 용언 이외의 정중어에 대해

생각해 보자. 격식차린 장면에서 이야기할 때, 일상생활의 일반적인 표
현을 사용하지 않고, 같은 의미의 다른 용어를 선택하는 수가 있다. 예
를 들면, 다음과 같은 용어이다.

> (41) a) いっさくじつ(一昨日＜おととい), さくじつ(昨日＜きのう), 昨
> 夜(＜ゆうべ), 本日；こんにち(今日＜きょう), みょうにち(明
> 日＜あす；あした), 明朝(＜あしたの朝), 明晩(＜あしたの夜),
> みょうごにち(明後日＜あさって), みょうみょうごにち(明明後
> 日＜しあさって)
> b) 금일(今日＜오늘), 명일(明日＜내일(來日)), 명후일(明後日＜모
> 레)

　일본어의 경우, 격식차린 표현을 할 경우에는 (41a)와 같은 단어가 즐
겨 사용된다. 한국어의 경우도, 격식차린 장면에서는 (41b)가 사용된다.
일본어에서나 한국어에서나, 한자어에 의한 표현이 고유어에 의한 표현
보다 공손, 혹은 정중하다고 의식되어 있기 때문이다.[11]
　여기에 있어서의 한자어에 의한 표현은, 공손 또는 정중한 느낌을 준
다고 하는 의미에 있어서 일종의 경어, 말하자면 정중체언이라고 간주할
수가 있을 것이다. 그런데, (41a)와 (41b)를 비교하면 알 수 있듯이, 일
본어는 과거・현재・미래의 어디에 속하는 날을 나타내는 표현에 대해
서도 정중한 대체표현이 일반성을 갖는데, 한국어의 경우, 적어도 현대
어에 있어서는 과거의 날을 나타내는 정중한 대체표현은 일반성을 갖지
않는다. 「어제」에 대하여 「작일(昨日)」이라는 단어가 있기는 있지만, 이
것은 일반적으로는 잘 쓰이지 않는다.
　일본어에서는 장소를 나타내는 표현에 2종류가 있어서, 한쪽이 다른
쪽보다도 정중한 표현인 경우가 있다. 「ここ」와 「こちら」, 「そこ」와 「そ
ちら」, 「あそこ」와 「あちら」, 「どこ」와 「どちら」를 비교하였을 경우, 각

각 후자 쪽이 정중한 표현이 된다. 이「こちら・そちら・あちら・どち
ら」는,「ら」라고 하는 복수접미사를 첨가하여 방향성을 나타내는 일종
의 우회적이고 간접적인 표현, 내지는 완곡표현이라고 할 수 있다. 미야
지(宮地, 1976:110)가「あちら・こちら・そちら・どちら」를 존경어로 분
류하고 있는 것은 흥미깊은 일이다.

　이와 같은 경향은 한국어에도 보인다. 한국어에서는,「여기」와「이
쪽」,「거기」와「그쪽」,「저기」와「저쪽」,「어디」와「어느쪽」의 경우, 방
향을 나타내는「쪽」이라는 접미사가 부가된 후자를 사용함으로 인해 일
본어와 비슷한 효과를 얻을 수가 있다. 이것은, 장소를 나타내는 표현보
다 방향을 나타내는 표현 쪽이 보다 정중하다고 하는 의식에 근거한 것
이다.

　방향을 나타내는 표현 쪽이 공손하다고 하는 의식은 인칭대명사의 발
달에도 관계한다. 예를 들면, 원칭(遠稱)을 나타내는「あのかた」가 대칭
(対稱)을 나타내는「あなた」로 변화한 것은, 직접적인 표현보다 완곡한
표현을 보다 공손하게 느끼는 의식에서 생겨났다고 볼 수 있다. 구미의
언어에서 보이는, 이인칭복수형 또는 삼인칭으로 이인칭의 경칭을 나타
내는 용법도 이것과 밀접한 관계가 있다.

　또한,「どう」와「いかが」,「どれほど」와「いかほど」등에 있어서도, 전
자를 대체표현한 후자 쪽이 보다 공손 혹은 정중하다고 인식되어 있다.

6. 맺음말

　본장에서는, 한일양언어의 겸양어를 그 기능에 근거하여 하위분류하
고, 각 종류에 포함되는 어휘를 종합하여 제시하였다. 겸양어는, 양언어
가 공히, 소재성겸양어・대자성겸양어・정중어로 나누어진다. 각 종류에

포함되는 어휘는 일본어 쪽이 풍부하고, 한국어 쪽은 빈약하기는 하지만, 양언어의 이와 같은 대응은 지극히 흥미깊은 현상이라고 할 수 있다.

소재성겸양어는, 행위자와 수용자와의 관계에 있어서, 화자가 행위자가 되는 인물을 낮추고, 상대적으로 수용자를 높이기 위하여 사용되는 겸양어이며, 겸양어 본래의 기능을 충실하게 지키고 있는 것이다. 한편, 대자성겸양어란, 수용자와는 관계 없이, 행위자를 낮춤으로 인해 청자에의 배려를 나타내기 위하여 사용되는 겸양어이다.

정중어란, 주어가 낮추어야 할 특정인물이 아닌 경우에, 오로지 청자에 대한 배려에 근거하여 사용되는 용어를 가리킨다. 특히, 일본어의 대자경어에는 정중어라는 영역을 개설할 필요가 있다. 「まいる」「いたす」 등을 주어가 낮추어야 할 필요가 없는 특정인물인 경우에 사용하는 경향, 즉 대자성겸양어를 정중어로써 인물에도 사용하는 경향도 현저해지고 있다. 이것은 일종의 겸양어의 대자경어화현상이라고 볼 수가 있는데, 이와 같은 현상은 정착해 가고 있다고 할 수 있겠다. 겸양어의 사용빈도가 낮아져가고 있다고 지적되는 작금에 있어서, 정중어와 대자성겸양어로써의 용법이 일본어에 많아지고 있는 것은 유의해야할 현상이다.

이상과 같이, 겸양어를 그 기능에 의해 소재성겸양어·대자성겸양어·정중어로 분류하면, 지금까지 오용이라고 지적되어온 몇가지의 표현예는 오용이 아니게 되는 경우가 나온다. 따라서, 겸양어가 갖는 제기능 중에서, 어느 기능으로 사용되었는가를 고려하지 않으면 안된다.

▌주

1) 이 장은 「日韓両言語の謙譲語の機能と種類—素材性謙譲語・対者性謙譲語・丁重語—」라는 제목의 필자의 공표논문(『日本語論究5 敬語』, 和泉書院, 1997)을 수정, 가필한 것이다.

2) 「옵·사옵」은 중세한국어에서는 왕성하게 사용되었는데, 현대어에서는 사용장면이 극단적으로 좁아져 있다. 그러나, 겸양성분으로써는 매우 생산적이고, 또 청자대우성을 나타내는 용언의 대표적인 요소이기도 하기 때문에, 본서의 용언의 겸양성분의 경우에는 이것을 사용하여 논을 진행시키기로 한다.

3) 이 논고의 초출은 『国語構文論』附説(1971, 塙書房)인데, 본서에서는 와타나베(渡辺, 1978)를 참조하였다.

4) 「수용자(受け手)」라는 용어는 「경어에 의해 배려되는 수용자」라고 엄밀히 해석하면, 예를 들면 「申す」의 수용자는 청자가 되는데, 여기에서의 수용자(受け手)는 경어론에서 일반적으로 사용되는 「為手(행위자)・受け手(수용자)」의 관계에 있어서의 수용자(受け手), 즉, 문의 여격(與格)이나 대격(對格)으로 나타나는 보어나 목적어에 의한 인물을 가리키는 용어로 사용한다.

5) 물론, 수용자와 청자가 일치하는 이와 같은 표현에 있어서 실질적으로 경의가 향하는 것은 청자이다.

6) 대자성겸양어로 기능하는 한국어의 용언의 겸양어는 겸양보조어간에 의한 것뿐이다.

7) 이와 같은 분류는 宮地(1971), 同(1976) 등에 제시되어 있는데, 여기에서는 宮地(1976)을 참조하였다.

8) 굳이 말하자면 낮추어야 할 특정한 주어를 갖지 않는, 필자가 말하는 「정중어」로 파악할 수는 있을 것이다.

9) 이것은 또, 부모가 결혼한 자식이나 며느리를 부를 때, 화자의 자식인 양자에의 배려에서 사용되는 경우도 많다. 이웃에 사는 세대가 위인 사람이 친척끼리 사용하는 것과 같은 감각으로 이들 용어를 사용하는 경우도 있다. 그러나, 상위자가 하위자에게 사용하는 이와 같은 용법은, 엄밀히 말하면, 겸양어로써의 용법이 아니다.

10) 이런 종류의 용법에 대해서는 많은 경어론자가, 용어의 차이는 있지만, 정용(正用)으로 인정하고 있다.

11) 단, 한국어에는 고유어에 「내일」에 해당하는 단어가 없다는 특징이 있다. 「내일」은 한자어 「來日」이기 때문이다.

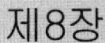

제8장

절대경어와 상대경어

제8장
절대경어와 상대경어

1. 들어가는 말[1]

경어법의 발달은 일본어와 한국어의 공통 특징의 하나이다. 경어법을 「발화에 관여하는 인물과 화자와의 관계에 따라 행해지는 언어표현의 선택」이라는 식으로 극히 넓게 정의한다면, 아마도 경어법을 갖지 않은 자연언어는 없을 것이다. 어떤 언어에 있어서도, 같은 사항을 나타내는 표현형식은 몇가지가 있을 수 있고, 그들이 장면이나 상대방과 전혀 관계 없이 자유롭게 선택될 수는 없기 때문이다. 그러나, 일반적으로 경어법이라고 할 때에는, 이와 같은 광의의 해석을 거기에 부여하고 있는 것이 아니라, 화자와 관여하는 인물과의 관계에 따라 선택되는 「체계적 구조」의 의미로 그것을 이용하고 있다. 즉 경어법이란, 그와 같은 관계에 의해 규정되는 문법범주, 요컨대, 경어체계·경어범주를 가리키고 있는 것이다.

일반적으로, 일본어는 상대경어이고, 한국어는 절대경어라고 일컬어진다. 일반론으로써는 확실히 그렇게 말할 수 있다. 그러나 실제의 언어생활 안에는, 일반론에서 벗어나는 예외적인 사상(事象)이 존재한다. 그것은, 전통적인 용법 안에서도 새로운 용법 안에서도 관찰된다.

본장의 목적은, 한일 경어법의 가장 중요한 상위점이라고 생각되는 절대경어법과 상대경어법에 관하여 일반론을 제시하고, 그 일반론에서 벗어나는 용법에 대하여 중점적으로 고찰함으로 인해, 한일양언어의 경어에 대한 전통적인 견해의 문제점을 지적함과 동시에, 현재에 있어서의 경어운용의 일면을 확실히 하는 데에 있다. 먼저, 한일양언어의 경어법의 최대의 상위점이라고 생각되는 절대 · 상대경어법에 관한 일반론을 논한 후에, 절대경어를 갖는다고 일컬어지는 한국어의 상대경어현상과, 상대경어를 갖는다고 일컬어지는 일본어의 절대경어현상에 대하여 고찰을 가한다.

2. 절대경어법과 상대경어법

위에서 말한 대로, 한일 경어법의 최대의 상위점은, 한국어의 경어가 절대경어법인데 비하여, 일본어의 경어는 상대경어법이라고 알려져 있다. 본절에서는 이 절대경어법, 상대경어법이라는 것이 어떠한 것인가를 구체적으로 설명하고자 한다.

일반적으로 경어의 선택은 인간관계에 입각하여 행해지는데, 이 경우의 인간관계는 상하관계라는 이른바 종적인 관계와 친소관계라고 하는 횡적인 관계로 대별할 수 있다. 한일 어느 언어에 있어서도 이 쌍방이 경어법에 관여하고 있는 것은 틀림 없는 사실인데, 일본어는 한국어에 비하여 친소관계를 중요시하는 경향이 있다. 예를 들면, 일본에서는 자식이 부모에 대하여, 혹은 관하여 보통 경어를 사용하지 않는다. 전전(戰前)의 일본에서는 가족 내에서도 상위자에 대해서는 경어를 사용하는 습관이 있었던 것은 당시의 영화의 대화 등에서 엿볼 수가 있고, 오늘날의 일본에서도 그와 같은 경어행동을 가풍으로 하고 있는 가정도 없지는 않지만, 오늘날 일반적인 가정에서는 가족간에 경어를 사용하는 것은 거의 없다고 할 수 있을 것이다. 이것은, 상하관계보다도 가족인가 가족이 아닌가, 혹은 친한가 친하지 않은가와 같은 친소관계 쪽이 중요시된 결과이다.

이에 비하여 한국에서는, 상대가 가족이더라도 윗사람이면 반드시 경어를 사용하는 것을 기본으로 한다. 오히려, 상위자에 대한 경어는 가족일수록 엄해서, 예를 들면 부친에 관한 것을 혼잣말로 할 경우에도 경어를 사용할 정도이다. 이것은, 한국에서는 유교의 전통이 강하게 남아 있어서, 그 정신이 가족·친족 내부의 언어행동을 비롯하여 여러 행동양식을 강하게 규제하고 있기 때문이다.

종적인 관계인 상하관계에는, 사회적 지위의 상하, 연령의 상하, 혹은 능력이나 경험의 상하 등 다양한 상하관계가 있다. 그 중에서 사회적 지위의 상하관계와 연령의 상하관계를 경어의 선택에 대한 영향력의 관점에서 비교해 보면, 한국에서는 연령의 상하관계 쪽이 우선시되는 경향에 있다. 혹은 지위의 상하관계와 적어도 동등한 영향력을 갖고 있다. 이에 비하여 일본에서는, 지위의 상하관계 쪽이 우선시되기 쉽다고 할 수 있다. 예를 들면, 연하의 상사를 대할 경우, 일본에서는 경어가 극히 자연스럽게 사용되는 것 같은데, 한국에서는 경어를 사용하는 데에 다소간의 저항이 느껴지는 경우가 많다. 반대로 연상의 부하를 대할 경우, 일본에서는 경어를 생략해도 그다지 부자연스럽지 않은데, 한국에서는 그렇게 하는 것에 크게 주저함이 느껴진다. 또, 연소자가 물건을 살 때에, 한국에서는 아무리 손님이라고 하더라도 경어를 생략하여 가게의 아저씨, 아주머니에게 말을 걸면, 물건을 팔아주지 않을 뿐만 아니라, 일본에서는 상상도 하기 어려운 결과를 초래할 수도 있을 정도로 연령의 상하관계가 경어운용에 끼치는 영향력은 심대한 것이다.

한국어와 일본어, 경어의 각 영역에 속하는 단어의 다소와 그 운용법 등은 다르지만, 경어체계 그 자체가 고도로 발달되어 있는 점에 관해서는 공통되어 있다. 실제로, 한국어에도 일본어에도 소재경어와 대자경어의 구별이 존재한다. 소재경어란, 대화의 소재가 되는 인물·사물·사항에 관한 경어를 말하며, 대자경어란 청자에 대한 경어를 말한다.

여기에서 주의해야 할 점은, 이들 두종류의 경어 중에서 소재경어만이 절대경어인가 상대경어인가의 논의에 관련되고, 대자경어는 그것에 일체 무관계하다는 점, 따라서 본장의 논의에 있어서 경어라고 할 경우, 그것은 기본적으로 소재경어를 가리키고 있다는 점이다. 물론, 절대경어와 상대경어가 누구에 대한 배려로 사용되는 것인가 하는 기능의 관점에서는 청자에 대한 배려가 깊이 관련되는데, 여기에서는 절대경어와 상대경어로 나타나는 경어 그 자체가 소재경어라고 하는 의미이다.

절대경어법이란, 소재경어의 선택이 소재의 인물과 화자와의 관계만에 근거하여 행해지고, 그 이외의 관점이 일체 들어가지 않는 경어법을 말한다. 예를 들면, 한국어에서 자신의 부친을 소재로 하여 말을 할 때는, 여하한 경우에도 경어를 사용한다. 후술하는 바와 같이, 최근에는 이 규범이 상당한 변화의 현상을 보이고는 있지만, 적어도 규범으로써는 그렇다. 누구를 향하여 말을 하는가라든가, 어떠한 장면에서 이야기하는가와 같은 것은 일체 관계하지 않는다. 소재의 인물(부친)과 화자(자식)의 관계만으로, 절대적으로 경어의 선택이 결정되는 것이다. 다음의 예는 경의를 표시해야 하는 타인(예를 들면 학교의 선생님)을 향하여 부친에 관한 내용을 이야기하는 경우의 표현이다.

(1) 저희 <u>아버님</u>이 안부 전해드리라고 <u>말씀하시</u>-었습니다.
　　(私のお父様がよろしくとおっしゃっていらっしゃいました)

밑줄친 부분이 화제의 인물에 대한 경어표현인데, 「아버님(お父様)」의 사용은 반드시 의무적이지는 않아서 보통형의 호칭 「아버지」라도 상관

없다. 그러나, 용언의 경어형 「말씀하셨습니다(おっしゃいました)」는 거의
의무적이어서, 보통어형인 「말했습니다(言いました)」를 사용하는 것은 허
용되기 어렵다.

　마찬가지로, 사원이 사장을 소재로 하여 말할 때도 항상 경어를 사용
하지 않으면 안된다. 비록 회사 외부의 사람을 향하여 말할 때라도, 다
음과 같이 경어형을 사용하는 것이다.

　(2) 사장님은 지금 안 계시-ㅂ 니다.
　　(社長様は今いらっしゃいません)

　이 경우는, 주어인 「사장님(社長様)」도 술어의 「안 계십니다(いらっ
しゃいません)」도 의무적인 존경어형이고, 각각의 보통어형 「사장(社長)」
「없습니다(いません)」를 사용해서는 안된다. 이와 같이, 화자와 소재의
인물의 관계만으로 경어사용의 유무가 결정되는 방법을 절대경어법이라
고 한다. 이와 같은 용법이 한국어의 경어가 절대경어라고 일컬어지는
최대의 근거가 되어 있다.

　한편, 상대경어법이란 소재경어의 선택에 있어서 소재의 인물과 화자
의 관계 뿐만이 아니라, 청자와 소재의 인물과의 관계, 화자와 청자와의
관계, 혹은 화자·청자·소재의 인물의 삼자관계가 관여하는 경어법을
말한다. 예를 들면, 일본어에서는 위의 (1)의 경우, 한국어의 직역으로
나타낸 것과 같은 표현을 사용할 수는 없다. 「お父様」는 커녕 「お父さ
ん」도 사용할 수 없고 「父」라고 하지 않으면 안된다. 술어동사에 대해
서도 존경어형인 「おっしゃる」는 사용할 수 없고, 보통어형인 「言う」나
겸양어형인 「申す」를 사용하지 않으면 안된다. 즉, 다음의 어느쪽인가와
같이 표현하지 않으면 안된다.

(3) a) (私の) 父がよろしくと言っていました。
    b) (私の) 父がよろしくと申しておりました。

예문 (2)에 대해서도 마찬가지이다. 사원이 사장에 대하여 회사 내부의 인물에 대하여 말할 때에는, 일본어에서도 예문 (2)의 직역으로 나타낸 표현과 같이 존경어를 사용하여 말한다. 단, 일본어에서는 직위를 나타내는 표현이 경의를 가지고 있다고 인식되어 때문에, 단순히 「社長」라고만 하면 된다. 그러나, 회사 외부의 사람에게 같은 내용을 말할 때에는, 다음과 같이 겸양어형을 사용하지 않으면 안된다.

(4) 社長は今おりません。

이와 같이 인간관계의 상대적인 관계를 고려하여 경어사용의 선택이 결정되는 것이 상대경어법이다. 즉, 한국어에서는 소재경어를 사용하는 경우에 화자 자신과 화제의 인물과의 관계만을 고려하고 있는 데에 비하여, 일본어에서는 누구에게 말하고 있는가라고 하는 것도 의식하고 있지 않으면 안된다. 이와 같은 관계파악에 의해서, 화자보다는 손아래이지만 청자의 가족인 인물, 예를 들면 청자의 자식 등에 관하여 경어를 사용하는 것도 상대경어용법이다.

이것을 도시하면 <그림1>과 같다. 화살표는, 경어사용에 있어서 양자의 관계를 서로 고려하는 것을 의미한다. 물론, 이 그림으로 절대경어와 상대경어의 전부를 설명할 수 있는 것은 아니다. 경어운용에는 여러 가지 요소가 더해지기 때문이다. 여기에서는 가장 대표적인 고려의 조건을 나타내었음에 지나지 않는다.

<그림1> 절대경어법과 상대경어법

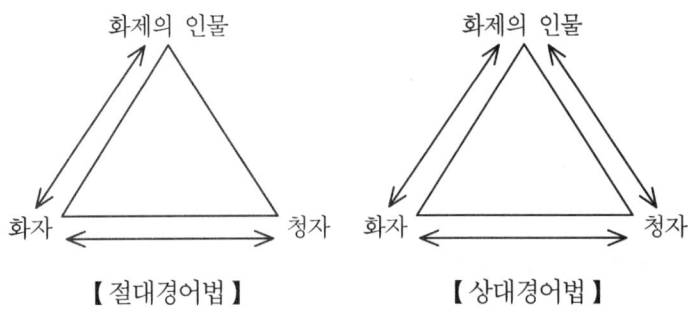

이와 같은 절대경어법과 상대경어법의 차이는 확실히 한일 경어법의 커다란 상위점이고, 한국인이 일본어를 습득하는 경우에도, 일본인이 한국어를 습득하는 경우에도, 완전히 익숙해지기까지는 상당히 시간이 걸리는 문제이다. 그렇기는 하지만, 일본어와의 비교에 있어서 한국어를 해설할 경우에 자주 행해지는 바와 같이, 한국어는 절대경어법이고 일본어는 상대경어법이라고 단순히 결론을 내려버리는 데에는 문제가 있다. 한국어에도 상대경어법의 용법이 있고, 반대로 일본어에도 절대경어법의 용법이 있기 때문이다. 이하, 이와 같이 일반론으로 해결할 수 없는 문제에 대해서 살펴보기로 한다.

3. 한국어의 상대경어 용법

한국어의 상대경어현상에 대해서는, 이미 선행연구에 있어서 몇가지의 사례가 지적되어 있다. 성(成, 1984:408)은, 손주가 조부모를 향하여 부모에 관한 사항을 화제로 올릴 때에 상대경어적인 배려가 작용하는 예를 들고 있다.

(5) a) 할아버지, 이거 아버지한테 갖다 <u>줄까요</u>?

    (おじいさん、これをお父さんに<u>やりましょうか</u>)

    b) 할아버지, 이거 아버지께 갖다 <u>드릴까요</u>?

    (おじいさん、これをお父さんに<u>差し上げましょうか</u>)

(5a)는 비경어의 여격조사 「한테(に)」와, 마찬가지로 비경어의 동사 「주다(やる)」를 사용한 비경어의 표현이다. 이에 비하여 (5b)는, 부친에 대한 존경을 나타내는 여격조사 「께」와 겸양동사 「드리다(差し上げる)」 를 사용한 표현이다.

성(成)이 지적하고 있는 대로, 이들 두가지 표현 중에서 바른 것은 (5a)쪽이다. (5b)는 어쩌다가 사용예가 발견되지만, 바른 언어사용이 아니다. 조부를 향해서가 아니라, 예를 들면 모친을 향하여 말하는 것이라면, 물론 (5a)가 아니라 (5b)와 같이 존경표현을 사용하지 않으면 안된다. 그러나, 소재인 부친보다도 상위인 조부를 향하여 말할 때에는, 부친에 대한 존경표현의 사용이 억제되는 것이다. 성(成) 자신은 상대경어법이라는 용어를 사용하고는 있지 않지만, 이것은 틀림 없는 한국어에 있어서의 상대경어법이라고 할 수 있다.

한(韓, 1989:197-198)은 이 문제에 관하여 다음과 같이 말하고 있다.

    가정이나 직장이라고 하는 틀 밖에서는 청자와는 일단 관계 없이 화자와 화제의 인물과의 관계에 의해서 경어의 사용이 결정된다고 하는 특징이 있다. 그러나, 가정 및 직장이라는 틀 안에서는 경어의 사용이 화자와 청자와 화제의 인물과의 삼자를 같이 고려한 위에 결정된다고 하는 상대경어적인 면도 존재한다.

가정내에서는 위에 말한 바와 같은 경우 말고도, 부모나 조부모 앞에서는 형제나 배우자에 대한 경어표현은 억제되고, 직장에서도 사원이 사장을 향하여 부장이나 과장의 이야기를 할 때, 부장이나 과장에 대한 경어표현은 삼가되거나, 혹은 적어도 경어를 사용하는 것이 주저된다. 그러나, 직장에서의 이와 같은 표현법은 아직 확립되어 있지 않고, 또 그 반대의 현상, 즉 경어를 빼고 부장을 사장에게 언급할 경우에도 일반적으로 주저함을 느끼고 있는 것이다.

한(韓, 1989:198)은 가정이나 직장이라고 하는 틀 밖에서는 절대경어법이 사용된다고 하고 있지만, 실제로는 그와 같은 경우에도 상대경어적인 표현이 사용되고 있는 것은, 논자 자신의 다음과 같은 관찰로부터도 확인할 수 있다.

> 최근의 현상으로 선생님 앞에서 대학생이 연령차가 적은 선배에 관해서 경어를 사용하여 말하기도 하고, 젊은 여성이 선생님에 대하여 자신의 남편에 관한 내용을 경어를 사용하여 얘기하는 경우도 종종 있다.

절대경어표현인 이 현상의 문제점을 지적하고 있는 것은, 요컨대, 이와 같은 경우, 청자에 대한 배려에서 상대경어법적으로 경어를 사용하지 않는 것이 타당하다는 것을 말해주고 있다. 또한, 위의 관찰에 근거하여 한(韓)은 한국어의 경어가 절대경어의 색채가 강해져 갈 것으로 보고 있는데, 필자의 생각은 그렇지 않다. 한(韓)이 관찰대상으로 하고 있는 것은 절대경어의 색채가 강하게 나타나는 특수한 장면이라고 볼 수 있다.

이상은 화자보다 상위자를 소재로 하는 경우의 상대경어현상인데, 이것과는 반대로 하위자를 소재로 하는 경우의 상대경어현상도 있다. 이것에 관련하여 우메다(梅田, 1977:254-255)는 다음과 같이 논하고 있다.

> 한국어에서는, 소재에 대하여 경의표현을 행할지 어떨지는 화자와 소재의 관계만으로 결정되고, 대자와의 관계는 개입되지 않는다. 소재가 화자보다도 상위이면 비록 가족이더라도, 가족이 아닌 대자에게 경어형

을 사용하여 언급하고, 또 소재가 어린아이이면 비록 대자의 가족이더
라도 경어형은 사용하지 않는다. 단, 별로 친밀하지 않은 관계에서 소재
가 대자의 성인된 아들 또는 딸일 경우에는 화자보다도 하위임에도 불
구하고 경어형을 사용하는데, 이것은 소원(疎遠)한 소재에 대한 경의표
현에 준하는 것이라고 생각된다. (밑줄필자)

이 인용에 있어서의 밑줄 부분은, 한국어에도 상대경어적인 표현이
가능하다는 것을 시사하고 있다. 또, 미나미(南, 1987:54)는, 아마도 우메
다(梅田)의 기술을 받아서[2], 다음과 같이 논하고 있다.

한국·조선어의 경어 용법은, 예를 들면 연상인 인물에게는 언제나
경어를 사용하고, 연하인 사람에게는 경어를 사용하지 않는다고 하는
식으로 일정하다. 성인이 봤을 때 연하인 아이에 대해서는, 그것이 비록
표현하는 이에 있어서 상위자의 아들이나 딸이더라도, 경어는 사용하지
않는 것이다.

이와 같은 기술에는 크게 의문이 있고, 한국어의 실체를 정확히 파악
하고 있다고는 말하기 어렵다. 「경어」라는 용어로 대자경어(공손어)를
지칭하고 있는 것이라면, 위의 기술은 틀린 게 아니다. 한국어에서는, 일
본어에서 때때로 보이는 것처럼 아이에 대하여 경어를 사용하여 말을
거는 것은 별로 없기 때문이다. 그러나, 위의 기술이 행해지고 있는 전
후관계로 보더라도, 또, 「소재에 대하여」 「소재가 어린아이이면」과 같
은 표현으로 보더라도, 소재경어에 대한 기술이라고 쉽게 상상할 수가
있다.

여기에서, 한국어의 실태를 알기 위하여 일본어를 예로 들어 보자. 일
본어에서는, 어린아이에 대해서는 경어를 사용하지 않는 것이 통례이긴
하지만, 그것이 경의를 표시해야 할 대자(예를 들면 선생님)의 아이일 경

우에는, 자신보다 연하라고 하더라도 다음 예의 a)와 같이 경어를 사용
하고, b)와 같은 비경어표현을 피한다.

  (6) a) <u>お子さん</u>は<u>いらっしゃいます</u>か。
      b) <u>子供</u>は<u>います</u>か。
  (7) a) <u>息子さん</u>、大きく<u>なられ</u>ましたねえ。
      b) <u>息子</u>、大きく<u>なり</u>ましたねえ。
  (8) a) <u>お嬢さん</u>も一緒に<u>いらっしゃい</u>ましたか。
      b) <u>娘</u>も一緒に<u>行き</u>ましたか。

  이와 같이 a)의 형태를 선택하는 것은, 확실히 상대경어법의 하나의
발현이다. 왜냐하면, 경어를 사용해야 하는가 어떤가가, 화자와 소재와
의 관계만으로는 결정되지 않고, 청자와 소재와의 관계가 관여하고 있기
때문이다.
  위의 (6)~(8)을 한국어로 직역하면 다음과 같이 된다.

  (9) a) <u>자제분</u>은 <u>계십</u>니까?
      b) <u>아이</u>는 <u>있습</u>니까?
  (10) a) <u>아드님</u>이 많이 <u>크시</u>-었군요.
       b) <u>아들</u>이 많이 <u>크</u>-었군요.
  (11) a) <u>따님</u>도 같이 <u>가시</u>-었습니까?
       b) <u>딸</u>도 같이 <u>가</u>-ᄊ습니까?

  확실히, 절대경어법을 위주로 하는 한국어에서는, 일본어와는 달리,
경어를 포함하지 않은 b)의 표현을 사용할 수가 있다. 그러나, 일본어의
경우와 평행하는 a)의 표현도 사용되는 것이다. 그리고, a)의 표현을 사
용하는 편이 경의는 강하다. 우메다(梅田)는 이것을 「소원(疎遠)한 소재
에 대한 경의표현에 준하는 것」이라고 하고 있지만, 한국인화자에게는

그와 같이 직관되지 않는다. 즉, 소재(아이, 아들, 딸) 자체에는 별다른 경의가 내포되어 있지 않다. 일본어의 경우와 마찬가지로, 청자에 대한 경의를 나타내고 있음에 지나지 않는 것이다. 또, a)인가 b)인가의 선택에 화자와 청자의 친소의 정도가 관련되어 있는 것은 우메다(梅田)가 지적한 대로이지만, 소재가 성인이 아니면 a)를 사용할 수가 없는 것은 아니다. 성인이 아니더라도, 때로는 유아이더라도 상대경어표현은 가능하고, 그렇게 하는 편이 품위가 높아진다.

이 문제에 관련하여, 한국어에 있어서의 어휘 레벨에서의 상대경어법 표현에 대해 언급해 두자. 예문(10), (11)의 「아드님(息子さん)」과 「따님(お嬢さん)」은 각각 「아들(息子)」과 「딸(娘)」에 경어성분 「님」을 붙인 것이고, 어구성상으로는 「아버님(お父様)」, 「어머님(お母様)」과 같다. 그러나, 기능적으로는 전혀 다른 성질을 갖고 있다. 즉, 후자는 자신의 부모를 나타내는 데도 타인의 부모를 나타내는 데도 사용되는데 비하여, 전자는 타인의 아이를 가리키는 경우에 밖에 사용되지 않는다. 바꾸어 말하면, 후자는 직접적인 호칭표현으로도 간접적인 지칭어로도 기능하는 데에 비하여, 전자는 오로지 소재의 인물에 대한 지칭어로써 밖에 기능하지 않는다.

이와 같이 한국어의 친족관계를 나타내는 경어에는, 손위인가 손아래인가를 불문하고, 타인의 친족에 관해서 밖에 사용할 수 없는 것이 얼마간 존재한다. 그 대표적인 것을 들어 보자.

(12) 타인의 부친 ; 춘부장[椿府丈], 존당[尊堂]
　　　타인의 모친 ; 자당[慈堂], 대부인[大夫人]
　　　타인의 형　 ; 백씨[伯氏], 중씨[仲氏]
　　　타인의 동생 ; 계씨[季氏], 제씨[弟氏]
　　　타인의 아들 ; 영식[令息], 아드님(息子さん ; 息子様)
　　　타인의 딸　 ; 영애[令愛], 따님(お嬢さん ; お嬢様)

     타인의 아내 ; 부인〔夫人〕, 사모님(奧樣), 영부인〔令夫人〕
     타인의 남편 ; 부군〔夫君〕

  이들 단어가 타인의 친족을 나타내는 경우에 밖에 사용되지 않는다고 하는 것은, 그 선택에 있어서 소재와 청자와의 관계를 고려할 필요가 있다는 것을 보여주고 있다. 바꿔 말하면, 이들 단어는 그 자체가 상대경어인 것이다.

  한국어에 있어서의 이와 같은 상대경어현상은, 타인의 친족을 높이는 때에만 나타나는 것이 아니라, 자신의 가족을 낮출 때에도 나타난다. 예를 들면, 「집사람(家內)·여식(〔女息〕;娘)·우형(愚兄)」 등은 일인칭자를 겸손할 때에 밖에 사용하지 않는 것으로, 단어 그 자체가 상대경어로 사용되는 것이다.

4. 일본어의 절대경어 용법

  『日本語敎育事典(일본어교육사전)』(1982:230)은, 「현대공통일본어로써 절대경어라고 하지 않으면 안되는 것은, 우선 없다」라고 하고 있는데, 한국어에 상대경어현상이 있는 것처럼 일본어에도 절대경어현상이 있다. 단순한 예만 보더라도, 「お宮」「お寺」 등은 신불(神仏)에 대한 외경(畏敬)에 근거하여 「宮」「寺」에 거의 절대적으로 「お」를 첨가하였고, 그것이 지금도 그와 같은 상태로 사용되고 있는 경우로써 일종의 절대경어라 할 수 있다. 하야시(林, 1974)에 의하면, 「お上(かみ)」라는 말은 단 한 사람의 「德川(とくがわ)將軍」이나 그에 의해 대표되는 막부(幕府)정부를 나타낸다고 하는데, 그런 의미에서 이 용어는 절대경어라 할 수 있다. 단, 하야시(林, 1974)의 지적과는 달리, 「お上(かみ)」는 「德川(とくがわ)將軍」이나 그 막부정부만을 나타낸 것이 아니라, 천황에 대해서도 「お上

(かみ)」라 칭해지기도 하였다. 이 경우에도 용법으로써는 절대경어이다.

그리고 현대에도, 한국어의 절대경어와 같은 용법이 일본의 특정지역에 남아있다는 보고도 있다. 예를 들면, 오이시(大石, 1983)는 오키나와(沖縄)・호쿠리쿠(北陸)지방의 예를, 가토(加藤, 1973)는 긴키(近畿)・가고시마(鹿児島)・오키나와(沖縄) 등 서일본(西日本)의 예를 들어 일본어의 절대경어적인 용법을 설명하고 있다. 전반적으로 동일본(東日本)보다는 서일본(西日本)에서 많이 발견되고 있다.

또한, 国立国語研究所(1981:306)의 조사에 의하면「타인에게 말을 할 때, 화자의 가족에게는 경어를 사용하지 않고, 또, 보다 높은 상위자(예를 들면 사장)에게 말할 때는, 보다 낮은 상위자(예를 들면 부장)에게는 경어를 사용하지 않는다고 하는 경어사용의 규칙도, 현실에서는 별로 행해지고 있지는 않다」고 지적하고 있는데, 이것은 곧 일본어의 상대경어법의 규범이 반드시 지켜지고 있지는 않다는 것, 즉 절대경어적인 표현도 상당히 행해지고 있다는 것을 증명하고 있는 것이라고 할 수 있다.

그러나, 이와 같은 절대경어화한 몇몇의 특정한 단어나 지역적 특성에 의한 표현, 또는 규범인가 오용인가의 논란에 관련되는 예를 굳이 거론하지 않아도, 현대일본어에서 고정적으로 사용되는 절대경어의 용법이 있다. 소위「황실경어(皇室敬語)」이다.

일본어의 경어는 전술한 바와 같이 상대경어법을 기본으로 하지만, 이 기본에서 벗어나는 용법이 황실경어이다. 이것은 표준적인 언어생활과는 거리가 있는 독특한 용법이기는 하지만, 일본어화자의 경어생활의 한 단면을 엿볼 수 있는 좋은 자료이기도 하다.

여기에서 사용하는 황실경어란「황실에서 사용되는 경어」를 말하는 것이 아니라, 신문, 라디오, 텔레비전 등의 매스미디어가 황실관계의 보도를 할 때에, 천황을 중심으로 한 황족을 소재로 하여 사용하는 경어를 가리킨다. 황실 안에서 사용하는 독특한 경어를 황실경어라고 하는 경우도 있으나, 이것은 절대·상대경어법에 직접적으로 관련되는 것이 아니다. 절대경어법에 관련되는 황실경어는 매스미디어 외에, 황실의 구성원 등이 황족에 관한 것을 타인에게 전할 경우에도 나타난다.

일반적으로, 매스미디어의 보도는 경어법에 관해서 중립적이다. 아무리 신분이나 사회적 지위가 높은 인물이라고 하더라도, 혹은 외국으로부터의 빈객(賓客)이라고 하더라도 존경어를 사용하여 보도하는 경우는 별로 없다. 「首相は次のように語りました」, 「サッチャ―首相が辞任しました」와 같이 모두 비존경어로 보도한다.

그 유일한 예외가 황실경어이다. 천황을 중심으로 한 황족에 관한 보도에 있어서는 언제나 존경어를 사용하는 것이 공식화되어 있다. 더구나 왕왕 과잉기미의 존경어를 사용하고 있는 것이다. 절대경어법은 「누구에게 말할 때에도」라고 하는 것이 특징이었다. 불특정다수의 독자·시청자에 대하여 행해지는 보도 안에서의 황실경어는, 실로 「누구에게 말할 때에도」 사용되는 경어이다. 한국어에서는, 자신의 부모라고 하는 것만으로, 혼잣말 속에서도 사용하지 않으면 안될 정도로 경어 사용이 고정되어 버리는 것은 앞에서 지적했다. 그런데, 황실경어도 비슷한 성격을 갖고 있다. 자신의 나라의 황족이라고 하는 것만으로 경어의 사용이 결정되어 버리는 것이다. 이와 같은 의미에 있어서 황실경어는 특수한 절대경어라고 할 수 있다.

이하에, 1990년과 1998년의 실례(實例)를 분석하여 일본어의 황실경어의 사용실태의 추이를 살펴보고자 한다.

1990년은 즉위식(即位の礼, 90.11.12), 대장제(大嘗祭, 90.11.22) 등 황실 관계의 행사가 많았던 해였다. 그 때의 NHK의 보도(뉴스프로그램, 실황 중계)에서 황실경어의 예를 얼마간 제시해 보자.

(13) a) 天皇皇后両陛下がオ―プンカ―に<u>お乗りになり</u>ました。

b) 天皇皇后両陛下、手を挙げて沿道に<u>お答えになっ</u>ています。

c) 陛下を<u>お乗せした</u> お車はロ―タリ―の中に入って行きます。

d) こうやって<u>お</u>二人揃いでですね。パレ―ド<u>されて</u>国民から祝福を<u>受けられる</u>のはまさに三十四年の四月十日<u>ご</u>成婚の時以来ですね。

e) 天皇陛下がまもなく席の方に<u>お見えになり</u>ます。

f) 大嘗祭は天皇陛下が即位<u>された</u>あと、今年収穫された新穀などを神に<u>お供えになる</u>と共に自らも<u>お召し上がりになって</u>五穀豊饒を感謝し、国家国民の安寧を祈<u>られる</u>儀式です。

g) 先ほど天皇陛下が悠紀殿での饗饌の儀を終<u>えられて</u>悠紀殿から退出<u>される</u>時の模様です。

h) 陛下は日韓両国の関係について、今夜行われる晩餐会の席で正式に申し上げたいと思いますと述<u>べられた</u>うえで、両国の過去の関係について<u>ご</u>自身の気持ちを述<u>べられた</u>ということです。

이 밖에도 「お着替えになる」 「お着替えをされる」 「宮殿に戻られる」 등에서 볼 수 있듯이, 경어가 빈번하게 사용되고 있는 것에 비하면 다양성은 별로 없다. 이것은, 다케우치·에치젠야(竹内·越前谷, 1987:2)가 신문보도에 있어서의 황실경어에 관하여 다음과 같이 관찰하고 있는 점과 부합한다.

현대의 신문문장에 나오는 황실경어는, 이와 같이, オ(ゴ)~ナル형과 レル·ラレル형의 존경표현, 그리고 어두에 オ(ゴ)~를 붙이는 존경어로 쓰이는 것이 「정형(定型)」이다. 전전(戦前)의 황실경어에 특유한 회삽(晦渋)한 한자어는 완전히 자취를 감추고, 모두 일상용어에 가까운 말로 대체되어 있다.

경어를 사용하지 않으면 안된다고 하는 고정관념의 탓인가, 다음과 같이 오용이라고 생각되는 예도 있었다.

    (14) 皇居を出発してから３０分近くで赤坂御所の玄関にまもなくお到
        着するところです。

즉위식에는 외국으로부터의 빈객(賓客)도 많았는데, 그들에 대해서는 중계 때의 「つい先程から外国からのお客様がつぎつぎに車寄にお着きになっています」와 같은 예외적인 표현을 제외하면, 보통은 통상의 보도방법대로, 경어는 사용하고 있지 않다. 단, 외국의 황족에 관해서는 일본의 황족과 동렬로 대우하고자 하는 의식의 발로인가, 다음과 같이 경어를 사용하여 보도하는 경우가 많다. 확실히, 황족과 한나라의 대표자를 달리 취급하고 있는 심리를 엿볼 수 있다.

    (15) チャールス皇太子は一般の見学者に混じって、展示物をご覧にな
        り、職員や市民とも気さくに握手されたり言葉を掛けたりされて
        いました。

그러나, 이것은 예외적인 것이고, 일반 초대객에 관해서는 오히려 다음과 같이 겸양어를 사용한 표현마저 들리는 것이다.

    (16) それは先に豊明殿に入って、お食事を目の前にしながら３０分以
        上天皇皇后両陛下をお待ちしている外国の方だったんですが・
        ・・・・。

이와 같은 표현에는 확실히 천황을 높이고자 하는 심리, 혹은 그렇게 하지 않을 수 없다는 심층심리가 작용한 것이라고 생각된다. 이것은 최근에 지적되고 있는 언어의 혼란(乱れ)이 아니다. 国立国語研究所(1981:

306)의 조사에 의하면, 존경표현과 겸양표현의 구별의식이 꽤 애매하게 되어, 존경표현(「才乗リニナリマスカ」)을 사용해야 하는 경우에 겸양표현(「才乗リイタシマスカ」)을 사용해도 괜찮다고 대답한 사람이 도쿄에서도 4할에 이른다고 한다. 그러나 (16)과 같은 경우는, 国立国語研究所가 지적하고 있는 사항과는 다른 차원의 문제이다.

다음의 예는, 1990년5월24일, 한국의 노태우대통령이 도일했을 때의 보도인데, 여기에서는 천황에 대해서는 경어, 대통령에 대해서는 보통어로 철저하게 구분사용되어 있다. 실로 황실경어가 절대경어인 이유이다.

(17)　ノ・テウ大統領は歓迎式典に出席した後、天皇陛下と会見し、夕方からは海部総理大臣と一回目の首脳会談を行いました。そして、ノ・テウ大統領はキム・オクスク夫人と共に、いまご覧いただいたように皇居での宮中晩餐会に臨んでおります。もっとも注目されますのは、この席で天皇陛下が日韓両国の過去の歴史について、どのようなお言葉を述べられるかという点です。

다음으로, 1998년 10월, 김대중대통령이 방일했을 때의 일본천황에 대한 NHK의 보도 내용을 보면서, 황실경어의 현주소를 살펴보도록 하자. 이하의 예는 1998년 10월 7일과 8일의 양일간, NHK의 뉴스보도 및 실황중계에서 추출한 것이다.

먼저, 천황에 관하여 단독으로 표현된 예이다.

(18) a) 今、天皇皇后両陛下が南車寄せにお出でになりました。
　　　b) 天皇皇后両陛下がお出迎えになります。
　　　c) 天皇陛下が大統領夫婦に皇太子御夫婦や三笠宮御夫婦、それに小渕総理大臣夫婦を紹介されました。
　　　d) これに対して天皇陛下は、「どうもありがとう。この問題は政

府間で話し合ってもらいたいと考えます」と<u>答えられ</u>たという
ことです。

　(18a)(18b)처럼, 천황이 소재의 인물일 때에는「お出でになる」「お出
迎えになる」등, 현대어에서 일반적으로 사용되는 존경어 중에서도 극
상칭이라고 할 수 있는 경어가 선택되고 있다. 명사에 있어서도「天皇
陛下の韓国<u>御訪問</u>」「天皇陛下の<u>お言葉</u>」등, 존경접두사「お・御(ご)」
가 쓰이고 있다.

　더욱 흥미로운 것은 (18c)(18d)에서 볼 수 있다. (18c)에서는 한 문장
안에서도,「皇太子」나「三笠宮」와 같은 황족에게는「御夫婦」와 같이
존경접두사「御」를 첨가하지만,「大統領」나「総理大臣」에게는 존경접
두사 없이 중립적인「夫婦」를 사용하고 있다. (18d)의「どうもありがと
う。・・・」는 대통령이 천황의 한국 방문을 초청한 데 대한 대답이다.
천황은 일반인이 하는 정중한 감사의 표현인「どうもありがとうござい
ます」의「ございます」를 붙이는 일이 일반적으로 없다. 일종의 신분제
에 의한 언어사용의 구별이 틀림없다.

　(18)에 비하여, 대통령이 단독으로 소재의 인물이 될 때에는 이하의
(19)처럼 소재경어가 나타나지 않는다. 실질적 국가수반인 총리대신에
대해서도 (20)과 같이 존경어가 일체 나타나지 않기 때문에 이것은 차
별에 의한 것이 아니라, 황족을 일반인과 격리시켜 두고 있다고 보는 편
이 타당할 것이다.

(19) a) 今、南車寄せに大統領夫婦が<u>到着</u>しました。

　　 b) キムデジュン大統領は小渕総理大臣と経済問題について意見
　　　　を<u>交わす</u>ことにしています。

　　 c) 共同会見の後、キム大統領は国会で<u>演説</u>しました。

224 일본어의 대우표현 연구

d) キムデジュン大統領は今日午後NHKとのインタビューに<u>応じ</u>ました。

(20) a) 今日午前、小渕総理大臣とキムデジュン大統領は首脳会談を<u>行い</u>ました。

b) 現在は小渕総理大臣が歓迎の挨拶を<u>行っている</u>ところです。

c) 小渕総理大臣はご訪問の実現に向けて両国が協力して環境を整えるように努めてゆきたいと<u>述べ</u>ました。

d) 小渕総理大臣は署名の時期を慎重に検討してゆく考えを<u>示し</u>ました。

황족과 대통령이 동시에 소재의 인물일 때에는 존경어가 나타나지만, 이것은 황족에 대한 배려이지 대통령에 대한 배려가 아님은 말할 것도 없다.

(21) a) 皇族方と大統領が挨拶を<u>交わされる</u>ことになっています。

b) そして、天皇皇后両陛下と大統領夫婦は石橋の間で晩餐会の出席者から挨拶を<u>受けられ</u>ました。

c) 両陛下と大統領夫婦がメインテーブルに<u>着席され</u>ます。

한 문장 안에 천황과 대통령이 각각 다른 주어나 수식어로 나타날 때에는 존경어의 쓰임새가 극명하게 대조를 이루게 된다.

(22) a) <u>天皇陛下は</u>「・・・成功させたいと思います」と<u>述べられる</u>と、<u>大統領は</u>「・・・成功させるようにしたい」と答えました。

b) まもなく<u>天皇陛下</u>のお言葉です。・・・キムデジュン<u>大統領の</u>答礼の<u>スピーチ</u>です。

c) <u>天皇陛下</u>のお言葉、そしてキムデジュン<u>大統領のスピーチ</u>でした。

d) キムデジュン<u>大統領が招請し</u>ました<u>天皇陛下のご訪問</u>はですね。

여기에서 보는 것처럼 용언의 경우, 「述べられる」와 「答える」로써 확연히 구분해서 사용하고 있고, 체언의 경우에도 「お言葉」와 「スピーチ」가 대조를 이루고 있다. 천황에 대해서는 「お言葉」인데 대통령에 대해서는 직접적으로 「言葉」라고는 하기 곤란하기 때문에 고육지책으로 「スピーチ」라는 말로 대신하고 있는 것이다. 말에 신경쓰는 흔적이 역력하다. 수상(首相)의 경우도 「お言葉」가 아니고 「小渕総理大臣とキムデジュン大統領のスピーチが行われ, その後に食事が始められることになっています」처럼 「スピーチ」이다.

물론 좌담회에서 출연자들끼리 이야기할 때는, 「(キム大統領が)幅広く演説されておりましたけれども, 一点は日本の大衆文化の韓国進出の解放を段階的に進めてゆきたいという考えを示したことです」에서 보는 바와 같이, 존경어가 사용되는 경우가 있기는 하다. 좌담회의 분위기도, 궁중만찬회가 있었던 7일에는 아무래도 천황이 소재의 인물로 등장하는 장면이 많기 때문에 출연자의 이야기가 신경이 곤두서 있지만, 수뇌회담과 대통령의 국회연설이 있었던 8일의 경우에는 출연자의 표현이 훨씬 편해지는 분위기를 전체를 통해서 역력히 느낄 수가 있다.

1998년의 사용예인 이상의 경우는, 1990년의 경우와 큰 차이는 없다. 즉, 황실경어가 상대경어법인 일본어의 유일한 예외적 공통어로써의 절대경어법이며, 그것이 과거와 같은 극상칭은 많이 쓰이지 않을지언정, 「れる・られる」 및 「お・ごーになる」를 중심으로 한 존경성분이 빈번하게 사용되고 있다는 점이다. 이와 같은 현상은 앞으로도 크게 바뀌지는 않을 것이다. 남은 문제는 이것을 어떻게 받아들일 것인가 하는 점이다. 한가지 유념할 것은 미나미(南, 1977:122)가 지적하고 있는 바와 같이, 어떤 의미에서는 매스컴용어의 황실에 대한 「역차별」이라고 할 수도 있다는 것이다. 또한, 존경표현을 다용한다고 해서 「존경」의 의미로 해석하기보다는 황실이 터부시되어 있는 존재라는 사실을 더불어 이해해야 할 것이다.

5. 맺음말

일본어와 한국어의 중요한 부분이며 일본인과 한국인의 언어생활을 크게 좌우하는 경어를, 특히 절대경어법과 상대경어법의 관점에서 비교 검토하였다.

일반적으로 한국어는 절대경어이고, 일본어는 상대경어라고 하는 견해는 그 나름대로의 의의가 있다. 그러나, 항상 그것 만이 겉에 나와 있어서, 그 반대의 언어현상에 관해서는 충분한 관심이 기울여져 오지 않았다. 그러나, 일본어는 상대경어법, 한국어는 절대경어법이라고 하는 단순한 논리로 정리하는 데에는 문제가 있다. 일본어에도 절대경어 용법이 있고, 한국어의 상대경어적 현상은 결코 이례적인 것이 아니라는 것을 확실히 알 수 있기 때문이다.

한국어의 어휘에 의한 상대경어 용법은 전통적으로 존재하고 있고, 특히 주어와 술어의 통어적 관계도 고려해서 사용하는 친족경어는 상대경어법이 규범이었다.

경어는 절대경어에서 상대경어로 발달해 간다고 한다. 그렇다고 해서 한국어의 절대경어가 갑자기 상대경어로 변화해 가리라고는 생각하기 어렵지만, 최근의 현상으로 절대경어와 상대경어 용법에 있어서의「변화(ゆれ)」의 경향이 적지 않게 보이고, 전통적인 규범에 의한 경어용법에 어떤 저항감을 느끼기 시작하고 있는 것이 현상(現狀)이 아닌가 판단된다.

일본어에 대해서는, 상대경어법을 기본으로 하는 일본어의 경어용법에 있어서 독특하게 사용되는 절대경어 용법의 실태를 분석하였다. 황실

경어에 나타나는 절대경어 용법은 경어 본래의 의미로 사용하는 경우도
있겠지만, 해석하기에 따라서는 황족을 일반인과 격리시켜두고 있다는
점과, 또 한편으로는 일반인으로부터의 역차별이라는 해석도 가능하다
고 할 수 있을 것이다. 황실경어는 경의보다는 터부의 관점에서 보는게
타당할 수도 있다는 것이다.

　본장에서는 황실경어만을 취급하였는데, 그와 같은 특수한 경우에 한
하지 않고, 역시 여러 가지 「변화」의 현상이 있다. 화자보다 상위자에게
는 제대로 상대경어를 사용하더라도, 하위자에 대해서는 상대적인 개념
에 입각한 언어행동을 하지 않는 경향이 있다. 특히 호칭표현을 중심으
로 젊은 세대에 있어서는 그와 같은 경향이 현저하다. 상하관계보다도
친소관계에 의한 언어사용의 구분현상이다. 일본에서도 한국에서도 절
대경어 및 상대경어의 운용에 관한 절대적인 가치관이 엷어져 오고 있
는 것이다.

　한국의 절대경어 안에서의 상대경어현상 및 일본의 상대경어 안에서
의 절대경어현상은, 한일양언어의 경어에 있어서 각각의 특징적인 역할
을 수행하면서 발전을 계속해 갈 것이다. 그 중에서 부분적이긴 하지만,
양언어의 경어운용의 접근현상이 한층 예상되는 것이다.

▌주

1) 본장은, 「絶対敬語と相対敬語：日韓敬語法の比較」라는 제목의 필자의 공표
　논문(『世界の日本語教育』 第3号, 国際交流基金日本語国際センター, 1993)
　을 기본으로, 1998년도의 일본어의 절대경어현상을 첨가하여 수정·가필한 것
　이다. 본서에서 지금까지 논한 것과 약간 중복되는 부분이 있다.
2) 미나미(南)는, 한국어의 경어에 대해 논할 때는 많은 경우 우메다(梅田)를 참
　고로 하고 있다.

대자경어와 대자대우표현

제9장
대자경어와 대자대우표현

대우표현은, 어떤 인물·사물 등을 플러스나 마이너스, 혹은 동등하게 대우하기 위한 표현방법이다. 대우하는 대상은 소재의 경우도 있고, 대자인 경우도 있다. 따라서, 대우표현에는 소재대우표현과 대자대우표현이 있다.

소재대우 및 대자대우 어느쪽이나 플러스·마이너스·제로의 대우방법이 존재한다. 소재대우표현이, 소재경어·소재보통어·소재비속어로 되어 있는 것과 마찬가지로, 대자대우표현도 대자를 플러스로 대우하는 대자경어, 제로 또는 동등하게 대우하는 대자보통어, 마이너스로 대우하는 대자비속어로 구성된다.

본장에서는, 대자경어를 중심으로 한 대자대우표현에 대해 고찰하는데, 대자대우표현이라는 개념은 일반적으로 사용되고 있지 않는 것 같다. 경어를 존경어·겸양어·공손어로 분류하는 전통적인 삼분법에 있어서도, 소재경어·대자경어로 이분하는 경우에 있어서도 마찬가지이다.

필자가 대자대우표현의 개념을 도입하는 것은, 대우표현에는 플러스 대우 뿐만이 아니라, 제로와 마이너스의 대우가 존재하기 때문이다. 즉, 「です·ます」로 대표되는 공손어 또는 대자경어만으로는 청자에 대한 대우의 전면적인 양상을 설명할 수가 없다. 또, 대자경어는 문체적 성질이 강한데, 공손도에 의한 스피치레벨에 있어서도 「です·ます체」「ご

ざいます体」뿐만 아니라, 보통체의 존재를 고려에 넣은 용어를 설정하지 않으면 안된다. 소재경어에 있어서도 보통어·비속어와의 상대적인 관계로 인해 경어가 성립되어 있는데, 그 상대적인 관계의 중요성은 대자경어 쪽에 보다 강하게 나타난다. 청자를 「です·ます体」로 대우할 것인지 또는 「だ体」로 대우할 것인가로, 화자의 청자에 대한 평가적 태도가 여실히 나타나기 때문이다. 한국어의 대자경어에 있어서도 마찬가지로, 보통어와의 대립을 고려하지 않으면 안된다.

이하에 있어서, 먼저, 대자대우표현의 각 표현형태를 정리한다. 그 후, 단어와 화체와의 관계를 논하고 양언어의 화체를 분류한다. 또한, 공손어에 한정하지 않고 일반언어생활에 있어서의 각종 공손한 표현을 비교하고, 화자의 공손한 의식을 관찰한다.

1. 대자대우표현의 형태와 기능

1) 대자경어

대자경어란, 청자를 플러스 대우하기 위한 경어이다. 대자경어에는 겸양어에서 파생한 대자성겸양어와 정중어도 포함이 되는데, 이에 대해서는 제7장에서 자세하게 논했기 때문에 여기에서는 생략하기로 한다. 여기에서는 공손어와 특별공손어에 대해 논한다.

먼저, 공손어를 살펴보도록 하자. 대자경어는, 일반적으로 공손어라고 불리는 「です(입니다)·ます(습니다)」가 주체를 이룬다. 이 「です(입니다)·ます(습니다)」는 공손표현을 위한 가장 범용적인 어형이다.

「田中先生は今講義中です。(다나카선생님은 지금 강의중입니다)」「田中先生が今話しています。(다나카선생님이 지금 이야기하고 있습니다)」와 같은 경우, 「です·ます」에 의해 대우되고 있는 것은, 말할 것도 없이, 문중에 나타나 있지 않은 대자 즉 청자이다. 또한, 소재의 인물과 청자가 동일인물인 경우에는, 「先生は明日も学校へいらっしゃいますか。(선생님은 내일도 학교에 오십니까?)」와 같이, 소재의 인물에 대한 대우와 대자대우가 일치한다.

공손어는 일반적으로, 오로지 청자에 대한 직접적인 경의의 표시방법이라고 정의된다. 미야지(宮地, 1976:108)는, 공손어를 「화자가, 오로지 청자에의 경의적 배려를 나타내는 경어」라고 정의하고 있다. 이 점은 한국어에서도 다르지 않다. 일본어의 「です・ます」에 해당하는 「입니다・습니다」도, 바로 청자에 대한 공손함을 나타내는 것으로, 가장 일반적인 대인관계유지의 기능을 하는 것이다.

그렇기는 하지만, 공손어에는 특별히 경의가 의식되지 않는 경우가 많다고도 볼 수 있다. 国立国語研究所(1990:12)는, 「일본인에 있어서, デス나 マス의 형태는 무난한 사교문체로써 언어생활에 깊이 뿌리를 내리고 일반화되어 있기 때문에, 그들의 사용에 특별한 경어의식을 느끼지 않게 되어 있다고 할 수 있다」라고 지적하고 있다. 이런 의미에 있어서, 경어를 대신하는 「예어(礼語)」혹은 「사교경어(社交敬語)」와 같은 용어의 제안에 귀를 귀울일 여지도 있다. 그리고, 공손어란 오로지 청자에 대한 배려를 나타내는 말로, 화자가 청자와의 사회생활에 있어서의 원만한 관계를 유지하기 위하여, 청자를 공손하게 대우하는 언어형식이다, 라고 정의를 고쳐둘 필요도 있다.

위에서도 기술한 대로, 「です」와 「입니다」, 「ます」와 「습니다」는 각각 대응관계에 있다. 그러나, 그들은 첨가되는 단어의 종류에 의해 차이가 관찰된다. 「です」는 체언 뿐만 아니라 형용사・형용동사에도 첨가되는데, 「입니다」는 체언류에 밖에는 첨가되지 않는다. 또, 「ます」는 동사류에만 첨가되는데, 「습니다」는 동사・형용사 등 용언일반에 첨가된다. 「です」의 생략형이라고 생각되는 「っす」는, 「俺が責任をとるっす」와

같이 동사에 첨가되는 경우가 있는데, 이것은 표준적인 표현은 아니다.

문중에 있어서의 공손어의 위치에 관해서도, 한일양언어 사이에 차이가 인정된다. 공손어는 원칙적으로 문말에 위치하는데, 이것을 엄밀히 지키고 있는 것은 한국어이다. 일본어에서는, 「先日申し上げた件(지난번에 말씀드린 건)」과 더불어 「先日申し上げました件(*지난번에 말씀드렸습니다 건)」과 같이, 「ます」를 연체수식어로써도 사용할 수가 있다. 이와 같은 경우, 한국어에서는 후자의 번역과 같은 표현은 사용할 수가 없다.

공손어는 존경어 및 겸양어에 비하면, 그 성립의 역사가 매우 얕다는 것은 지적되고 있는 대로이다. 경어의 성립과정에 있어서, 오랜 기간에 걸쳐 존경어와 겸양어만이 경어의 영역을 차지하고 있었던 것이다. 공손어는 소재경어보다 늦게 나타났지만, 확연한 상하관계를 가진 신분사회에서 일변하여 평등사회가 되자, 그 사회를 살아가는 사람들의 언어생활에 어울리는 경의표현이 요구되게 되고, 그를 위하여 복잡한 공손어의 체계가 생겨났다고 생각된다. 고대경어에 공손어가 발생하지 않고, 존경어와 겸양어만이 발생한 것에 대해 니시다(西田, 1987:173-176)는, 「이것은 고대경어가 신・천황을 대상으로 하는 소위 절대적인 상하관계에 있어서 발달했기 때문이다」라고 지적하고, 「헤이안(平安)시대가 되어 겸양어인 『侍り』가 공손어화해 간 프로세스를 고려하면, 화자의 공손한 기분을 표현하는 언어형식은 고대경어에는 아직 없었다고 해도 될 것이다」라고 논하고 있다. 형용사에 「です」를 붙여서 청자대우를 나타내게 된 것이, 비교적 근년이 되고서인 것도 이것을 증명해 준다. 일반적으로 일본어화자가 경어라고 하면 먼저 존경어와 겸양어를 연상하고, 공손어는 경어와는 다른 것으로 받아들이고 있는 경향이 있는데, 그 이유에도 이와 같은 역사적인 배경이 숨어있다고 할 수 있다.

다음으로 특별공손어에 대해 살펴보자. 청자를 특히 공손하게 대우하고자 할 경우에는, 「今日はとても暑うございます。(오늘은 굉장히 덥사옵니다)」와 같이, 특별공손어인 「ございます」를 사용한다.

　이와 같은 특별히 공손한 대자대우표현은 한국어에서는 일반적이지 않다. 「사옵」에 「습니다」를 연결한 해석문과 같은 표현도 불가능하지는 않지만, 이 「사옵」은 겸양성분이다. 단, 실질적으로는 대자경어의 성질을 가진 대자성겸양어인 것은 앞에서 지적한 대로이다. 어쨌든, 사용범위는 매우 한정된다.

　「ございます」는 「ござる」에 「ます」가 붙어서 생긴 말인데, 현재는 항상 일체화되어 사용된다. 「ござる」는, 원래, 존경어・공손어로 사용된 존재를 나타내는 「御座ある」의 생략형이다. 이것은, 후술하는 바와 같이, 「でございます」가 「です」가 아니라 「であります」로부터 발달해 왔다는 것을 증명하는 것이기도 하다.

　「ございます」는, 본동사와 보조동사의 양쪽의 기능을 갖는데, 보조동사로써의 용법이 많다. 본동사로 사용하는 경우에는, 존재를 나타내는 보통의 공손표현 「あります」를 더욱 공손하게 하는 표현이 된다. 이와 같은 표현은, 예를 들면 「右側に名古屋城がございます」와 같이, 특히 상업경어로써 많이 사용된다.

　보조동사로써의 「でございます」는, 보통, 「です」를 보다 공손하게 한 표현형태로 인식되어 있다. 그러나, 근원을 찾아가면, 예를 들면 「この本でございます」는, 「この本です」라기보다도 「この本であります」를 보다 공손하게 한 표현이라고 봐야 한다. 즉, 「でございます」는 「であります」에서 발달한 것이라고 추찰되는 것이다. 이것은, 「てございます」에 대해서도 마찬가지로 해당된다. 예를 들면 「そちらに置いてございます」가 「そちらに置いてあります」를 보다 공손하게 한 표현이라는 것은 이해하기 쉬울 것이다.

　「ございます」가 「あります」에 대응하는 특별공손어라는 것은 음편형에 잘 나타나 있다. 「ございます」가 형용사에 첨가될 때, 형용사의 형태가 변형한다. 즉, 어간이 [a]로 끝나는 경우에는 [oo]로, [i]로 끝나는 경우에는 [yuu]로, [u]로 끝나는 경우에는 [uu]로, [o]로 끝나는 경우에는 [oo]로 변형한다. 이와 같은 변형은, 다음과 같이, 「あります」에 접속되는 형용사의 연용형 「~く」가 「ございます」에 접속될 때의 환경에 영향을 받은 것이라고 상정할 수가 있다.[1]

    (1) a) 深い ＞ 深くあります ＞ 深うございます
       b) 美味しい ＞ 美味しくあります ＞ 美味しゅうございます
       c) 軽い ＞ 軽くあります ＞ 軽うございます
       d) 賢い ＞ 賢くあります ＞ 賢うございます

    그러나 현재, 「ございます」는 「です」의 특별공손형으로써의 의식이 강하다. 형용사・형용동사에 그것이 첨가될 경우에는, 특히 그 경향이 강하다. 예를 들면, 「うちの品は安うございます」는 「~安いです」의 특별공손형으로, 또 「実にお静かでございますね」는 「~静かでありますね」보다는 「~静かですね」의 특별공손형으로 의식되어 있다.

    그런데, 청자에 대한 경의표현인 「ございます」는 존경어와는 공기(共起)하기 어려운 경우가 있다. 예를 들면, 「お嬢様は本当にお綺麗でございますね」와 「お嬢様は本当にお綺麗でいらっしゃいますね」를 비교하였을 경우, 전자보다 후자 쪽이 보다 자연스런 느낌이 들 것이다. 전자에 다소의 저항을 느끼는 것은, 「お綺麗だ」의 「お」가 존경접사로써의 기능을 하고 있는 것에 있다고 판단된다. 이에 비하여, 「お静かだ」의 「お」는 미화어 또는 공손어로써의 기능을 하고 있기 때문에, 마찬가지로 청자에 대한 경어인 「ございます」와 호응하여, 「お静かでございますね」가 자연스럽게 들린다. 이것은, 「お元気でございますか」와 「お元気でいらっしゃいますか」를 비교해 보면 한층 잘 이해가 될 것이다.

    오이시(大石, 1983:166)는, 「マス・デス・デゴザイマス」를 「정중어B」로

분류하고, 「화자가 격식을 차리고, 청자를 높이는 표현을 위해 사용되는
경어」라고 정의하고 있다. 이 오이시(大石)의 정중어의 의미는 일반적으
로 말하는 공손어를 가리키고 있다고 볼 수 있다. 그 이전에 오이시(大
石, 1975)에서는, 보통, 공손어로 불리는 것을 「정중어」와 「미화어」로 나
누고 있으며, 필자의 정중어와는 다른 의미로 사용하고 있다.

특별공손어와 유사한 기능을 가진 용어로는 필자가 제7장에서 제시한
정중어가 있다. 예를 들어 「春になってまいりました」와 같이, 정중어는
항상 「ます」를 동반하여 사용되는 것이 일반적이기 때문에 청자에 대한
특별한 배려에 의해서 사용된다고 할 수가 있는 것이다. 특별공손어나
정중어는 원칙적으로 문말에 나타나는데, 일본어에서는 그들이 「これは
非常に意味のあることでございまして, これからもさらに檢討してまいり
たいと存じます」 「そのようにいたしましたので, ご承知置き下さい」처
럼 문중에서 「ます」를 동반하여 중지법이나 연체수식형 등으로 사용되
는 경우도 적지는 않다.

2) 보통어와 비속어에 의한 표현

대자보통어는, 제로대우의 표현이라고 할 수 있는 것으로, 원칙적으로
청자를 화자와 동등 또는 그 이하로 취급하는 경우에 사용된다. 그러나,
이와 같은 원칙은 한국어에는 해당하는데, 일본어에는 해당하지 않는 경
우가 있다. 일본어에서는 「お父さん, 今日は学校休む」와 같이, 상위의
청자에게도 친밀감을 가지고 보통어를 사용할 수가 있기 때문이다.

보통어에 의한 대자대우표현은 형태적인 면에서 크게 두가지로 나눌
수 있다. 하나는, 「この林檎は田舎から送ってきたものだ。(이 사과는 시
골에서 보내온 것이다)」와 같이, 체언류에 경어성이 제로인 조사・조동사
등의 부속어가 첨가된 것이고, 또하나는, 「彼女はとてもきれいだ。(그 여

자는 굉장히 <u>예쁘다</u>)」와 같이, 자립어로 사용되는 단어를 보통어 그대로 의 형태로 마치는 것이다.

일본어의 경우, 논술형이 아니라 대화체로 대자보통어가 사용되는 경우에는 「よ」나 「ね」 등의 종조사가 첨가될 가능성이 높다. 그렇게 하면 훨씬 부드러운 표현이 된다. 그런 뜻에서 종조사는 공손한 표현을 하기 위한 역할을 담당하고 있다고 할 수 있다. 한국어의 경우도 종조사나 어미변화에 의해 친밀한 관계에 있는 손윗사람에게도 사용할 수 있는 표현이 된다는 점에서 유사한 기능을 엿볼 수 있다.

대자비속어는 의식적으로 청자를 헐뜯거나 매도하거나 하기 위한 것이다. 이에 비하여, 소재인 인물을 의식적으로 헐뜯거나 매도하기 위한 용어는 소재비속어가 된다. 「何を<u>ぬかし</u>てるんだ。(뭘 <u>지껄</u>이고 있는 거야?)」는 전자의 예이고, 「彼奴がそう<u>ぬかし</u>たんだ。(그 녀석이 그렇게 <u>지껄이</u>-었어)」는 후자의 예이다.

일본어에는 욕설 등의 비속어가 별로 발달되어 있지 않다고 알려져 있다. 확실히, 한국어와 비교해 보면, 일본어에는 욕설이 별로 발달되어 있지 않다. 특히 용언의 비속어는, 「ぬかす(지껄이다)・くたばる(되지다)・食らう(처먹다)・ほざく(씨부렁거리다)・うせる(꺼지다)」와 같은 동사와 「やがる・くさる」와 같은 비속접미사 이외에는 별로 사용되지 않는 것 같다.

그러나, 체언의 비속어는 용언만큼 적지는 않다. 호시노(星野, 1989: 110)가, 초등학생・중학생 사이에서 많이 사용되고 있는 「욕설」로 든 다음과 같은 단어는 비속어로 간주할 수 있을 것이다.

(2) バカ・バカヤロ―・バ―ロ―・とんま・まぬけ・タコ・ザコ・どあ ほ・どすけべ・ぜっこ―もん・ふけつ・超最悪・グズ・ドジ・ブ タヤロ―

이들 중에서, 단어의 뜻 그 자체가 비속어라고 할 수 있는 것은 「ば
か・とんま・まぬけ・どじ・阿呆(あほう)」 정도일 것이다. 이들은 「바보
・얼간이・멍청이・천치」 등에 해당하는 말이다. 그 외는 보통의 말에
원용되어 욕설로 사용되고 있는 것이다. 또, 「やつ・ちくしょう・つら・
きさま・たわけ・こいつ」 등도 비속어로 기능하는 것이다. 이들 비속어
는 지역적 특성을 나타내는 경우도 있다. 예를 들면, 「ばか」는 관동지방
에서, 「阿呆(あほう)」는 관서지방에서, 「たわけ」는 중부지방에서 비교적
다용되고 있다.

비속어는 일반적으로 마이너스의 이메지로 취급되는데, 호시노(星野,
1989:113)는 플러스의 가치도 있다는 것을 주장하고, 다음과 같이 기술하
고 있다. 「경비어(軽卑語)・매도어(罵語) (어휘에 한하지 않고, 음성, 수사,
문체 등을 포함한 표현)에는, 청자에 대한 친애나 고무하고 싶은 기분, 신
뢰감에 입각한 독설의 응수라고 하는 『플러스의 가치』로 바뀌는 경우가
적지 않다」.

비속의 정도는 단어에 의해 여러 가지로 다를 수 있는데, 접사에 의해
그 정도를 높일 수가 있다. 예를 들면, 「ど阿呆」 등에 있어서의 「ど」는
비속의 정도를 높이기 위한 비속접두사로 기능하는 것이고, 「馬鹿た
れ」 등에 있어서의 「たれ」는 비속접미사로 사용되는 것이다. 이들도 사
용하기에 따라서는, 친애의 기분을 나타내는 기능으로도 매도하는 기능
으로도 작용한다. 단, 「女のくせに・男のくせに」에 있어서의 「-くせ
に」, 혹은 「-め・-やがる・-くさる」와 같이, 대우되는 자를 비난하
는 경우에만 사용되고, 친애의 기분을 나타내는 기능을 갖지 않는 것도
있다.

한국어의 경우는 일일이 매거할 수 없을 만큼 다양한 비속어가 발달
되어 있는데, 한국어의 비속어에도 친애와 매도의 두가지 기능이 있다.
특히 방언에는 비속어가 많고, 그에 의해 친밀도를 서로 확인하는 경우

가 많다. 그러나, 친애인지 매도인지의 해석은 화자 뿐만이 아니라, 청자에 의해 크게 바뀔 가능성이 있다. 비속어를 친근감의 표시로 사용하는지 매도할 셈으로 말할지는 화자의 의식의 영역에 속한 문제이지만, 그것을 그 어느쪽으로 받아들일지는 청자의 판단 여하에 의하기 때문이다.

2. 화체로 본 대자대우표현

양언어 공히 대자대우표현이 체계적으로 발달되어 있는데, 그것은 공손도에 의해 몇단계의 스타일로 나누어진다. 그 각각의 스타일이 화체(話體), 또는 스피치레벨이다. 문체(文體)가 문장체를 기준으로 한 용어라고 한다면, 화체는 대화체에 기준을 둔 용어라고 할 수 있다. 화체·문체와 같은 개념으로, 한국어에서는 화계(話階)라고도 불리고 있다. 본서에서는, 특별히 구애를 받지 않는 경우에는 「화체」라고 칭한다.

한국어의 경어법 또는 대우법을 취급할 때에, 가장 중요시되는 것이 「청자대우법(聽者待遇法)」이라고 불리는 대자대우표현이다. 한국어에서 대자대우표현이 중요시되는 것은, 역시 상하관계에 따라 청자를 대우하는 것이 가장 중요하다고 인식되어 있기 때문일 것이다. 그 화체의 종류에 관해서, 혹은 공손도의 순위부여에 관하여, 일본어에서는 일반적으로 2단계나 3단계로 나누어져 있는데 비하여, 한국어에서는 6단계로 분류되는 것이 보통이다. 그러나, 그 분류의 방법에는 크게 문제를 내포하고 있는 것도 있다. 대자대우표현은, 청자를 직접 대우하는 화체가 지극히 중요한 기능을 수행하기 때문에, 이하 그것을 새로이 분류하고, 각각의 기능을 비교하기로 한다.

1) 일본어의 화체

일반적으로, 일본어의 화체는 보통체와 공손체로 2분된다. 먼저, 이 두 화체부터 보도록 하자.

보통체는 보통어의 형태로 문을 마치는 표현형식을 가리키고, 「である체」와 「だ체」로 나뉜다.

한편, 공손체란 공손어에 의한 화체를 이름이다. 보통, 「です·ます」에 의한 화체를 공손체라고 총칭할 수가 있는데, 이 공손체는 「ございます체」라는 특별공손체와 「であります체」「です·ます체」에 의한 일반공손체로 다시 하위분류할 수가 있다.

화체에 있어서 가장 중시되는 것이, 「です·ます」를 중심으로 한 공손체이다. 그것은, 양언어 어느쪽에 있어서나 초등학교 1학년의 교과서가 「です·ます」에 해당하는 문형부터 도입되는 것으로부터도 알 수 있다. 학교교육의 제일보에서 「デス·マス체」의 경어요소를 교육한다는 것은, 대인관계에 있어서 대자경어가 얼마나 중요한가를 말해주는 것이다. 그것은 외국어교육에 있어서도 활용되고 있다. 입문 또는 초급레벨의 텍스트는 거의가 「デス·マス체」이다. 때로는 자연언어를 습득시키고자 하는 의도하에서 처음부터 「ダ체」의 문장을 도입하거나, 종조사를 너무 많이 도입하는 교수법이 고안되기도 하는데, 모어교육에 있어서나 외국어교육에 있어서나 그것은 바람직한 방법이라고는 하기 어렵다. 일본어와 한국어에 관해서는 특히 그러하다.

그런데, 일본어에는 「です·ます체」도 「だ체」도 아닌 「て체」라고 해야할 화체가 존재한다. 다음의 (3)은 그 예이다.

    (3) a) これちょっと見て。
       b) 昨日のこと、もう一回話して。

이와 같이 「-て」로 문을 마치는 표현형식은, 그 후에 이어지는 문의 일부가 생략된 형태를 취하고 있다. 그래서 「て체」는, 문을 마지막까지 끝내지 않는 애매한 형식인 것처럼 보이지만, 이것은 일종의 명확한 대우형식이다. 「て체」는 명령적, 혹은 의뢰적인 형식으로 청자에게 말을 걸 때에 빈번하게 사용된다. 또한, 「-て」의 다음에 종조사를 첨가하면 어조가 부드러워지는데, 이것은 다른 화체의 경우도 마찬가지이다.

「て체」는 종래에 독립된 화체로는 인정되어 있지 않다. 명령적 혹은 의뢰적인 형태로 사용되는 것이 일반적이라고 하는 기능의 제한이 있기 때문에 화체로 인정하기가 곤란한 점도 있다. 그러나 필자는, 이것을 「친밀체(親密体)」라 명명하고, 독립된 화체로 세우고자 한다. 친밀체는 주로 친애표현을 위해 사용되는 화체이다. 즉, 화자가 상하관계를 특별히 의식하지 않고, 청자를 친소의 「친(親)」의 관계에 있는 사람으로 대우하는 청자대우의 표현형식이다.

「て체」 이외의 형태도 친밀체로 위치를 부여할 수가 있다. 예를 들면, 「先生にこれを差し上げて」라는 의뢰에 대하여 「先生にですか?」와 같이 대답을 하면 그것은 공손체인데, 「先生に?」와 같이 대답하면 그것은 친밀체라고 할 수 있다. 또한, 「坊や、こっちへいらっしゃい」 등은 친애표현이라고도 미화표현이라고도 해석할 수 있는데, 화체로써는 이것도 친밀체라고 할 수 있다.

이상과 같이, 일본어의 화체는 공손체·친밀체·보통체로 3분된다. 여기에 「やがる체」라고 할 수 있을 만한 「비속체」를 고려할 수도 있겠지만, 이것은 형태적으로 보통체와 같기 때문에, 군이 비속체라는 화체를 설정할 필요는 없다. 예를 들면, 「食らえ」라고 할 경우, 사용되어 있는 단어 자체는 비속어이지만, 화체로써는 「食べろ」와 같은 보통체이다.

이상에서 제시한 일본어의 화체를 정리하면 <表2>와 같다. <表2>에 제시한 일본어의 화체 및 다음의 <表3>에 제시한 한국어의 화체는 각각 문장체에 있어서의 문체의 체계가 된다.

<表2> 일본어의 화체

① 공손체(丁寧体)	특별공손체	ゴザイマス체
	일반공손체	デアリマス체
		デス・マス체
② 친밀체(親密体)	テ체	
③ 보통체(普通体)	デアル체	
	ダ체	
(비속체(卑罵体))	ヤガル체	

2) 한국어의 화체

대자대우표현의 화체는 한국어 쪽이 일본어보다 발달되어 있다. 이것은, 한국어에 있어서의 화체의 종류를 분류하여 제시한 <表3>을 보면 확실하다.

<表3> 한국어의 화체

(극상칭)	(하나이다체)	
① 상 칭	합니다체	경체(경 칭)
② 약식상칭	해요체	
③ 중 칭	하오체	
④ 등 칭	하네체	상체(보통칭)
⑤ 친 밀 칭	해체	
⑥ 하 칭	한다체	
(비속칭)		

한국어의 경우에는, 화체를 「～칭」이라고 부르는 것이 일반적이다. 이렇게 부르는 것에 저항감이 없지도 않지만, 일본어의 화체와 구별하는 데도 유용하기 때문에 이 명칭을 사용하기로 한다. ①~⑥의 화체 중에서, 「약식상칭·친밀칭」은 필자 독자적인 용어이다. 「～체」라는 명칭은, 일본어의 「です·ます체」와 같이, 한국어의 문말에 나타나는 대표적인 형태에서 이름붙여진 것이다. 이하, 각 화체에 대해 일본어와 대조하면서 간단한 해설을 부여하도록 한다.

극상칭은, 상칭의 한 변종이라고 생각하면 된다. 문장어적인 성격이 강하고, 특수한 경우에 밖에 사용되지 않는다. 이 극상칭은 청자가 면전에 있을 때에는 사용하기 어려운 표현이다. 이런 의미에 있어서, 이것은 대자경어로써의 일반성이 결여된 화체라고 할 수 있다.

①의 상칭은, 일반언어생활에 있어서 가장 공손도가 높은 표현형식이다. 일본어의 「です·ます」 또는 「でございます」에 상당한다고 할 수 있다. 상칭은, 성인 사이에서 초대면인 사람, 경의를 표해야 되는 인물 등에 사용하는 격식차린 말투이다.

②의 약식상칭은 간략화한 상칭이라는 의미이며, 상칭보다 부드러운, 격식차리지 않은 화체이다. 약식상칭을 일본어로 하면, 역시 「です·ます」가 된다. 굳이 구분하자면, 상칭은 「ございます체」에, 약식상칭은 「です·ます체」에 해당한다고 할 수도 있을 것이다.

③의 중칭은, 청자를 플러스로 대우하는 표현형식의 일종이긴 하지만, 이것을 사용하는 것은 거의 남성에 한정된다. 중칭은, 특수한 경우에 밖에 사용되지 않는다는 지적도 있지만, 성인남성 사이에서는 결코 특수한 화체가 아니다.

이상의 상칭·약식상칭·중칭은 청자를 플러스로 대우하는 것으로, 경체(敬體) 또는 경칭(敬稱)으로 종합할 수가 있다.

④의 등칭은, 어느쪽인가 하면 청자를 손아랫사람 취급하는 표현이며

(방언에서는 경칭으로 사용되는 경우도 많다), 남성어적인 표현이다. 여성이 사용하는 경우는 거의 없다. 그러나, 「장모(丈母)」가 「사위」에게 말하는 경우와 같은 예외는 있다.

⑤의 친밀칭은, 보통, 동등이하의 사람에 대하여 사용되는데, 친근감을 가지고 있으면, 손위·손아래를 불문하고 폭넓게 사용되는 표현형식이다. 필자가 이것을 친밀칭이라고 명명하는 것은, 상하관계를 특별히 의식하지 않고, 친밀감을 가지고 이것이 사용되기 때문이다. 물론, 상체를 써야하는 상대방에게 의식적으로 이것을 사용하는 경우는 별개의 해석이 필요하다.

친밀칭의 기능은 일본어의 친밀체, 즉「て체」의 기능과 거의 같다. 단, 일본어의 친밀체는 명령 또는 권유 등의 기능으로 주로 사용되는데에 비해, 한국어의 친밀칭은 명령이나 권유의 의미로 뿐만 아니라, 서술문에서도 매우 빈번하게 사용된다. 또한, 일본어로「先生にこれを差し上げて」에 대하여「先生に？(선생님께?)」로도「先生にですか？(선생님께 말입니까?)」로도 말할 수 있는 것과 마찬가지로, 한국어의 친밀칭도 문말형식을 생략한 구(句)의 형태로도 나타난다.

그런데, 이 친밀칭은 한국어에서는 「반말」이라고 취급되는 경우도 많다. 그러나 필자는, 친밀칭을 「반말」이라고 칭하는 것은 문제가 있다고 생각한다. 보통「반말종결어미」라고 불리는 것은 어원적으로는 반말임에 틀림없다. 그러나, 현대한국어화자의 의식에서 보자면, 문제의 표현을 「반말」이라고 부르는 것은 어울리지 않는다. 상하관계에는 좌우되지 않고, 내부자를 중심으로 한 청자에 대해 친밀감을 가지고 사용되기 때문에, 친밀칭이라고 하는 것이 적절하다고 생각된다. 현대인의 의식에 있어서의 「반말」이란, 오히려 「하칭」을 가리키는 경우가 많다.

친밀칭을 「반말」이라고 하기 어려운 또다른 이유가 있다. 한국에서는 「하위자가 상위자에게 반말을 써서는 안된다」는 사회적인 규범이 있다. 만일 이것을 반말이라고 한다면, 자식이 부모에게 반말로 말을 하는 상황이 발생하여, 용납하기 어려운 행위가 되어 버리기 때문이다.

한국어에서, 친족의 상위자에게 친밀칭을 사용하는 용법은 약년층에 보이는 경향이다. 장면에 따라서는, 하위자에서 상위자에게 사용되는 친밀칭의 용법은 현대대자대우표현에 있어서의 새로운 용법이라고 할 수 있다. 절대적인 상하관계가 한국어의 세계를 지배하고 있었던 과거의 시대와는 달리, 현재는 친밀칭을 상위자에게도 사용할 수도 있다는 것은, 한국어에 있어서의 경어사용의 조건이 상하관계에서 친소관계로 중심(重心)을 이동하고 있는 것을 나타낸다고도 할 수 있겠다. 단, 사회적으로 형성된 상하관계의 장면에 있어서는 친밀칭을 사용할 수 없다. 예를 들면, 회사의 부하가 상사에게 친밀감을 갖고 있어도 친밀칭으로 말을 거는 것은 허용되지 않는다.

⑥의 하칭은, 같은 연령대의 친구 사이에서, 혹은 상위자로부터 하위자에 대하여, 혹은 어른이 어린이에게 사용되는 표현형식이다. 하칭은, 일본어의 보통체, 즉「ダ체」의 성격을 가진 것이다.

비속칭은, 일본어의「비속체(卑罵体)」에 상당하는 표현형식인데, 일본어의 경우와 마찬가지로, 단어 그 자체에 비속한 의미내용이 있을 뿐으로, 형식은 하칭과 같다.

이상의 등칭·친밀칭·하칭은, 청자를 중립 또는 마이너스로 대우하는 것으로, 상체(常體) 또는 보통칭(普通稱)으로 묶을 수가 있다.

이상, 한국어의 화체를 그 기능을 중심으로 살펴봤는데, 일본어에 비하여 상당히 복잡한 체계를 이루고 있다는 것을 알 수 있다.[2] 일본어와 한국어의 화체를 공손도를 기준으로 하여 편의적으로 대응시켜 보면 <表4>와 같다.

<표4> 한일양언어의 화체의 대응

일 본 어		한 국 어
① 丁寧体	特別丁寧体	① 상 칭
	一般丁寧体	② 약식상칭
		③ 중 칭
② 親密体		④ 등 칭
		⑤ 친 밀 칭
③ 普通体		⑥ 하 칭

그런데, 한국어에서는 중년층 이상의 세대와 그보다 아래의 세대와는 화체의 체계가 다르다는 주장에 근거하여, 화체를 상층체계와 하층체계로 2분하는 시도가 있다. 이와 같은 입장에서는, 종래의 체계가 주로 중년층 이상의 체계에 입각하고 있고, 약년층에서는 중칭과 등칭은 보통 사용되지 않는다고 하는 주장에 근거한다. 그러나, 성인인 약년층 사이에서는 6단계의 화체가 현실적으로 사용되고 있다. 특히 남성층에서는 그것이 현저하다. 따라서, 한국어의 화체는 단일레벨의 6단계로 하는 편이 보다 적절하고, 이해하기 쉽다고 판단된다.

또한, 화체변환의 자유도가 높은 약식상칭과 친밀칭은, 종래, 일본에서는 「약대상칭(略待上称)」과 「약대(略待)」, 한국에서는 「두루높임」과 「두루낮춤」으로 일컬어져, 그 이외의 화체와는 별개로 취급되는 경우가 많았다. 이는 주로 그 생성과정에 포인트를 둔 해석이나, 상기와 같은 이유에 의해 현대어에서는 6단계의 단일레벨로 하는 편이 타당하다고 생각된다.

이원적인 체계로 나눈다면, 오히려 남성체계와 여성체계로 나누는 편이 보다 타당하다. 즉, ③의 중칭과 ④의 등칭은 여성이 사용하는 경우는 거의 없기 때문에, 한국어의 화체는 <표5>와 같이 분류할 수가 있다.

<表5> 한국어화체의 남성체계와 여성체계

	남성체계	여성체계
경 체 (경 칭)	① 상 칭	상 칭
경 체 (경 칭)	② 약식상칭	약식상칭
경 체 (경 칭)	③ 중 칭	약식상칭
상 체 (보통칭)	④ 등 칭	친 밀 칭
상 체 (보통칭)	⑤ 친 밀 칭	친 밀 칭
상 체 (보통칭)	⑥ 하 칭	하 칭

　이 표는, 대자대우표현을 사용할 때에 남성이 여성보다 대인관계를 자세하게 나누고 있다는 것을 보여주고 있다. 일반적으로, 여성이 남성보다 언어표현은 공손하지만, 인간관계를 파악하는 방법은 남성 쪽이 복잡하다는 것이다. 이것은 国立国語研究所(1981)에 의한 일본어에 관한 조사결과와도 일치한다.

　<表5>에 대해서는 예외가 없는 것은 아니다. 예를 들면, 혼인관계로 생긴 여성자매의 경우, ④의 등칭이 사용되는 경우가 있다. 이 때에는, 실질적인 나이보다도 친족간의 관계가 경어사용에 우선시된다. 한국에서의 상하관계는 항상 연령의 상하관계가 우선적으로 작용하는데, 이와 같은 친족관계에 있어서는 일종의 사회적 상하관계가 우선되는 것이다. ③의 중칭은 약년층의 여성이 사용하는 경우는 거의 보이지 않는다.

3. 공손표현의 제상

1) 공손어와 공손표현

일반적으로, 공손어라고 하면「です・ます」를 가리키는 것으로 알려져 있다. 그러나,「です・ます」만이 공손표현을 위한 형식이 아니다. 청자에게 공손한 느낌을 주는 공손표현에는 각종 표현형식이 있다. 예를 들면, 응답사・종조사 등은 항상 청자에 대하여 뭔가의 평가적 태도를 나타내는 것이며, 대자대우표현의 중요한 요소를 이룬다. 나카미치(中道) 외(1989)는, 어떤 종류의 용어는 특정한 문맥을 떠나더라도 단어가 항상 갖고 있는 의미내용인 의의소(意義素)의 일부로써 뭔가의 대자적 태도를 내포하고 있기 때문에, 그와 같은 의의특징을「대자적 특징」이라고 부를 것을 제안하고 있다. 한국어에서도 유사한 표현형식이 대자대우표현으로 사용된다.

이하에 있어서, 소위 공손어에 의한 표현에 한정하지 않고, 청자에 공손한 느낌을 주는 표현의 얼마간에 대해 살펴보기로 한다.

먼저, 전치표현에 의한 공손표현을 보도록 하자. 일본어의 특징의 하나로써, 주문(主文)에 비해 전치(前置)표현이 풍부하다는 것을 들 수 있을 것이다. 주문을 중시하는 구미의 언어화자에 있어서, 일본어의 전치표현은 혼란스럽다는 평가도 있다. 그러나, 전치표현은 일본어화자가 공손한 표현을 하고자 할 때에 없어서는 안되는 중요한 역할을 수행하고 있다. 물론, 이것은 어디까지나 정도의 문제이고, 이와 같은 청자에 대한 공손한 표현은 폴라이트네스의 관점에서 세계의 언어를 파악할 때, 세계의 제언어에 경어(공손표현)가 존재한다고 할 때의 근거가 되기도 한다.[3]

공손한 느낌을 부여하는 전치표현을 얼마간 살펴보면 다음과 같다. 「すみませんが(미안합니다만)」「申し訳ありませんが(죄송합니다만)」「申し訳ございませんが(대단히 죄송합니다만)」「失礼ですが(실례지만)」「つま

らないものですが(변변치 않은 것입니다만)」「恐縮ですが(송구스럽습니다만)」
「不躾ながら(무례하지만)」「略儀ながら(결례이지만)」「恐れ入りますが
(황송합니다만)」「ほんの気持ちだけですが(마음 뿐입니다만)」「お口に合う
かどうか分かりませんが(입에 맞을지 어떨지 모르겠습니다만)」「何もありま
せんが(아무것도 없습니다만)」 등은 일반성을 갖는 전치표현이라고 할 수
있다. 이들에는,「すまないが(미안하지만)」「すみませんが(미안합니다만)」
과 같은 공손도가 다른 표현이 존재하는 것도 양언어에 공통되어 있다.
단, 일본어에서는「相すみませんが・申し訳ございませんが」와 같이 경
체 안에서도 몇가지의 경의도에 의한 차이가 나타나기도 하고,「恐れ入
りますが」와 같이 항상 경체로만 사용되는 것도 있다.

공손한 느낌을 주는 이들 전치표현의 사용빈도는 한국어보다 일본어
쪽이 높다고 할 수 있다. 또한 위와 같은 전치표현에는, 양언어가 공히,
「-が・-만」과 같은 역접적인 구문을 사용하는 것이 보통인데, 이것
은 상대방에 대하여 사양이나 배려를 나타내고자 하는 것이다.

전치표현으로 사용되는「くれぐれも・どうぞ(부디)」「どうか(제발)」「な
にとぞ(아무쪼록)」「ようこそ・よろしく(잘)」 등과 같은 부사도 공손표현
으로써의 기능을 갖는다. 단, 이런 종류의 용어는 한국어에서는 그렇게
풍부하지는 않고, 일본어에서는 별개의 용어이더라도, 그들을 한국어로
번역하면 같은 용어가 되어 버리는 경우가 많다. 이와 같은 전치표현은
일본어에서는 패턴화되어 있는 경우가 많은데, 한국어에서는 패턴화되
어 있다고는 볼 수 없다.

이 밖에도,「あのう—」「ええ—」「それはそれは」 등의 감동사를 사
용한 표현도 청자에게 공손한 느낌을 주는 공손표현이다. 미즈타니(水谷,
1989:28)의 표현을 빌리자면, 일본어에서는 청산유수와 같이 또박또박 끊
어서 지껄여대기보다는, 주저하면서 요구의 핵심에 다가가는 것이 공손
하다고 인정받기 때문이다. 또한, 응답사도 전치표현의 일종이라고 할

수 있다.

일본어에는 공손표현으로 기능하는 접두사가 있다. 「相すみませんが (대단히 미안합니다만)」에 있어서의 「相-」, 「うちすぎる(시일이 너무 경과 되었다)」에 있어서의 「うち-」 등이 그 예이다. 이들도 공손함을 표시하 기 위한 전치표현이라고 할 수 있다. 한국어의 공손표현에는 사용되지 않는 것이다.

매일같이 빈번하게 사용되는 인사말도, 상대방의 존재를 인정하고, 상 대방에게 배려를 나타낸다고 하는 의미에서 공손한 표현이라고 할 수 있다. 단, 이 공손함도 내부와 외부의 사이에서 그들을 구별하는 기능이 있다는 것을 미즈타니(水谷, 1989:32)는 지적하고 있다. 즉, 「いってらっ しゃい」「行ってきます」「お帰りなさい」「ただいま」 등은, 가족 및 가 족에 준하는 집단 안에서만 사용되는 인사로써 집단 내의 공존의식을 나타내는데, 「さようなら」「こんにちは」는 외부와의 구별을 나타내고 「너는 가족이 아니다」라는 것을 말하는 것이 된다고 한다. 과연, 내부 라는 것을 가족에 한정하면 확실히 그렇다고 할 수 있지만, 사회적으로 구성된 내부인, 예를 들면, 회사의 동료 등에 대해서도 후자의 표현은 사용된다.

일본어의 인사표현은 상하관계에 의한 구별이 명확한 경우도 많지만, 명확하지 않은 것도 많다. 예를 들면, 「お久しぶり」와 「お久しぶりで す」와의 관계에 있어서, 전자는 하위자에게, 후자는 상위자에게 사용하는 것이 보통이라는 점에서 사용범위는 비교적 명확하다고 할 수 있다. 「お はよう」와 「おはようございます」, 「おやすみ」와 「おやすみなさい」, 「ご ちそうさま」와 「ごちそうさまでした」 등에 있어서도 마찬가지이다. 그 러나, 친한 사이, 특히 내부의 상위자에게는 전자를 사용할 수도 있다. 또, 「いただきます(음식의 경우)・さよなら(さようなら)・ただいま・行って いらっしゃい」 등과 같이, 상하 구별 없이 누구에게나 같은 형태가 사용되는 것도 있다.

이 밖에도 각종 공손표현이 있다. 예를 들면, 「光栄の至りでございます」의 「いたり」는 인사표현 안에 다시금 공손함을 나타내는 말로 첨가되어 있는 경우이다. 「ご健康をお祈りします」의 「いのり」도 내용적으로는 신불에게 사용하는 표현을 차용한 공손표현이라고 할 수 있다. 또, 「内祝い」의 「うち」는 자신의 집의 경사를 사소한 것으로 나타내는 공손표현으로 볼 수 있다. 「おいくら・おかげ・お気の毒・お先・お世話・お大事・おめでた・お礼」 등은 일반적으로 미화어로 분류되지만, 의미적으로는 공손접사를 사용한 공손표현으로도 해석이 가능하다. 「これ貰ってもいいかな・これ貰ってもいいかしら」 등의 종조사 「かな・かしら」 등도 사양하는 듯이 상대방의 반응을 엿보는 공손표현이다. 서간문에서 사용하는 「そうろう」는 겸양어에서 공손어로 전화한 것이라고 알려져 있다.

2) 공손표현과 공손한 의식

공손표현과 공손한 의식과는 어떠한 관계가 있는 것인가? 공손한 표현형식에는 여러 가지가 있는데, 그 중에서 어느 형식을 청자는 공손하다고 의식하는가, 혹은 어느 형식을 공손하다고 의식하여 그것을 사용하고 있는 것일까?

国立国語研究所가 오카자키(岡崎)시에서 행한 조사에서는, 다음과 같은 결과가 나와 있다(南, 1976:194).

① 부정적인 표현을 포함하는 경어형식(イタダケマセンカ 등)은, 그와 같은 표현을 포함하지 않은 형식(イタダケマスカ 등)보다는 일반적으로 공손하다고 의식되어 있다.

② 어느 부분에 한자어를 사용한 표현이, 한자어를 사용하지 않은 그것

보다도 공손하다고 의식되어 있다.

③ 방언의 표현을 포함하는 말은, 그렇지 않은 말보다도 난폭하다고 일
반적으로 의식되어 있다.

④ 긴 표현일수록 공손하다고 일반적으로 의식되어 있다.

이들은 오카자키시에 한정된 경향인 것만은 아니다. 「きょう」보다 「本日」라고 할 때에 보다 공손하다고 느끼는 것은, 일본인 모두에게 공통되어 있다고 볼 수 있다. 가토(加藤, 1973:27)의 「방언으로 말을 하던 것을 표준어로 바꾸는 것 자체가 이미 공손한 표현을 하고 있는 것이 된다」라는 지적도 위의 사항을 뒷받침하고 있다고 할 수 있다. 또, 직접적인 표현보다는 간접적이고 완곡한 표현이 공손하다고 느끼는데, 완곡한 표현을 하고자 하면, 생략표현을 별도로 하면 말은 일반적으로 길어질 수 밖에 없다. 이와 같은 상황은 한국어에 관해서도 거의 마찬가지이다.

이하, 공손한 표현방법과 공손한 의식과의 관계를 몇가지로 나누어서 살펴보기로 한다. 먼저, 완곡표현과 공손함과의 관계를 보도록 하자. 완곡한 표현은, 특히 일본어에 발달되어 있다. 그것은 일본어의 특징의 하나를 이룰 정도이다.

직접적인 표현보다는 간접적인 표현, 그에 의한 완곡한 태도를 보여서 공손함을 나타내는 표현형식의 예를 보도록 보자. 청자에게 뭔가를 하게 하고자 할 때, 즉 지시하고자 할 때의 여러 표현형식을 공손도의 순서로 나타내 보면 다음과 같다. 다음은 각단계별로 공손함이 더해가는 일본어의 예이다.

(4) a) これを書け。
b) これを書きなさい。
c) これを書いてください。
d) これを書いてもらえますか。

> e) これを書いてもらえませんか。
>
> f) これを書いていただけますか。
>
> g) これを書いていただけませんか。
>
> h) これを書いていただけますでしょうか。
>
> i) これを書いていただけませんでしょうか。
>
> j) これを書いていただけたらありがたいと存じますが。

　이와 같이, 긍정문보다 부정문을 사용하여 의뢰하는 것으로 인해 청자에의 공손함을 높이고, 「てもらう」형을 사용함을 인해 은혜를 입는 것이 화자라는 것을 나타낸다. 표현의 내용이 실제로는 청자를 위한 사항을 나타내는 것일지라도, 그 은혜의 방향성은 청자에서 화자측으로 향해진다.

　이와 같은 표현의 단계는 정도의 차이는 있을지언정, 어느 언어에나 갖추어져 있을 수 있다. 완곡한 태도에 입각한 이와 같은 표현의 단계는, 폴라이트네스로 경어를 취급할 때에 가장 자주 지적되는 사항이다.

　다음은 「ごめんなさい」「すみません」「もうしわけございません」 등과 같은 사과표현에 대해 살펴보자. 사과하는 행위는 화자자신을 낮추고, 청자의 체면을 세우는 언어표현의 스트라테지이며, 공손표현의 하나이다. 일본인은 「사과를 잘한다」고 할 수 있다. 때로는 사과할 필요가 없다고 생각되는 장면에 있어서도 사과하는 경우가 있다. 의례적인 또는 습관적인 용법이라고 할 수 있다. 그러나, 이와 같은 일본어화자의 사과하는 습관이 언어생활의 윤활유로 작용하는 경우가 많이 있다.

　사과하는 행위는, 각각의 언어사회에 있어서의 문화도 반영하는 언어행동인데, 거기에는 몇가지의 특징이 있는 것 같다. 구마타니(熊谷, 1993: 4-5)는, 「사죄라는 행동의 특징」으로 다음의 세가지를 들고 있다.

① 상대방과의 사회관계를 조절하는 행위이다.
② 전용의 정형표현을 갖는다.
③ 사회의 규범이나 윤리관과 밀접한 관련을 갖는다.

「사과의 정신」이 일반언어생활에 있어서 얼마나 중요한가에 대해 미즈타니(水谷, 1989:27)는 다음과 같이 말하고 있다.

> 「먼저, 사과해 버려라」라는 종래의 처세술의 근저에 있는 것은, 「설명보다 상대방의 심정에 호소한다」라는 태도인데, 이것은 「말하지 않아도 알아줄 것」이라는 기대에 근거하고 있다. · · ·현재의 일본어의 대우표현에서는, 공손한 표현을 가르침과 동시에, 말하지 않고 끝내는 것이 공손한 경우가 많다는 것을 가르치지 않으면 안된다.

이것은 「생략의 메카니즘」과도 밀접하게 관련되어 있다. 언어의 기본적인 기능은, 정보전달·요구·의뢰·권유·명령·확인 등의 의사전달에 있다. 그 의사전달이 언어의 기본적인 기능이라고 한다면, 필요최소한의 말은 사용하지 않으면 안된다. 그러나, 필요한 정보의 언어적 표출을 지양하고, 생략함으로 인해 공손함을 표현하는 방법도 있다. 특히, 「察し(헤아림)」를 중시하는 일본의 언어문화에서는 생략표현이 중요한 역할을 한다.

공손함을 유지하기 위해 행하는 스트라테지로써의 생략은 여러 경우에 일어날 수가 있다. 먼저, 단어레벨에 있어서 생략하는 편이 좋다고 생각되는 가장 대표적인 용어는 이인칭대명사이다. 이인칭대명사는 생략하는 편이 청자에의 공손함에 연결된다. 「あなたはお元気ですか」라고 「あなた」를 붙이기 보다는 「お元気ですか」라고 그것을 생략하는 편이 무난한 표현이 되는 것이다. 어쩔 수 없이 청자를 지칭할 필요가 있는 경우에는 이름이나 직위명이 사용된다.

그런데, 이인칭대명사「あなた(당신)」를 경어로 볼 것인가, 비경어로 볼 것인가에 대해서는 견해차이가 있다. 나카미치(中道) 외(1989:68)는 「あなた」의 비사용을 플러스방향의 대자대우로,「あなた」의 사용을 마이너스방향의 대자대우로 분류하고 있다. 이것은, 소위 화용론적인 입장에 선 분류이다. 한편, 미야지(宮地, 1976:110)는「あなた」를 존경어로 분류하고 있는데, 이것은 어의(語義)에 입각하여 분류한 것이다.「あなた(당신)」는 어의로써는 확실히 경칭이지만, 화용론적인 입장에 서면 비경칭이라고 할 수 있다. 실제로,「あなた(당신)」를 상위의 청자에게 사용하는 경우는 보통 없다고 할 수 있다.「あなた」도 그러한데, 하물며「きみ・おまえ・きさま」와 같은 이인칭대명사를 윗사람에게 사용하는 것은 허용되지 않는다. 이와 같이, 상위자에 대한 이인칭대명사의 사용제한이 그것을 생략시킨 주된 요인이라고 볼 수 있다.

대명사를 생략하는 것은 이인칭의 경우에 한정되지 않는다.「今どこへ行きますか」에 대하여「図書館へ行きます」와 같이 일인칭대명사를 생략하는 것이 통례이다. 삼인칭대명사에 관해서도, 일단 화제에 오른 후에는 생략되는 경우가 많다. 그러나, 다른 누군가와 대조하면서 말을 할 때는 대명사를 생략할 수 없는 경우도 있다. 단,「朕(짐)」과 같은 일인칭대명사는 국왕 한사람밖에 사용할 수 없었던 것으로, 이것은 특별히 누군가와 대조하고 있는 것이 아닌데도 생략되지 않는 경우가 많았던 특수한 것이다.

그런데, 구미의 언어에서는 대명사를 생략하지 않는다고 알려져 있지만, 그와 같은 언어에 있어서도 상하・친소의 관계여하에 따라 대명사의 구분사용은 행해지고 있다. 대명사를 생략하지 않는 것이 보통인 구미의 언어에서도, 청자에 관련된 사항을 삼인칭대명사로써 일반론으로 전함으로 인해 완곡한 표현에 의한 공손함을 나타내는 경우가 많기 때문이다. 이 점도 이인칭대명사의 사용을 피하기 위한, 혹은 비인칭화하기 위한 하나의 방편이라고 할 수 있을 것이다.

문말의 생략은, 주절을 말하지 않는 경우, 즉 전제에 상당하는 종속절 밖에 말하지 않는 경우에 자주 나타난다. 이것도, 청자에의 공손함을 나타내는 하나의 방법이다. 대명사의 생략은 문두에서 일어날 가능성이 높은데, 절의 생략에 관해서는 문말을 생략하는 것이 통례이다.

이 문말생략도 일본어에서 특징적으로 관찰된다. 일본어에서는 매우 빈번하게 문을 도중에서 중단해 버린다. 생략이 패턴화되어 있는 일본어의「どうぞ・どうも」등은, 그 후의 부분이 기계적으로 생략되는 경우가 많다.「さようなら」도 본래는 생략이 패턴화된 것이다. 일본어에 있어서의 이와 같은 문말생략은, 청자의 의향을 탐색하는 방책으로 사용되는 경우가 많다.

3) 겸양성을 갖는 대자대우표현의 특징

청자를 대우하는 표현형식 중에, 화자의 겸양성이 느껴지는 것이 있다. 이와 같은 형식은 특히 일본어에 다양하게 존재한다. 여기에서는, 겸양성분에 의하지 않고 청자에의 겸양성을 나타내는 대표적인 표현을 몇 가지 들어 보고자 한다.

먼저, 전항에서 취급한 문말생략 형식을 다시한번 거론하도록 하자. 문말생략은 화자의 겸양성이라는 관점에서 파악할 수가 있다. 그것은, 말하고자 하는 것을 청자의 추량에 맡기고자 하는 형식이다. 특히 일본어에서는 문을 완결하는 것을 극력 피하려고 하고, 미완성의 부분은 청자의 추량에 맡겨진다. 예를 들면,「そのようなことを考えてなかったわけでもないのですが、・・・」「これ私が書いてみたものですが、・・・(読んでいただけますか)」와 같은 표현은 완곡한 태도, 혹은 뭔가 함유를 남기는 듯한 것, 그에 의한 화자의 겸양의식이 느껴질 것이다. 그런 의미

에 있어서 이들은 겸양성을 갖는 대자대우표현이라고 할 수 있다.

　수동형도 청자에 대한 겸양의 뜻을 나타내는 수가 있다. 특히 일본인은, 주관적 내용에 객관성을 지니게 하고자 하여 수동표현을 즐겨 사용한다. 예를 들면, 「思う」라고 하면 충분히 대처할 수 있는 장면에서 「思われる」라고 표현하는 경우가 많은데, 이것은 화자가 적극적으로 자신의 의견을 서술하는 것이 아니라, 자연스런 과정으로 그렇게 「思われる」하는 것을 강조하기 위함이다. 따라서, 직접적인 「思う」보다 간접적인 「思われる」쪽이 공손하고, 겸양도가 높은 표현이 된다. 능동태를 즐기는 한국어화자에게 있어서, 일본어의 우회적인 표현과 수동표현이 중복된 「そのように思われないことでもないのでございますが、···」와 같은 표현은, 겸양표현인지 공손표현인지, 혹은 그 밖의 의도가 있는 것인지의 판단이 매우 어렵다.

　능동태와 수동태의 관계와 비슷한 것에 「する」와 「なる」의 관계가 있다. 「このたび結婚することにしました」와 「このたび結婚することになりました」를 예로 들면, 전자보다 후자가 선호된다. 「なる」에 의한 표현도, 청자에 대한 고려의 관점에서 생각하면 겸양표현의 성격을 갖는다. 정략결혼의 경우는 별도로 하고, 결혼이라고 하는 것은 본인이 결정했을 일이다. 그럼에도 불구하고, 후자가 선호되는 것은, 행위자의 의식적인 행위이더라도, 그 의식을 겉에 노출하지 않고, 그 결과에 초점을 맞춰서 표현하는 것을 소중히 하는 것에 기인하는 것이다. 国立国語研究所(1990:121)는, 일본어의 이와 같은 현상에 관하여 「문구조에 한하지 않고 표현의 문제에서도, 예를 들면, 자신의 의지로 결정한 사항이더라도 『···することになっています』와 같은 식의 타율적·자발적(자연발생적)이라고 일컬어지는 표현이 외국인에게 알기 어려운 것도, 상대방 중심지향의 표현법이기 때문이라고 할 수도 있다」라고 논하고 있다.

　청자에 대한 겸양성은 수수표현(授受表現)에서도 찾아낼 수가 있다.

일반적으로, 청자는 은혜·이익을 주는 측에 두고, 화자는 그것을 받는 측에 두는 편이 무난한 표현이 된다. 이것은, 특히 일본어의 수수표현에 해당한다. 그 중에서도 「−させていただく」는 그 전형이다. 외국인학습자에게 있어서, 일본어의 「−ていただく」「−させていただく」라는 표현은 특히 습득이 곤란하고, 오해와 오용이 빈번히 발생하는데, 이것은 일본인의 언어행동과 공손함과의 관계를 이해하는 것이 어려운 것에 이유가 있다. 이것을 이해하려면, 표면적인 말 뿐만이 아니라, 그 말의 뒷면에 있는 심층심리도 이해하지 않으면 안되는데, 이것은 일본어학습자에게 커다란 부담이 되는 것이다.

일본어의 수수표현은, 「てくれる」형과 「てもらう」형의 양쪽의 형태, 즉 은혜를 주는 측과 그것이 주어지는 측의 양쪽에 시점(視点)을 둔 표현형식이 있어서 복잡하다. 이 복잡함은, 일본인의 인간관계 파악의 복잡함을 상징하고 있는 것도 같다. 또, 사용빈도에 관해서 말하자면, 「てくれる」형보다도 「てもらう」형 및 그 경어형인 「てくださる」보다 「ていただく」쪽이 다용되는데, 이것은 공손하고 겸양도가 높은 표현을 하고자 하는 경향이 강하기 때문이다. 한국어의 경우는 「해 주다」형으로 거의 일정하다. 즉 한국어에서는, 거의 대부분이 은혜를 주는 쪽에 시점을 둔 표현을 사용하는 것이다. 이 점도 일본어 학습을 많이 힘들게 하는 대목이다.

마지막으로, 다음과 같은 「させていただく」구문에 대해 지적해 두고자 한다.

(5) a) 勝手ながら本日はお休みさせていただきます。
    b) 私の意見を述べさせていただきます。

이와 같은 표현은 특히 청자의 허가하에 행동을 하는 것을 의미하며,

화자의 매우 겸손한 태도를 보여주는 언어행동이다. 이와 같은 표현에 관하여 오이시(大石, 1983:351)는 「サセテイタダキマス를 너무 많이 사용하는 것은 비굴하게 들리기 때문에 바람직하지 않다고 하는 사람도 있다. 확실히, 상대방의 양해·승인을 얻고자 하는 마음을 갖고 말하는 경우 외에는, サセテイタダキマス가 귀에 거슬리는 수가 있다」라고 말하고 있다. 플러스의 이메지를 갖고 있던 마이너스의 이메지를 갖고 있던, 이 표현은 확실히 청자를 플러스방향으로 대우하는 표현이라고 해석되어 있다. 이것은 그러나, 청자가 허락하기 전에 행동하는 것을 이미 결정하고 있는 것을 나타내는 표현, 따라서 해석하는 방법에 따라서는 「내 결정에 따라야 한다」는 뉘앙스도 풍기고 있는 것으로 비일본어화자에게는 들리는 경우도 있다.

이상의 고찰에서 알 수 있듯이, 한국어에서는 자기본위의 표현이 즐겨 사용되고, 일본어에서는 타자본위의 표현이 즐겨 사용된다. 일본어에서는, 화자의 생각은 「ーと思われる」와 같이 표현하고, 소재의 인물 및 청자의 행위는 「ーていただく」를 사용함으로 인해 화자측에 그 영향이 미치는 것까지 표현하려고 한다. 이에 비하여 한국어에서는, 화자의 생각은 「ーと思う」와 같이 주관적으로 표현하고, 소재의 인물 및 청자의 행위는 화자로부터 분리되어 표현되는 것이다.

4) 문중에 있어서의 공손어의 취급

문중에 있어서의 「ます」가 과잉경어 또는 경어의 오용이라고 지적되는 경우가 있기 때문에, 이 점에 대해 언급해 두고자 한다. 다음의 예를 보도록 하자.

(6) a) 私が申しました件に関しまして検討していただけましたでしょ
うか。
b) 一番ホームに電車が入りますので白線まで下がってお待ちくだ
さい。

이와 같은 표현은 매우 정중한 느낌을 청자에게 부여하는 것으로, 최근에는 과잉경어라고 하는 의식마저 거의 없어져 있다. 오히려, 「ます」를 생략하면 뭔가 부족한 느낌마저 든다. 그렇기 때문에 (6)과 같은 표현은, 현대어에 있어서는 정용(正用)으로써의 위치를 부여받고 있다.

그러나, 연체수식어 등에 「です·ます」를 붙이면 정용(正用)이 아니라고 하는 경우가 있다. 이것을 호리카와·하야시(堀川·林, 1969:164-169)는 (7)의 예를 들어서 다음과 같이 설명하고 있다.

(7) むこうに、屋根を赤く塗ってあります小屋が見えますが、そこに
つきましたら、休憩をします。
(저기 지붕을 빨갛게 칠한 오두막집이 보입니다만, 거기에 도착하면
휴식을 하겠습니다)

위의 설명에 의하면, (7)에 있어서 「あります」와 「つきます」의 「ます」는 과잉이다. 연체수식어에는 「です·ます」를 사용하지 않는 것이 원칙이다. 한편, 접속조사가 후속하는 경우에는, 「です·ます」를 생략하는 편이 좋은 경우와 그렇지 않은 경우가 있다. 「たら」의 경우는 거기에 연결되는 전후의 문이 한세트가 되어 강한 접속력을 갖기 때문에 생략하는 편이 적절한데, 「が」의 경우는 단순히 두 문장을 연결할 뿐으로, 뒷문장에 걸리는 힘이 약하기 때문에 「ます」를 생략하면 이상해진다.

문중에 있어서 공손체로 해야만 하는가 어떤가는, 한국어의 경우에도 일본어와 마찬가지의 기준으로 설명할 수가 있다. 먼저, 한국어에서는

연체수식어로 공손어는 사용할 수가 없다. 접속조사의 경우도 「~면」과
같이 강한 접속력을 갖는 경우에는 공손체를 사용할 수가 없다. 이에 비
하여 「~만」과 같이 접속력이 약한 경우에는 공손체를 사용하지 않으면
안된다. 여기를 보통체로 하면 문 전체를 보통체로 하지 않으면 안된다.
한국어에서는 이 원칙이 철저하기 때문에, 이 점에 대해서 오용이 나타
나는 경우는 없다. (7)을 한국어식으로 바꾸면, 「むこうに, 屋根を赤く
塗ってある小屋が見えますが, そこについたら休憩をします」가 된다.

　연체수식어로 공손어가 나타나기 쉬운가 어떤가에 관해서는, 또다른
요인을 지적하지 않으면 안된다. 일본어에서는 과잉이라고 하면서도 연
체수식어로써 공손어가 다용되고, 한국어에서는 그것이 불가능한 이유
를 활용형의 형태의 차이에서 구할 수가 있기 때문이다.

　일본어에서는 동사의 연체형과 종지형은 원칙적으로 형태가 같다. 그
래서 연체형과 종지형을 의식적으로 구별하지 않아도 되게 되어 있다.
그 결과로써, 본래는 종지형인 「です・ます」를 문중에서 연체형 등으로
사용해도 별로 부자연스러움을 느끼지 않는 것이다.

　이에 비하여 한국어에서는 연체형과 종지형의 형태가 다르다. 따라서,
연체형이 필요한 곳에 종지형을 두는 것은 결코 허용되지 않는다. 게다
가, 한국어의 공손어 「입니다・습니다」는 종지형만이 있고 연체형은 없
다. 접속조사 「-만(が)」에 접속하는 경우에만 문중에서 「입니다-만・습
니다-만」과 같이 공손표현이 나타나는데, 이것은 일종의 예외적인 현상
이다. 같은 역접조사라도 「-나」의 경우에는 공손어를 접속할 수 없다.

　문중에 「ます」를 사용하는 것의 부적절함에 관한 지적은 오이시(大石,
1983:324)에도 보인다. 오이시(大石)는 다음과 같은 표현에 대해 「정중어
에서 존경어로의 오용인가라고 생각되는 예를 종종 발견할 수 있다」라
고 논하고 있다.

(8) a) 駅弁博士と異名を取り<u>ました</u>藤野さんにおいでを願いました。
　　 b) ユリカゴ一号は東能代駅前にお客様が待ってい<u>ます</u>から直行せ
　　　　よ。

　전자는 연체수식어로써 존경어의 역할을 하고 있지만, 후자는 대자경
어로써의 의미가 강하게 느껴진다. 이들을 오용이라고 하는 것은 지나치
게 규범에 얽메인 결과로 보인다. 상기의 예는, 한국어로 표현하고자 해
도 공손어는 절대로 사용할 수 없다. 오이시(大石, 1983:349-350)는,「続
キマシテ・・・」「シタガイマシテ・・・」「総会ニオキマシテ・・・」
「光ッテ見エマス川・・・」「終リマシタトイウ・・・」등의「ます」는
없애는 것이 좋다는 전제하에 다음과 같이 말하고 있다.

　　　이들에 マス를 첨가하는 것은, 비록 정중체의 발화 안에서라도 필요
　　하지 않다. 그렇다고 하여, マス를 첨가하는 것이 잘못이라는 것은 아니
　　라는 것은 말할 것도 없다. 단, 간소한 경어용법을 존중하는 입장에서
　　는, マス를 첨가하지 않는 편이 바람직하다고는 할 수 있을 것이다.

　그런데,「そんなことは言い<u>ません</u>です」와 같은 표현은 확실히 오용
이다. 호리카와・하야시(堀川・林, 1969)에도, 문말을「ますです」라고 하
는 것은 오용이라는 지적이 있다. 화자의 청자에 대한 과도한 겸손, 비
굴함 마저도 보이는 이 표현은, 신분의 상하관계가 확실했던 과거에 하
인이 주인에 대하여 허리를 낮추고「언상(言上)」하던 모습을 생각나게
한다. 이런 종류의 표현은 상업경어를 중심으로 확대되어 가고 있는 것
같다.
　「ますです」의 표현에 대해 니시다(西田, 1987:110)와 오이시(大石,
1983:339)에도 비슷한 지적이 보인다. 니시다(西田)는,「ますです」「ませ
んです」「ましたです」와 같은 표현은「일반적이 아니다」라고만 하고

있다. 오이시(大石)는,「夜中ニ目ガ覚メルコトガアリマスデスカ」는 부자연스러운데,「毎朝何時ゴロオ起キナサイマスデスカ」는 인정할 수 있다고 하고 있다. 그 이유로, 전자는 상접동사가 보통어인데 비하여, 후자는 상접동사가 존경어이기 때문이라고 하고 있는데, 이것은 납득할 수 있는 설명이 아니다. 상접동사가 보통어인가 존경어인가라는 문제와는 관계없이「お起きなさいますですか」와 같은 표현은 오용이다. 단,「ーでしょう」는「ます」의 현재형 혹은 과거형과 연결하여,「今日は晴れ<u>ますでしょうか</u>」「<u>報告は済まされましたでしょうか</u>」와 같이 표현할 수 있다. 이것이 가능한 것은, 이 경우의「でしょう」가 시제가 아니라 추량을 나타내고 있기 때문에, 즉, 시제를 나타내는 형태가 중복되지 않기 때문이라고 생각된다.

그런데,「ます」는 연체수식어로 문중에 나타나는 경우가 있지만, 같은 공손어인「です」는 연체수식어로써는 거의 절대로 나타나지 않는다. 예를 들면,「私が申し上げました件」은 말할 수 있는데,「非常に有名です人」라고는 할 수 없다. 접속조사의 경우에도「そこにつきますならば」는 할 수 있는데,「これがいい本ですならば」는 사용할 수 없다.「ます」는 동사활용형에 접속하고,「です」는 체언 · 형용사 등 원형에 접속하는 것과 관계가 있어 보인다. 또한,「私が行きますです」와 같이「ますです」는 들리는데,「これは本ですます」와 같은「ですます」는 들리지 않는 것도 흥미깊은 일이다.

단,「です」가「ます」와 같이 문중에 나타나는 경우도 없지는 않다. 역접조사의「ーですが」등이 문중에 사용되는 것은 말할 것도 없다. 그러나 전후의 문을 연결하는 접속력의 강약을 기준으로 하면,「です」가 불필요한 경우에도 그것이「ます」와 마찬가지로 문중에 나타나는 경우가 있다. 예를 들면,「ーでして」와「ーまして」,「ーですと」와「ーますと」,「ーでしたらば」와「ーましたらば」등은 접속력이 강한 조사이기 때문에 불필요하다고도 할 수 있겠지만, 현실의 언어생활에서는 공손도를 높이는 표현으로 정착되어 있고, 오용이 아니다. 그러나, 같은 부류의 형태이더라도 「*私は富士山は高いですと思います」「*明日は私も行きますと思います」의 「ーと思う」와 같이 전후가 거의 일체화되어 있는 경우에는 「です・ます」로 연결하면 오용이 된다.

4. 맺음말

현대의 경어는 고대의 경어에 비해 간략화하고 있다는 논의는 자주 접할 수 있다. 소재경어의 용법은 확실히 단순화하고 있지만, 그러나, 대자경어 쪽은 오히려 복잡화하고 있는 경향마저 있다. 이것은, 현대의 경어가 면전의 청자에 대한 언어사용에 그 중심을 이동시키고 있다는 것을 나타내는 것이다. 전통적인 종축에 근거한 용법이 새로운 횡축에 있어서의 용법으로 변하고 있다고도 할 수 있을 것이다.

현대경어에 있어서의 대자경어법의 발달에 관하여, 고대경어와 현대경어의 비교적인 관점에서 미야지(宮地, 1976:116-117)는 다음과 같이 서술하고 있다.

> 지금, 가령 현대를 광의의 근대에 포함해서, 고대경어와 근대경어의 비교로 말하자면, 고대경어는 객관적 상위하위관계, 혹은 계층적 상위하위규정을, 필연성을 가지고 언어표현에 올린다고 하는 점에 중점이 있었던 것에 비하여, 근대경어는 그 상황상황에서의 상대적인 상하관계, 특히 장면적인 은혜의 수급관계, 혹은 상호적인 사교관계를, 필요성을 가지고 언어표현 위에 나타낸다고 하는 점에 중점이 있는 것이 아닌가 하고 생각한다.

　이와 같은 경향은 한국어의 경우에도 해당한다. 한국어의 경어도 엄격한 신분사회에 있어서의 상하관계에 입각하여 행해지던 것이, 현대의 경어는 청자경어에 그 중점이 놓여 있고, 그것도 화자와 청자와의 상대적인 상하관계, 입장에 의한 강약관계 등의 요소에 좌우되는 경우가 많아지고 있다. 고전경어에서는 혼잣말 속에서도, 예를 들면 국왕에 관한 표현을 하려면 절대적인 소재경어를 사용하였다. 그 절대적인 경어용법은, 현대에서는 자신의 부모에 대해 혼잣말로 말할 때에도 소재경어를 사용하는 점에 남아 있는데, 이와 같은 용법도 최근에는 별로 행해지지 않고, 상위자를 눈앞에 두지 않으면 거의 소재경어는 사용하지 않는 추세에 있다. 그것이, 청자를 눈앞에 주면 경어를 사용하게 되고, 거기에서 대자경어가 장면에 의해 보다 복잡화하고, 발달을 하게 된 것이 아닌가 생각된다. 그 청자중시・장면중시의 경향은, 또 비경어까지를 포함하여 널리 대자대우표현을 발달시키는 요인이 되어 있는 것이다.

　본장에서는, 현대의 언어생활에서 특히 그 중점이 놓여 있는 대자대우표현에 대해 살펴보았다.

　제1절에서는, 대자경어와 대자대우표현과의 관계를 논하고, 대자대우표현의 의미범주와 형태를 중심으로 그 기능을 살펴보았다. 특히, 일본어의 대자경어에는 정중어라는 영역을 둘 필요가 있는데, 이점에 대해서는 제7장에서 논했기 때문에 여기에서는 특별히 재론하지 않았다.

　제2절에서는, 양언어의 화체의 분류를 시도하고, 그 용법과 기능을 고찰하였다. 일본어의 화체는 기본적으로「공손체(丁寧体)・친밀체(親密体)・보통체(普通体)」의 3단계로, 한국어의 화체는「상칭・약식상칭・중칭・등칭・친밀칭・하칭」의 6단계로 분류할 수 있다. 이와 같이, 단계별로 공손도를 나타내는 특정한 형태소가 갖추어져 있다는 것은 양언어화자의 대인관계파악의 복잡함을 나타내는 것이다. 특히, 여기에서는 일본어의「친밀체」와 한국어의「친밀칭」을 둘 필요성을 제기하였다. 또한,

한국어의 화체를 6단계의 일원적 체계로 해야하는 이유를 제시하고, 필요에 따라 남성체계와 여성체계로 나눌 가능성은 있다는 것을 첨가하였다.

제3절에서는, 공손어에 한정하지 않고, 여러 표현형식에 의한 공손표현을 몇가지 취급하였다. 일본어에서는 전치표현이 의례적인 용법도 포함하여 다용되고, 격식차린 장면에서는 대체표현이 특징적으로 사용되기도 한다. 그러나, 공손표현과 공손한 의식과의 관계에 관해서는 양언어에 공통성이 보인다. 예를 들면, 한자어에 의한 표현이 고유어에 의한 표현보다 공손도가 높다는 인식을 갖고 있는 점, 의뢰표현에 있어서 부정문을 사용하는 편이 긍정문을 사용하기보다 공손하다고 인식하고 있는 점 등은 양언어에 공통되어 있다. 그러나, 겸양성을 갖는 대자대우표현에 대해서는 양언어가 대조적이다. 일본인은 수동형의 표현을 사용함으로 인해 화자의 겸손한 효과를 얻는 경우가 많은데, 한국인은 능동형을 사용함으로 인해 겸손하기보다도 주관적으로 표현하는 경우가 많다. 일본어에서는 타자본위의 표현이 즐겨 사용되는데 비하여, 한국어에서는 자기본위의 표현이 즐겨 사용되는 것이다.

▌주

1) (1)에서와 같은 음편형은 「存じます」가 첨가되는 경우에도 나타난다. 그러나 현대어에서는, 예를 들면 「嬉しゅう存じます」보다는 「嬉しく存じます」 쪽이 일반적이다.

2) 한국어보다도 복잡한 체계를 갖고 있는 화체도 있는 것 같다. 고이즈미(小泉, 1984:203)에 의하면, 태국어에서는 경의도가 다른 8단계의 화체가 갖추어져 있다고 한다. 경건한 불교국인 만큼, 화체에 관해서도 승려가 특별취급 받고 있는 점이 더불어 흥미를 끈다.

3) 예를 들면, 영어에서는 I am afraid, If you don't mind, If possible, I guess 등의 표현이 청자에 대한 사양의 기분을 가지고 공손함을 나타내는 어구로 전치, 또는 후치되어 다용된다. 또, 조동사의 과거형 would, should, could, might 를 사용하면, 월등히 그 문의(文意)가 공손해진다.

제10장

미화표현

제10장 미화표현

1. 미화어와 미화표현[1]

일본어에는 「미화어(美化語)」라 불리는 경어 및 대우표현의 한 범주가 있다. 일본어와 한국어의 각 경어의 영역 중에서 형태적인 상위점이 가장 큰 미화어는 일본어에 특징적으로 발달되어 있는 대우표현의 한 형식이며, 논란의 여지는 있으나 경어의 일종으로 간주되고 있다.

본장에서는 먼저 미화어에 대한 개념을 파악하고, 미화어가 일본어의 경어체계에서 어떠한 위치에 있으며, 종래의 관점에 어떠한 문제점이 있는가를 살펴보도록 한다. 그 후에, 특정어형과 미화접사에 의한 미화어의 종류와 특성, 기능에 대하여 종합적으로 논한다.

「미화표현」은 주로 미화어에 의해 표출되는 표현을 일컫는다. 물론, 미화표현은 미화어에 의해서만 표현되는 것은 아니다. 「경어보통체[2]」를 사용한 표현, 또는 「친애표현[3]」도 미화표현의 한 방법이라 할 수 있다. 그러나, 미화표현의 중핵이 되는 것은 역시 미화어이다.

지금까지 경어에 관한 연구는 대단한 분량에 달하지만, 미화표현에 대해서는 선행연구가 많지 않다. 얼마간 존재하는 선행연구도 부분적인 연구 결과가 대부분이어서 미화어의 전체상을 파악하기는 쉽지 않다. 그러나 미화표현은 일본어의 대우표현을 연구하는데 있어서 간과할 수 없는 부분이며, 특히 한국어의 경어체계에는 발달되어 있지 않은 미화어가[4] 일본어에는 특징적으로 발달되어 있기 때문에, 미화어에 대한 전체상을 파악할 필요가 있다고 판단된다.

1) 미화어에 대한 관점

미화어라는 개념은, 학교문법에서 「공손어(丁寧語)」로 취급되어 왔던 「お菓子・食べる」와 같은 부류의 용어를 쓰지무라(辻村, 1963)가 「미화어(=美称)」로 명명한 이래 일반화한 것이다.[5] 미화어는, 그 밖에도 「고품어(上品語)・품위어(品位語)・품격어(品格語)」라고도 불리는데, 그 용어에서 알 수 있듯이, 소재에 대한 표현을 통하여 화자가 자신의 언어행동에 대한 품위를 지키기 위해 사용하는 경어라고 일반적으로 해석된다.

미화어를 소재경어로 볼 것이냐, 대자경어로 볼 것이냐에 대해서는 견해가 분분하다. 미화어를 소재경어로 파악하게 된 것은 쓰지무라(辻村)에서 비롯된다고 할 수 있다. 쓰지무라(辻村, 1963)는 경어를 소재경어와 대자경어로 분류하고, 「미화어(=美称)」를 「표현소재를 미화하는 표현법」이라고 정의하면서 「상위주체어(=敬称)」「하위주체어(=謙称)」와 더불어 「소재경어」에 위치시켰다. 그 후, 「자신의 말을 품위있고, 예쁘게 하는 경어이다」라고 정의하는 오이시(大石, 1975:29)[6], 「화제의 내용에 관한 표현을 통하여, 화자가 자신의 언어표현의 품위에 대한 배려를 나타내는 경어」라고 정의하는 미야지(宮地, 1976:108) 등에서 같은 견해를 볼 수 있다. 이것은, 전통적인 삼분법에서 「공손어(丁寧語)」에 분류시킨 것, 즉 대자경어에 분류한 것과 대조된다. 미화어를 청자에 대한 배려보다는 화자자신의 언어적 품위에 중심을 둔 말로 인식을 한 것이다.

삼분법 이후에도 미화어가 대자경어에 분류되는 경우는 있다. 예를 들면, 기타하라(北原, 1988:15)는 경어를 소재경어와 대자경어로 이분하여, 전자를 「동작주존경어(動作主尊敬語)・대상존경어(対象尊敬語)・겸양어(謙讓語)」로, 후자를 「미화어(美化語)・정중어(鄭重語)・공손어(丁寧語)」

로 하위분류하고 있다. 한편, 기쿠치(菊地, 1994)는 경어를 「실용적인 분류」와 「학문적인 분류」의 두 종류로 분류하고, 미화어를 전자에서는 「공손어(丁寧語)」에 위치시키고, 후자에서는 경어와는 별도로 「준경어(準敬語)」라고 하여 따로 설정하고 있다. 「미화어는, 화자가 (같은 내용을) 예쁘고 품위있게 말하는 표현이다」(p.293)라고 정의하고 있지만, 기본적으로는 대자경어적인 입장으로 볼 수 있다. 가바야(蒲谷) 외(1998:105)의 경우도 미화어는 「공손어(丁寧語)」의 하위개념으로 되어 있다. 미화어를 대자경어로 분류하는 입장에서는, 미화어가 청자를 의식하여 사용되는 점을 들어 소재경어로 분류하는 입장에 이의를 제기하고 있으나, 이 경우에는 소재경어로써의 미화어를 간과하고 있는 것으로 생각된다.

2) 소재경어 및 대자경어로써의 미화어

미화어는 소재경어와 대자경어의 성질을 겸비하고 있다고 필자는 판단한다. 미화어는 화제의 사항을 품위있게 미화하여 표현하는 것이기 때문에 소재경어로써의 기능이 우선적이지만, 그 언어적 품위가 청자에 대한 배려에 의해 사용된다는 점을 감안하지 않을 수 없는 것이다. 화자의 언어적 품위를 유지한다는 것은 결국 청자에 대한 배려에 의한 것이라고 보아야 할 것이기 때문이다.

그렇지 않고, 화자 자신의 언어적 품위에만 의미가 있다면 그것을 경어로 취급하는데에 무리가 따르게 된다. 경어는 소재나 대자에 언어적 경의를 표시해야 하는데, 미화어를 자기 자신에 대한 품위에만 신경쓴다고 한다면, 논리에 적합하지 않게 되는 것이다. 화자 자신의 언어에 경의를 표시할 수는 없기 때문이다.

따라서 미화표현은, 일차적으로는 화자 자신의 품위를 유지하기 위한 것이기는 하지만, 이차적으로는 청자에의 배려를 제시하는 대우법이라고 할 수 있을 것이다. 즉 미화어는 그 기능의 면에서 소재성미화어와 대자성미화어로 분류할 수 있고[7], 「미화표현은 화자가 자기자신의 언어적 품위를 유지하는 표현을 사용함으로 인해 상대방을 배려하는 표현이다」라고 정의할 수가 있다.

미화표현은, 사회적으로 터부시되어 있는 말을 피하여 귀에 거슬리지 않는 말로 표현하거나, 화자의 언어적 품위를 유지하기 위하여 사용된다. 따라서 미화표현이 사용될 때, 제반 상황에 있어서의 상하관계나 친소관계는 고려가 되지만, 특별히 경의를 나타내고자 하는 의식은 강하지 않다고도 할 수 있다. 그래서, 품위어나 품격어와 같은 다른 용어가 대두되기도 하는 것이다. 이하, 일본어의 미화표현에 사용되는 각종 형태를 유형별로 분류하고, 그 기능과 특징에 대해서 고찰하기로 한다.

2. 특정어형으로 간주되는 미화어

미화어에는 특정어형 뿐만 아니라, 생산성이 매우 높은 미화접사가 존재하는 등 일정한 체계를 갖추고 있다. 전자는 「食う」에 대한 「食べる」, 「メシ」에 대한 「ゴハン」과 같이, 접사를 갖지 않는 말, 또는 접사의 첨가에 의한 것이라도 접사를 분리할 수 없는 용어를 가리킨다. 「おかず」와 같이, 접사를 분리할 수 있는 것일지라도, 그 접사를 제거하면 의미가 통하지 않거나 다른 의미로 변해버리는 것, 즉 접사가 불가결의 요소로 되어 있는 것도 특정어형의 미화어로 간주된다. 한편 후자는, 「サカナ」에 대하여 「オサカナ」와 같이 미화접사를 가지며, 그것을 단어의 본체로부터 분리하여 떼어낼 수 있고, 그 경우에도 기본적인 의미가 변하지 않는 말을 가리킨다. 미화표현은, 특정어형을 가진 미화어이든, 성분첨가에 의한 미화어이든, 이와 같은 미화어를 사용하여 표출되는 것이 보통이다.

먼저, 특정어형으로 간주되는 미화어를 살펴보기로 하자. 특정어형을 가진 미화어의 범위를 명확하게 정하는 것은 곤란하지만, 형태적인 면에 의해 몇가지로 하위분류를 할 수가 있다. 그것은 단어전환에 의한 것도 있으나, 원래 미화접사에 의해 형성되어 그것과 본체부분이 한단어화한 것이 많기 때문이다. 여기에서는 특정어형을 가진 미화어를 편의상 단어전환에 의한 미화어, 접사의 첨가에 의한 특정어형, 접사에 의해 의미의 전환이 발생하는 미화어 등, 세 개의 유형으로 분류하기로 한다.

1) 단어전환에 의한 미화어

단어전환에 의한 미화어란 「いただく(＜飮食する), おいしい(＜うまい), 食べる(＜食う), やしき(＜家), やすむ(＜寝る), なくなる(＜死ぬ), あげる(＜やる)」 등과 같이, 보통어에 대응하는 별개의 단어로 전환하여 사용하는 것을 말한다. 「おいしい」는 「美味」라는 뜻의 「いしい」에 「お」를 첨가하여 생긴 말이지만, 「うまい」에 대한 미화어로 인식되어 있다. 「食べる」「いただく」는 겸양어에서 미화어로써의 기능이 파생된 것이고, 「なくなる」는 우회표현에 의한 존경어이지만, 미화어로써의 용법도 일반화하고 있다. 다음과 같은 표현은 미화어로 간주된다.

    (1) a) あまりお腹は空いてないけど、少し<u>いただこ</u>うかしら。(女)
        b) ああ、すーっとした。<u>おいしい</u>ね、おとうさま。(塩)
        c) 猿のジローが去年<u>なくなり</u>ました。(ＮＨＫ뉴스)

「子供に牛乳をあげる」「魚に餌をあげる」와 같은 예에 있어서의 「あげる」에 대해서는 논란이 많다. ＮＨＫ放送文化研究所(1992:358)는, 「『あげる』는 이미 경의를 나타내는 말이 아니라고 생각된다. 『やる』를 공손

하게 바꾼, 소위 미화어라고 봐야 할 것이다」라고 하면서도, 「방송에서
는 가능한 한 사용하지 않는 편이 좋은 어법의 하나」라고 논하고 있다.
오이시(大石, 1983:332-334)는, 「植木に水をあげてちょうだい」「うちの子
は本を買ってあげてもさっぱり読まないんですよ」와 같은 표현을 「문제
경어」로 들고 있다. 그러나, 이와 같은 표현은 미화어로써의 일반적인
용법으로 이미 정착되어 있다고 할 수 있을 것이다.

  미화어는 여성이 다용한다는 특징이 있는데, 단어전환에 의한 미화어
의 유래에 있어서도 여성의 언어사용과 관련이 깊다. 다음의 【1】은 「모
지고토바(文字詞)[8]」를 중심으로 한 「뇨보고토바(女房詞)[9]」에서 비롯된 것
이다.

> 【1】 いしいし(<団子), いと(<納豆), 井の中(<水), いもじ(<いか), い
>   りいり(<炒り豆), うつぼ(<ねぎ), えもじ(<えび), おかか(<鰹節),
>   おかちん(<餅), おかべ(<豆腐), おすもじ(<寿司), おめもじ(<お
>   目にかかる), お冷やし(<冷水), おまなか(<便所), かもじ(<髪), 九
>   献(<酒), くもじ(<酒), こもじ(<鯉), さもじ(<砂糖・鯖), しゃも
>   じ(<しゃくし), たもじ(<たこ), なす(<なすび), なみのはな(<塩),
>   にもじ(<にんにく), ねもじ(<ねぎ), はもじ(<恥ずかしい), ひとも
>   じ(<ねぎ), ひもじい(<ひだるい), ふたもじ(<にら), むらさき(<醬
>   油), ゆもじ(<湯巻)

터부에 의해 생겨난 「이미고토바(忌み言葉)[10]」도 언어상의 품위유지와
수용자에 대한 배려라는 측면에서 단어전환에 의한 미화어의 일종으로
간주할 수 있을 것이다. 「ありの実(<梨), えて公(<猿), 当たりめ(<する
め), あたり鉢(<すり鉢), お開きにする(<終わる), よし(<あし), あたり箱
(<硯箱)」 등은 터부에 의해 생겨난 말이다.

2) 접사의 첨가에 의한 특정어형

접사가 첨가되어는 있지만, 특정어형의 미화어로 간주되는 용어가 있다. 이와 같은 미화어에는, 접두사를 붙이는 대신에 단어의 일부를 생략한 미화어도 있고, 접두사와 본체부분이 일체화한 미화어도 있다.

다음의 【2】는 접두사의 첨가와 동시에 단어의 후반부를 생략한 미화어이다. 이 경우, 원래 단어의 음절 길이에 관계없이 모두 전반의 2음절을 남기고, 거기에 「お」를 첨가하는 형태를 취한다. 접두사 「お」의 단어의 일부를 생략하게 하는 기능이다.

【2】 おいた(<いたずら), お薄(<薄茶), おかき(<かき餅), お腰(<腰巻),
  おこた(<こたつ), おさし(<刺身), おさつ(<さつまいも), おじゃが
  (<じゃがいも), お煎(<煎餅), おたま(<卵・お玉杓子), おつけ(<つ
  け汁), おつむ(<つむり), おでき(<できもの), おでん(<田楽焼き),
  おねしょ(<寝小便), おはつ(<初物), おひや(冷水・冷飯), おみや
  (<土産), おめざ(<目覚め), おめず(<めずらしい)

이와 같은 미화어는 여성어로 부를 수 있을 정도로 여성전용어적인 성격이 강하다. 또, 이들은 유아어의 성질도 있고, 친애어적 성질도 있다. 남성이 사용하는 경우는 드물다. 이와 같은 부류의 용어도 「뇨보고토바(女房詞)」에서 비롯된 것이 대부분이다. 「おひや」와 달리 「ひや」는 「酒」를 나타내는데, 이 경우도 일종의 미화어로 간주할 수 있다.

다음은 접두사와 본체부분이 일체화한 미화어의 예로, 접두사를 제외하면 일반적으로 단어가 성립되지 않는 경우이다.[11]

【3】 おあずけ, おあつらえむき, おいど(<お尻), お稲荷さん, お色直
  し, お祝い, おかわ(御厠), おこも(<乞食), おこわ, お下がり, お

さき棒, おさきまっくら, おさつ(<紙幣), お座なり, おさらい, お産, おさんどん, お辞儀, おしきせ, おしめり, おじや, おしゃべり, おしゃま, おじゃん, おしっこ, おしんこ, おすそわけ, おすまし, お歳暮, お世辞, お節, おせっかい, お膳, お膳だて, おそなえ, お揃い, お互いさま, お多福, お玉杓子, お為ごかし, おちゃっぴい, お中元, お銚子, お調子もの, おちょこ, おちょぼ口, おつむ, お手上げ, おでこ, お手付き, お手のもの(<特技), おでまし, お天気屋, おてんば, お得意, おとぎ話, お年玉, おなら, お上りさん, お化け, お払い箱, おひつ, お人よし, おひらき, おひろめ, お福分け, おふだ, お古, おませ, おまる, お神酒, お宮, おむつ, おめでた, おもちゃ, おもらし, おやつ, お椀, ごちそう, ご破算, ごはん

　이들은 접사 없이 사용되는 경우는 거의 없고, 이미 대우성 그 자체를 느낄 수 없을 정도로 일체화되어 있다. 예를 들면 「ごはん下さい」 대신에 「はん下さい」라고 하면 「印鑑(인감)」의 뜻이 될지언정 「めし(밥)」의 뜻으로는 통하지 않게 된다. 따라서 남성의 경우도 접사를 붙여서 사용한다. 「お多福」의 「お」는 원래 「阿」 「於」이지만, 미화접두사 「お」로 인식되어 있다.

　【3】의 안에는 「お」가 첨가되어 「그 동작이나 상태에 근거한 사람」을 나타내는 경우가 있다. 예를 들면, 「おしゃべり」는 「喋ることの好きな人」, 「おませ」는 「ませている子供」, 「お澄まし」는 「澄まして気取る人」라는 뜻을 각각 나타낸다. 「お澄まし」의 경우 「澄まし汁」의 뜻도 있지만, 이 때는 「お」를 생략할 수 있기 때문에 여기에서 의미하는 바가 다르다. 「お歳暮」 「お中元」의 경우도 「贈り物」라는 의미에서 한단어화된 것으로 볼 수 있다.

또한「おそなえ, おふだ(お札), お宮」등과 같이 신불에 대한 외경에서 비롯된 것이 있다. 즉, 존경어가 미화어로 전환된 것이다.「お飾り, お寺, お水借り, お水取り, おみわたり(御神渡り), お堀, お堀端, お初穂, お守り, お神輿」등이나, 의식적(儀式的)으로 사용되는「お三が日, お七夜, お節句, お悔み, お目見え, お神酒」등도 마찬가지로 관점이나 사용환경에 따라 해석을 달리할 수 있다. 다음의 (2)와 같은 예에 있어서의「お堀」는 미화어로 간주할 수도 있지만,「お城」의「お堀」라는 점에서 외경의 의식을 엿볼 수 있다. (3)의 미화어와는 의식적으로 확연히 구분된다.

(2) a) 皇居の<u>お堀</u>の水があふれ、日比谷交差点に迷い込んだコイを捕まえる建設省職員。(中日新聞)
　　b) 雨が降ってました。二条城の<u>お堀</u>を散歩しました。(二)
(3) a) まあ、私たちには、<u>おあつらえむき</u>なんじゃない? (砂)
　　b) ほとんど一日中陽が射さず、<u>おせじ</u>にもしのぎやすいとは言えなかった。(女)
　　c) <u>おちょこ</u>を押しつけるように持たせて、徳利からなみなみと注ぐ。(女)
　　d) 放っといたって、その内<u>お払い箱</u>かもしれないのに。(女)
　　e) 豊子ほど<u>おしゃべり</u>ではないが、ときおりひらめくような才智を見せる。(青)
　　f) 料理は<u>お手のもの</u>だし、裁縫だってボタンつけくらいは何でもないのだから、・・・。(太)

3) 접사에 의해 의미의 전환이 발생하는 미화어

접두사「お」의 유무에 의해 의미가 변하는 것이 있다. 예를 들면,「おかっぱ」는「かっぱ(河童)」에서 유래하지만, 양자는 전혀 다른 의미를 나타낸다. 마찬가지로, 「おしゃか」와 「しゃか」는 전혀 다른 것이다. 「釈迦」의 경칭은 「お釈迦」에 「様」까지 붙여서 「お釈迦様」라고 하는 것이 보통이고, 「おしゃか」는 「出来損ないの品」를 나타내는 것이 일반적이기 때문이다. 또한, 「にぎり」라고 하면 「握り寿司」를 가리키는 것이 보통인데, 「おにぎり」는 「おむすび」라고도 하는 다른 종류의 음식물을 가리킨다. 이와 같이, 접두사의 유무에 의해 의미가 변해 버리는 것은, 미화어라고 하기보다 한단어화한 일반명사로 볼 수도 있을 것이다.

다음의 【4】에 제시한 것은 「お」를 첨가하기 전의 단어도 의미는 다르지만 일반적으로 사용되는 용어의 예이다.

【4】お愛想(<勘定), お足(<銭), お鏡(<餅), おかげ, おかず, お勝手(<台所), おかっぱ, おかど違い, お釜(<男色), お亀, お殻, お冠(<不機嫌), おぐし(<髪), お蔵, お寒い(<貧弱だ), おさらば, お三時, お下地(<醤油), お仕舞い, お下, お釈迦(<不良品), お酌, お洒落, おしろい, お墨付き(<保証書), お代, お太鼓(<おたいこむすび), お題目(<主張), お宝(<金銭), おつゆ, おてしょ(<手塩皿), お手玉, お手前, お手もと(<箸), お手盛り, お天気(<機嫌), おなか(<腹), お情け(<哀れみや配慮), お荷物(<厄介者), おはぎ(<牡丹餅), お鉢, お花(<華道), お針(<裁縫), お昼(<昼御飯), お袋, お眼鏡(<鑑識力), お目玉, お安い(<簡単だ), ご不浄

【4】의 안에는 「お門違い」와 같이 「お」를 제거하면 사용할 수 없는 것처럼 생각되는 것도 있고, 「お眼鏡」와 같이 그 반대로 생각되는 경우도 있다. 그러나, 「門違い」라고 하는 말은 「目指す家を間違えること」의 뜻으로 사용되며, 「お門違い」는 「門違い」의 의미에서 전환되어 「見当違い」를 나타내게 된 것이다. 또한 「お眼鏡」는 「감식력(鑑識力)」을

나타낸다고 하는 뜻에서 「お」의 첨가에 의해 「眼鏡」에서 의미의 전환
이 발생되어 있다. 단, 숙어로써의 「お眼鏡にかなう(<気に入る)」는 존경
어로써의 기능이 우선적인데, 이 때는 접두사 없이 「眼鏡にかなう」로도
사용된다.

이처럼【4】의 예도 접두사와 일체화되어 있기 때문에「このおかず,
おいしいね」를「このかず, おいしいね」로는 표현할 수가 없다. 약간의
용례를 제시하면 다음과 같다.

(4) a) こんなお洒落にうつつを抜かしているときじゃないわ。(女)
　　b) あなたのおかげで目がさめたような気分よ。ありがとう。(女)
　　c) お情けで、そうなんだろうと思います。(太)
　　d) たとえ話し合いは実を結ばなくても、少なくともお腹にはケー
　　　　キが入る。(女)
　　e) 外の女給のようにお白粉もつけず、お客や朋輩にも馴染がうす
　　　　く、・・・。(痴)

「お」의 유무에 의해 의미가 변하는 것으로, 「お」가 용언의 연용형에
접속되어 명사로 사용되는 것이 있다. 다음은 이런 종류의 예이다.

【5】お返し, お抱え, お飾り, おかわり, お決まり, おくるみ, お下
　　げ, おしめ, お忍び, おしぼり, おしゃぶり, おしゃれ, おすそわ
　　け, お付き(<付き人), おつくり(<刺身), お付け(<味噌汁), お告
　　げ, おつとめ(<勤務), おつもり, お出来, お手伝い, お手盛り,
　　お通し(<突き出し), おながれ, お成り, おにぎり, お化け, おは
　　じき, お払い(<不良品), お浸し, おひねり(<祝儀), お参り, おま
　　け, お守り, おまわり(<巡査), おむすび, おめかし, お持たせ,
　　お焼き(<焼いた食品), お笑い

　이들은 「お」에 의해 명사화함과 동시에 의미가 전환된 것이며, 동작
동사가 구체적인 사물을 가리키게 되는 경향이 있다. 예를 들면 「しぼ
る, しゃぶる, つくる, はじく」 등의 동작동사에서 「おしぼり, おしゃぶ
り, おつくり, おはじき」 등과 같은 구체적인 사물을 가리키는 말이 산
출된다.

> (5) a) 米や芋の収穫という<u>お返し</u>があるだけ、まだましってものかな?
>   (砂)
> b) <u>おまけ</u>に、あの、穴のように見える道端の暗いかたちは、たしか
>   にオート三輪である。(砂)
> c) 私のは、<u>おむすび</u>なのよ。梅干とタラコの入った<u>おにぎり</u>。(太)
> d) 二階の物干には、枯れた<u>おしめ</u>が半開きの雨戸にバッタンバッ
>   タン当たっていた。(放)

　여기에서 한단어화에 대한 이해를 돕기 위해 「お」가 첨가된 형태로
기초어휘집에 실린 미화어를 살펴보도록 하자. 「お」가 첨가된 형태로
게재되었다는 것은, 그 자체가 한단어로 인식되어 있다는 뜻으로 해석할
수 있기 때문이다. 비모어화자의 일본어학습자를 위한 『品詞別・レベル
別 1万語語彙分類集』에 「お」가 첨가된 형태로 실린 용어 중에서 미화
어로 기능할 수 있는 것을 들면 다음과 같다.

【6】 おいしい, お祝い, お帰り, お陰, お菓子, おかず, お金, お代
わり, お気に入り, お辞儀, お絞り, お仕舞い, お喋り, お洒落,
おしろい, お歳暮, お世辞, お節料理, お節介, お互い, お茶,
お中元, お釣り, お手洗い, おでこ, お手伝い, お年玉, お共,
おなか, おなら, お握り, お願い, お化け, お早う, お参り, お
前, おまけ, お守り, おみくじ, お神輿, お土産, おめでとう, お

もちゃ, お休み, お八つ, お礼, お詫び, お椀

　이 분류집에는 「お帰り, お早う, おめでとう, お休み」 뿐만 아니라, 「お帰りなさい, お陰様で, お粗末様, お休みなさい」 등도 한단어로 분류되어 있다. 이는 일상생활에서의 기초어휘로 이해하고 있어야 된다는 뜻이기도 하다. 또한 이 분류집에는 「お菓子, お金, お気に入り, お茶, お釣り」 등도 한단어로 실려있으나, 여기에서는 이들을 성분첨가에 의한 것으로 간주한다. 물론 「お菓子, お茶, お釣り」 등은 남녀를 불문하고 「お」의 첨가에 의한 형태로 사용하는 경우가 일반적이긴 하지만, 접두사 없이 사용하는 경우도 적지 않기 때문이다. 이 밖에 「お」가 첨가된 형태로 실려있는 용어로 「お医者さん, お母さん, お祖父さん, お嬢さん, お手伝いさん, お父さん, お兄さん, お姉さん, お祖母さん, お袋, お坊さん, お巡りさん」과 같은 호칭과 존경어 「お出で, お宅, お目にかかる」가 게재되어 있다.

　　(6) a) 尾島さんは今日も<u>お休み</u>ですよ、社長。(女)
　　　　b) あら、どうしたの、<u>おでこ</u>? (女)
　　　　c) <u>おみくじ</u>や、固い昆布がはいっていて、・・・。(放)

3. 성분첨가에 의한 미화어

　일본어에서는 접두사 「お」에 의해 미화표현이 생산적으로 산출된다. 일반적으로 「お」는 고유어에 붙기 쉽고, 한자어에는 「ご」가 붙기 쉽지만, 미화어에 관한 한, 고유어·한자어를 불문하고, 그 대부분이 「お」에 의해 생산된다.

　접사의 첨가에 의한 것으로 그 접사를 제거하더라도 단어의 뜻은 변

하지 않는 명사의 미화어의 예를 얼마간 들어 보자. 먼저, 다음의 【7】
은 고유어에 「お」가 첨가된 예이다.

> 【7】 お味, お遊び, おいも, おうどん, お噂, お絵描き, おかぐら, お
> 金, おかゆ, お気に入り, お小皿, お琴, お米, お献立, お魚, お
> 酒, お刺身, お皿, お塩, お尻, お汁粉, お酢, お鮨, お炭, おそ
> と, おそば, お団子, お乳, お机, おつまみ, お釣り, お手洗い,
> お手がる, お寺, お隣, お中日, お名残, お馴染み, おなす, お
> 鍋, おねぎ, お飲みもの, お箸, お橋, お肌, お花, お昼, お部屋,
> お豆, おまんま(＜御飯), お水, お耳, お見合い, お神輿, お見事,
> お土産, おめでたい, おやすみ(＜休暇・休業), お湯, お林檎

여성이 자신의 신체 일부분에 대해 「お肌, お顔, お口」라고 하는 것
은 그 자체에 대자대우성이 인정되기 때문에 사용이 불가하다고 할 수
있으나, 「お肌」의 경우는 이미 안정권에 들어있다고 할 수 있을 것이다.
또한, 【7】에서의 「お花」는 일반적인 의미이고, 「華道」를 나타낼 때는
특정어형이 된다.

> (7) a) 真鍋なんて、仕事中だって平気で私のお尻に触ったりするわ
>   よ。(女)
>   b) お絵描きうまいかどうか、そんなこと気付いたこともなかった
>   がね。(太)
>   c) 母親が薬をのんでそのお乳を赤ん坊に飲ませるより、・・・。
>   (太)
>   d) 鴉の罠くらいは、差引きしても、まだたっぷりおつりがくる。
>   (砂)
>   e) あら、ちょうどお噂をしてたんですよ。(女)
>   f) 今朝は僕がおまんまを炊いてあげようか。(痴)

다음의【8】은 한자어에「お」가 첨가된 예이다. 한자어에「お」가 첨가되었으나 특정어형으로 간주된 예로는「お愛想, お辞儀, お酌, お椀」등이 있었다. 한자어에「ご」를 붙이는 미화어는「ご褒美, ご本」등이 예외적으로 존재할 뿐인데, 그 중에서도「ご褒美」의 경우는 거의 한단어화되어 있다. 특정어형으로 앞에서 제시한「ご馳走, ご飯」등은「ご」의 첨가에 의해 한단어화한 것이지만, 이들은 특정어형으로써도 예외적인 존재이다.

【8】 お菓子, お気楽, お綺麗, お経, お行儀, お稽古, お化粧, お財布, お裁縫, お砂糖, お作法, お散歩, お支度, お写真, お三味線, お習字, お上品, お醤油, お食事, お世話, お煎餅, お雑巾, お粗末, お題, お大根, お沢庵, お茶, お茶碗, お天気, お電話, お道具, お豆腐, お得意, お二階, お肉, お荷物, お人形さん, お彼岸, お布団, お勉強, お弁当, お返事, お帽子, お盆, お面, お約束, お野菜, お洋服, お料理, お礼

미화어의 경우, 한자어에도「お」가 붙는 것이 일반적인 경향은 여성의 언어행동과 깊숙히 관련되어 있다. 상기의【8】의 예도 주로 여성이 자주 사용하는 미화어이다.「お天気, お荷物」와 같은 것은 특정어형에도 있었으나 여기에서는 특수한 의미가 아니라 일반적인 의미로 쓰인 것이다. 또한「お綺麗, お上品, お食事」등은 자기자신에게는 직접적으로 사용할 수가 없지만, 인물을 직접 대우하는 경우가 아니면 미화표현으로 사용할 수가 있다.

(8) a) 何時の<u>お約束</u>?（女）
   b) きっときっと<u>お返事</u>を、ね。待っています。（青）
   c) 余計なこと言ってて、<u>お弁当</u>忘れても知らないわよ。（太）

d) とある一軒の甚だ<u>お粗末</u>な洋館でした。(痴)

e) いい<u>お天気</u>。早く帰って、<u>お稽古</u>をすればよかったわ。(雪)

외래어에 접두사가 첨가될 때도「おコップ, おトイレ, おビール, おケーキ, おソース, おズボン」과 같이「お」가 첨가된다. 단, 외래어에「お」를 첨가하는 것은 안정성이 낮다.「これからの敬語」(1952)에는「(お)チョッキ, (お)ビール」가「(お)くつした」와 더불어 접두사를「생략하는 편이 좋은 경우」의 예로 제시되어 있다. 그러나 현재,「おトイレ, おビール」등은 안정권에 들어 있다고 할 수 있을 것이다. 외래어에「お」를 첨가하는 미화어는 특히 시대의 흐름에 민감하게 반응한다고 할 수 있다.

(9) a) 四月に<u>おニュー</u>の靴を買って、まだ一度もはいていないの。(青)

b) ちょっとね。<u>おデート</u>。(太)

c) いえ、もう<u>おパン</u>というものは小麦の粉をこねたりむしたりしてこしらえたもので・・・。(銀)

4. 운용형태로 본「お」의 특성

「お」는 비슷한 부류의 것일지라도 모든 것에 적용할 수 있는 것은 아니다. 예를 들면,「お花」라고는 하지만「お桜」라고는 하지 않고,「お猿」라고는 해도「お猫」라고는 하지 않는다. 또,「お上手」라고는 하지만「お下手」라고는 하지 않고,「お二階」라고는 하지만「お一階」「お三階」라고는 하지 않는다.「上手」는 긍정적인 의미를 나타내기 때문에「お」가 붙고,「下手」는 부정적인 의미를 나타내기 때문에「お」가 붙지 않는다고 설명할 수 있겠으나,「花」와「桜」,「猿」와「猫」의 경우는

설명이 곤란하다. 단순한 습관에 의한 것이라고 밖에 설명할 수가 없다.

미화어는 주로 여성의 의해 사용되기 때문에 당연히 여성의 일상 생활과 밀접한 관계에 있는 분야에 발달되어 있다. 예를 들면 요리, 미용, 소양, 육아, 구매 등을 나타내는 용어에 많이 발달되어 있다.

같은 한자어이더라도 「お返事, ご返事」「お祝儀, ご祝儀」「お丈夫, ご丈夫」와 같이 「お・ご」를 양쪽 다 쓸 수 있는 경우, 「お」의 첨가에 의한 표현이 미화어에 가깝다고 할 수 있다. 이 때에 「ご」의 첨가에 의한 것이 원래의 형태이며 남성적이고 존경성분의 성격이 강한 반면, 「お」의 첨가에 의한 것은 여성의 언어생활에서 비롯된 파생적인 용법이며 여성적이고 미화성분의 성격이 강하다.

미화접사가 항상 어두에만 첨가되는 것은 아니다. 「お日様, お月様, お星様, お天道様, お姫様, お雛様, お内裏様」와 같이 접사를 전후에 붙이는 미화어가 있다.

> (10) a) 夕方、<u>お月様</u>で光っている縁側に出て男の芝居のせりふを聞いていると、・・・。(放)
>
> b) <u>お陽様</u>に照らされている縁側の上に、送って来た蒲団を干していると、・・・。(放)
>
> c) <u>おてんとうさま</u>よ。どうして、そんなに、じりじりと暑く照りつけて苦しめるのですか?(放)

이들은 절대적인 것에 대한 외경에 근거한 단어로 간주하면 존경어이고, 동화적인 이야기로 간주하면 친애어 또는 미화어이다. 친애어임과 동시에 미화어로도 해석되는 접미사로는 「赤ちゃん, ユキちゃん, ワンちゃん」 등의 「ちゃん」, 「お魚屋さん, お猿さん」 등의 「さん」, 「坊や, 婆や」 등의 「や」가 있다. 또, 「おみ足(御御足), おみ帯, おみ腰」는 두 개, 「おみおつけ(御御御つけ)」는 세 개나 접두사가 중첩되어 있는데, 前

者는「なんの霧が<u>おみ足</u>を引きとめますものか・・・。(新)」에서 보는 것처럼 존경어에 가깝다고 할 수 있다.「おみ輿, おみ酒, おみ籤」는 현대어에서는「お神輿, お神酒, お神籤」로 표기하지만, 원래는「おみ(御御)」에서 비롯된 것으로 알려져 있다.

미화접사「お」는 명사에 첨가되는 것이 가장 많다. 그러나, 형용사 및 형용동사에 첨가되는 경우도 적지는 않다. 동사의 연용형에 첨가되는 경우에는 특정어형이 되는 것이 보통인데,「お食べ」와 같이, 친애어적 명령형이 되는 경우도 있다. 이것도 일종의 미화표현으로 사용범위가 상당히 넓다.「お食べ」와 같은 경우는, 원래 형태인「食べる」가 이미 미화어이며, 이에 비하여「食う」를 사용하여「お食い」라고는 할 수 없다. 이것은, 존경어의 경우에도「召し上がる」가 자연스럽고,「お食べになる, お食いになる」가 불안정한 표현인 점과 동류의 현상이다.

(11) a) え? ナオミちゃん、黙っていないで何とか<u>お云い</u>よ。(痴)

b) ほんとうにまアちゃん、見っともないから注意して<u>おやり</u>よ。(痴)

c) まアちゃんなんて云うのは<u>お止し</u>! 熊谷と云う名があるんだから! (痴)

d) じゃあ眼を<u>お開き</u>、人が話をしようとするのに眼を潰っている法はなかろう。(痴)

e) ああ、<u>お泊まり</u>、明日は日曜で己も一日内にいるから。(痴)

접두사「お」의 기능이 미화접두사인지, 존경접두사 또는 겸양접두사인지 판별하기가 쉽지 않을 때도 있다. 특히, 형용사 및 형용동사에 첨가되는「お」의 경우는 그 구별이 용이하지 않다. 예를 들면,「お手柔らかにお願いします」와 같은 용법을 어떻게 해석해야 할 것인가?

미화접사로 기능하는「お」는「お暑い, お寒い, お安い」등과 같이 인물을 형용하는 것이 아닌 경우에 자주 나타난다. 같은 형태의 말이라도 인물을 대우하는지 어떤지에 따라, 존경어가 되기도 하고 미화어가 되기도 한다. 예를 들면, 「まあ, ずいぶん<u>お高い</u>品ですね」「本当に<u>お静か</u>な宿ですね」와 같이, 상황을 나타내는 단어에 「お」가 첨가된 것은 미화어에 틀림없다. 이에 비하여, 「ずいぶん(背の)<u>お高い方</u>ですね」「本当に<u>お静か</u>な方ですね」와 같이 인물을 대우하는 표현은, 미화어로 사용하는 경우도 있을 테지만, 존경어로써의 기능이 우선적이라고 할 수 있다. 마찬가지로 다음의 (12)는 미화어, (13)은 존경어로 간주된다.

> (12) a) いやいや。<u>お安い</u>ご用で。ーーどうです、わしの演技は? （女）
>   b) アパートは確かに東京よりは多少<u>お安い</u>のよ。（太）
> (13) a) あの、恐れ入りますが、<u>お静か</u>に。（女）
>   b) 尼君もただもう<u>お可愛くてお可愛くて</u>、口元は笑みほころびながら、・・・。（新）

「お暑い, お寒い, お安い」등과는 반대로 「お忙しい, お厳しい, お寂しい, お親しい, お強い, お優しい, お若い, おつらい」등이나 「お綺麗だ, お嫌いだ, お元気だ, お上手だ, お上品だ」등이 인물을 형용할 경우, 화자자신에게는 사용할 수 없고, 항상 화제의 인물이나 청자에 대하여 사용되기 때문에 존경어로써의 성격이 농후하다.

> (14) a) だって、まだずいぶん<u>お若い</u>人じゃありませんの。（女）
>   b) 個人的に<u>お親しい</u>んですか? （女）
>   c) まあ、<u>おやさしい方</u>でいらっしゃいますこと。（新）
>   d) ええ、さくらさんがいなくなって<u>お淋しい</u>でしょうね、てそう言ってました。（男）
>   e) こんな<u>お上品</u>な男の前では、大口をあけて、何かムシャムシャ食べているに限ります。（放）

290 일본어의 대우표현 연구

결국, 「お美しい, お明るい, お堅い, お素晴らしい」와 같이 인물을 수식할 수도 있고 그렇지 않을 수도 있는 경우는 피수식어와의 관계에 의해 그 기능을 판별할 수 밖에 없다. 미야지(宮地, 1976:114)는 「お美しい, お優しい, お綺麗だ, お邪魔だ」 등은 「미화어가 아니라 존경어라고 해야 하는 것」이라고 하고 있지만, 미야지(宮地)가 존경어로 분류한 이와 같은 용어도, 경우에 따라서는 미화어의 성질도 갖고 있다는 것을 간과해서는 안된다. 「本当にお美しい方ですね」와 「本当にお美しい花ですね」에 있어서, 전자는 존경어로써의 용법이지만, 후자는 미화어로써의 용례라고 할 수 있는 것이다.

미화어인가 존경어인가라고 하는 문제와 관련하여, 다음 사항을 지적해 둘 필요가 있겠다. 「お」가 「あなたの」의 의미를 갖는 경우, 「お」가 붙은 말에는 경의, 즉 대자경어성이 느껴진다. 여성이 자주 사용하는 다음과 같은 예를 비교해 보자.

(15) a) とても素敵なお帽子ですね。
　　　b) これ、昨日買ったお帽子だけど、どう？

같은 「お帽子」라도, (15a)와 같이 「(あなたの)帽子」의 뜻으로 사용되면 존경어, (15b)와 같이 「(私の)帽子」의 뜻으로 사용되면 미화어로 해석할 수가 있다. 「あのお帽子素敵だね」와 같은 「(普通の)帽子」는 물론 미화어이다.

「お」를 첨가하여도 미화어 혹은 공손어가 되지 않고, 비아냥이나 조소 등으로 의미의 변화를 유발시키는 접두사 「お」의 특수한 기능이 있다. 예를 들면, 「お手盛り」는 「お手盛り法案」과 같이 지위 등을 이용하여 결정자 자신에게 이익이 있도록 사항을 정하는 것을 비아냥거리는 표현이 되며, 「お為ごかし」는 「お為ごかしの意見」과 같이 남을 위하는 체하면서 자기 실속을 도모하는 것을 비난하는 표현이 된다.「お偉い人」
의「お偉い」,「お高くとまる」의「お高い」,「お寒い福祉行政」의「お寒
い」,「お粗末な芸」의「お粗末」,「あの男は少々おめでたい」의「おめで
たい」등도 야유나 비난의 의미가 강하게 나타난다.「お芝居」「お太鼓
(<お太鼓をたたく)」「お体裁」「お題目」「お荷物」나,「ご大層な態度」의
「ご大層」등에서도 유사한 기능을 엿볼 수 있다. (16d)(16e)와 같이
발화(發話) 내용에 의해 부정적인 의미가 생기는 경우도 있다.

> (16) a) そう言えば、昨日は<u>お偉方</u>が集まって、ずいぶん遅くまで何や
>   らやってましたね。(女)
>   b) あっはははは、<u>おけつ</u>の振り方は関さんが一番うまいよ。(痴)
>   c) これも他愛のない<u>お芝居</u>なのか、さあこれから忙しくなる
>   ぞ、・・・。(放)
>   d) こういう話ね、<u>お上品</u>ぶって途中で質問やめとくと、永遠に
>   わからずじまいなのよね。(太)
>   e) どうしたって大きな<u>お世話</u>よ。――ああ、いい気持だった。(痴)

그 밖에,「お」의 유무에 의해 의미가 변하는 독특한 것이 있다. 예를
들면,「お帰りなさい」는「来る人」에 대한 공손한 인사표현인데,「お」
를 제거한「帰りなさい」는「行く人」에 대한 거친 명령문이 된다. 또한,
「宅(たく)」는「自分の夫」를 가리키는 겸양어적인 용어인데,「お宅(た
く)」라고 하면「相手の夫」가 되지 않고, 이인칭대명사로 전환되든가
「住宅」의 존경어적인 용어가 된다. 다음의 (17)은「宅(たく)」의 예이
고, (18)은「お宅(たく)」의 예이다.

> (17) a) これは<u>宅</u>に買ってもらったネックレスなのよ。
>   b) <u>宅</u>が、<u>宅</u>がおたくの御兄様と御一緒なんですか。(男)

c) もしもし、たいへん失礼いたしました・・・それで宅は今どこに? (男)

(18) a) 明日お宅にお邪魔してもよろしいでしょうか。

b) お宅はいいね、おい、こうやって店を張って、え?・・・。(男)

c) あ、今日はさくらさんのお宅にお呼ばれなの。(男)

5. 맺음말

본장에서는, 소재경어 및 대자경어의 기능을 겸비하고 있는 미화표현에 대하여 고찰하였다. 화자의 언어적 품위를 유지하기 위한 미화표현에는, 청자를 의식한 용법, 즉 청자를 전제로 한 용법이 많이 발견되는데, 이들은 대자대우표현으로써의 기능으로 봐야 할 것이다.

일본어에 특징적으로 발달되어 있는 미화어는 일정한 체계를 갖추고 있는데, 특정어형과 성분첨가에 의한 것으로 대별할 수 있다. 특정어형의 미화어는 「뇨보고토바(女房詞)」에서 비롯된 것이 많이 발견된다. 미화접사에 의해 형성되었으나 특정어형으로 간주되는 미화어는 접사가 첨가된 형태로 사전류에 게재될 정도로 한단어화되어 있다. 따라서 이와 같은 용어는 남녀를 불문하고 「お」가 첨가된 형태로 운용되는 경우가 많다.

성분첨가에 의한 미화어는 고유어나 한자어를 불문하고 접두사 「お」에 의해 생산된다고 하는 특징을 갖는다. 이는 여성의 언어생활과 밀접한 관련이 있다. 성분첨가에 의한 미화어는 접두사의 분리가 가능하기 때문에 남성은 미화어로 사용하지 않는 경향이 강하다.

접두사 「お」는 같은 부류의 용어라고 해서 항상 첨가가 가능한 것도 아니고, 그 기능이 항상 긍정적인 것만도 아니다. 「お」를 첨가함으로 인해 오히려 부정적인 효과로 기능하는 경우도 있고, 「お」의 유무에 의해 전혀 다른 의미를 나타내는 경우가 있는 등, 미화어에도 여러 가지의 형태와 기능이 있는 것이다. 또한, 「お」가 미화접두사인지, 존경접두사 혹은 겸양접두사로 기능한 것인지도 첨가되는 용어와 상황에 따라 판별을 해야 하는 경우도 적지 않은데, 인물과 직접적인 관련을 갖는 표현인가 그렇지 않은가가 중요한 대비점이 된다.

주

1) 본장은 「日本語의 美化表現에 관한 研究」라는 제목의 필자의 공표논문(『日本語學研究』第6輯, 韓國日本語學會, 2002)을 중심으로 수정, 가필한 것이다.
2) 경어보통체란, 「いらっしゃる？」「なさる？」「いただくわ」 등과 같이 소재경어만 사용하고 문말은 대자경어 없이 보통체로 표현하는 것을 말한다. 「これをやってごらん」「こっちへいらっしゃい」 등도 같은 맥락에서 파악할 수 있다.
3) 미화표현은 기본적으로 청자가 상위자인지 하위자인지에 관계없이 사용된다. 친애표현은 동등 이하나 혹은 내부자에 대하여 사용되는 것이 전형이긴 하지만, 「화자의 언어적 품위에의 배려」를 나타낸다고 하는 점에 있어서 미화표현의 일종이라 할 수 있다.
4) 한국어의 미화어는 매우 빈약하다. 특정어형의 미화어도 그렇지만, 미화어를 생산하는 문법형식은 없다고 할 수 있다. 단, 미화하기 위한 표현이나 용어전환이 전혀 없는 것은 아니고, 「변소」의 단어전환에 의한 미화어로 「화장실」과 같은 것이 존재하는 등, 약간 그 자취를 엿볼 수는 있다. 또한 미화접사에 있어서도, 지극히 드물게 밖에 사용하지 않지만 미화어를 생산하는 접사가 있기는 있다. 예를 들면 「玉」은, 「玉硯, 玉案」과 같이 상대방의 것을 미화하는 미화성분으로써의 기능을 갖는다. 그러나, 이런 종류의 접사는 문장어에 밖에 나타나지 않는다.
5) 물론, 미화어라는 학문적인 용어가 정립되기 전에도 미화어는 존재하였다. 한 예로, 17세기 초기의 『捷解新語』를 연구한 韓(1995)에도 미화어에 대한 용례가 상당히 나오고 있다.
6) 오이시(大石, 1978)에서는 「美化語」를 「ぞんざい語」와 더불어 「敬語」와는 별

도로「品格語」에 위치시키고 있다.

7) 미화어를 소재성미화어와 대자성미화어로 나눈다고 하더라도, 그들에 형태상의
   명확한 구별은 없다. 그들은 어디까지나 기능상의 구별이기 때문에, 어느 미화
   어인지는 문맥에 의해, 혹은 개인의 언어습관에 근거하여 판단되지 않으면 안
   된다.

8) 어떤 단어 첫머리의 1음절이나 2음절에「文字(もじ)」라는 용어를 덧붙여서 하
   는 말을 가리킨다. 중세후기의「뇨보고토바(女房詞)」에서 기인한다.

9)「뇨보고토바(女房詞)」란, 室町幕府(14~16세기) 초기 경부터, 황실에서 일하
   던 궁녀(女官)들에 의해 사용되기 시작한 일종의 은어를 말한다. 음식물, 의복,
   일상 생활용품에 관한 것이 많고, 품위 있는 말로 인식되어 있다.

10)「이미고토바(忌み言葉)」에는 어떤 단어의 사용을 피하고자 하는 의미와, 그로
   인해 생겨난 대용어를 가리키는 두 가지의 측면이 있다.

11) 이하의 분류는 이해를 돕기 위한 것으로, 최대한 객관성을 염두에 두고 시도한
   것이지만, 견해의 차이가 있을 수 있다는 것을 전제로 한다.

【用例出典】

(砂)=『砂の女』, (女)=『女社長に乾杯!』, (青)=『青春の蹉跌』, (痴)=『痴人の
愛』, (雪)=『雪国』, (太)=『太郎物語』, (男)=『男はつらいよ』, (新)=『新源氏
物語』, (放)=『放浪記』, (二)=『二十歳の原点』, (銀)=『銀河鉄道の夜』, (塩)=
『塩狩峠』

참 · 고 · 문 · 헌

<五十音順>

秋山和平 (1985)「ことばの基礎」『NHKアナウンス・セミナー』(日本放送協会
　　編), 日本放送出版協会.

『朝日新聞の用語の手引』(新訂増補, 1989) 朝日新聞社用語幹事編, 朝日新聞社.

安秉禧 (1989)「敬語の対照言語学的考察」『講座日本語学 9 敬語史』(宮地裕他
　　編), 明治書院.

李翊燮 (1987)「國語敬語法의 體系化問題」『國語學 2』, 國語學會(1974).

李翊燮・任洪彬 (1983)『國語文法論』, 學硏社.

飯田秀敏 (1991)「法的表現に見る日本語と韓国語の構造上の類似性―英語の法
　　的動詞に対応する表現に関して―」『言葉の構造と歴史』(中野弘三他編),
　　英潮社.

李乙煥・李喆洙 (1977)『韓國語文法論』(改訂增補版), 開文社.

李基文・姜信沆・金完鎭・安秉禧・南基心・李翊燮・李相億 (1983)『韓國語文
　　의 諸問題』, 一志社.

任洪彬 (1990)「尊敬法」『國語研究 어디까지 왔나』(서울大學校大學院國語研究
　　會編), 東亞出版社.

池上秋彦 (1984)「体言の敬語法」『研究資料日本文法⑨ 敬語法編』(鈴木一彦・
　　林巨樹編), 明治書院.

石野博史 (1986)「敬語の乱れ―誤用の観点から―」『「ことば」シリーズ24 続敬
　　語』(文化庁編), 大蔵省印刷局.

石綿敏雄 (1985)『日本語のなかの外国語』, 岩波新書296, 岩波書店.

石綿敏雄・高田誠 (1990)『対照言語学』, 桜楓社.

李崇寧 (1984)「敬語研究」『國語敬語法研究』(金鍾塤編), 集文堂.

井出祥子・荻野綱男・川崎晶子・生田少子 (1986)『日本人とアメリカ人の敬語
　　行動』, 南雲堂.

井上史雄 (1988)「動いている現代敬語―社会言語学的考察」『國文學』 第33巻

第15号臨時号, 學燈社.

宇野義方 (1985)『敬語をどのように考えるか』, 南雲堂.

梅田博之 (1974)「朝鮮語の敬語」『敬語講座8 世界の敬語』(林四郎・南不二男編), 明治書院.

梅田博之 (1977)「朝鮮語における敬語」『岩波講座日本語4 敬語』, 岩波書店.

NHK放送文化研究所編 (1992)『NHKことばのハンドブック』, 日本放送出版協会.

遠藤織枝 (1989)「不快語・不快な例文」『日本語教育』69号, 日本語教育学会.

大石初太郎 (1975)「敬語の仕組み」『「ことば」シリーズ1 敬語』(文化庁編), 大蔵省印刷局.

大石初太郎 (1976a)「待遇語の体系」『国語学論集』(佐伯梅友博士喜寿記念国語学論集刊行会編), 表現社.

大石初太郎 (1976b)「敬語が正しく使えますか」『言語生活』第295号, 筑摩書房.

大石初太郎 (1978)「待遇語の体系」『論集日本語研究9 敬語』(北原保雄編), 有精堂.

大石初太郎 (1983)『現代敬語研究』, 筑摩書房.

大石初太郎・林四郎編 (1986)『敬語の使い方』, 明治書院.

奥秋義信 (2000)『誤用乱用テレビの敬語』, 講談社.

奥津敬一郎・村木正武 (1974)「英語の敬語」『敬語講座8 世界の敬語』(林四郎・南不二男編), 明治書院.

生越まり子 (1993)「謝罪の対照研究—日朝対照研究—」『日本語学』第十二巻第十二号, 明治書院.

『外国人のための基本語用例辞典』(第二版, 1975) 文化庁編, 大蔵省印刷局.

『学研漢和大字典』(1978) 藤堂明保編, 学習研究社.

加藤秀俊 (1976)「世相とことば」『日本語講座3 社会の中の日本語』(芳賀綏編), 大修館書店.

加藤扶久美・近藤健二 (1989)「尊敬語化を許すもの」『ことばの科学』第2号, 名古屋大学総合言語センター言語文化研究委員会.

加藤正信 (1973)「全国方言の敬語概観」『敬語講座6 現代の敬語』(林四郎・南不二男編), 明治書院.

蒲谷宏 (1993)「待遇表現における省略」『日本語学』第十二巻第十号, 明治書院.

蒲谷宏・川口義一・坂本恵 (1998)『敬語表現』, 大修館書店.

菊地康人 (1989)「待遇表現―敬語を中心に―」『講座日本語と日本語教育第1巻 日本語学要説』(宮地裕編), 明治書院.

菊地康人 (1994)『敬語』, 角川書店.

北尾謙治, 北尾S・キャスリーン (1988)「ポライトネス―人間関係を維持するコミュニケーション手段」『日本語学』第七巻第三号, 明治書院.

北原保雄 (1988)「現代敬語のメカニズムはどうなっているか」『國文學』第33巻第15号臨時号, 學燈社.

金容雲 (1985)『日本人과 韓國人의 意識構造』(오늘의 思想新書86), 한길사.

金宗澤 (1994)『國語話用論』, 螢雪出版社.

金鍾塤 (1984)「尊稱에 관한 小考」『國語敬語法研究』(金鍾塤編), 集文堂.

金鍾塤 (1984)「卑稱에 관한 小考」『國語敬語法研究』(金鍾塤編), 集文堂.

金忠會 (1990)「謙讓法」『國語研究 어디까지 왔나』(서울大學校大學院國語研究會編), 東亞出版社.

金亨奎 (1984)「國語敬語法研究」『國語敬語法研究』(金鍾塤編), 集文堂.

김혜숙 (1991)『현대 국어의 사회언어학적 연구』, 태학사.

金田一春彦 (1981)『日本語の特質』(新NHK市民大学叢書10), 日本放送出版協会.

『국어대사전』(修正增補版, 1982) 李熙昇編, 民衆書林.

国広哲弥 (1991)『日本語誤用・慣用小辞典』, 講談社.

久野暲 (1977)「英語圏における敬語」『岩波講座日本語4 敬語』, 岩波書店.

久野暲 (1983)『新日本文法研究』, 大修館書店.

熊谷智子 (1993)「研究対象としての謝罪―いくつかの切り口について―」,『日本語学』第十二巻第十二号, 明治書院.

『現代敬語辞典』(1973) 奥山益朗編, 東京堂出版.

小泉保 (1984)「外国語の敬語」『研究資料日本文法⑨ 敬語法編』(鈴木一彦・林巨樹編), 明治書院.

『国語学大辞典』(1980) 国語学会編, 東京堂出版.

国立国語研究所 (1981)『大都市の言語生活―分析編―』(国立国語研究所報告70-1), 三省堂.

国立国語研究所 (1983)『敬語と敬語意識 岡崎における20年前との比較』(国立国語研究所報告77), 三省堂.

国立国語研究所 (1990)『敬語教育の基本問題(上)』(日本語教育指導参考書17

窪田富男執筆), 大蔵省印刷局.

国立国語研究所 (1992)『敬語教育の基本問題(下)』(日本語教育指導参考書18 窪田富男執筆), 大蔵省印刷局.

輿水優 (1977)「中国語における敬語」『岩波講座日本語4 敬語』, 岩波書店.

「これからの敬語」(1952) 国語審議会の文部大臣に対する建議.

近藤健二 (1992)「日本語のなかの男と女」『特定研究シリーズ3 言語表現と人間』, 名古屋大学言語文化部.

近藤泰広 (1984)「用言の敬語法」『研究資料日本文法⑨ 敬語法編』(鈴木一彦・林巨樹編), 明治書院.

坂詰力治 (1985)『敬語 思いやりのコミュニケーション』, 有斐閣.

佐々木峻 (1984)「敬語法の変遷」『研究資料日本文法⑨ 敬語法編』(鈴木一彦・林巨樹編), 明治書院.

真田信治・渋谷勝己・陣内正敬・杉戸清樹 (1992)『社会言語学』, 桜楓社.

柴田武 (1973)「地域社会の敬語」『敬語講座6 現代の敬語』(林四郎・南不二男編), 明治書院.

柴谷方良・影山太郎・田守育啓 (1982)『言語の構造─理論と分析─意味・統語編』, くろしお出版.

『新漢和辞典』(改訂版, 1982) 諸橋轍次他編, 大修館書店.

杉崎一雄 (1984)「敬語法の分類」『研究資料日本文法⑨ 敬語法編』(鈴木一彦・林巨樹編), 明治書院.

杉崎一雄 (1988)「古典を読むための敬語動詞辞典」『國文學』第33巻第15号臨時号, 學燈社.

鈴木孝夫 (1973)『ことばと文化』, 岩波新書858, 岩波書店.

서정수 (1984)『존대법의 연구』(현행 대우법의 체계와 문제점), 한신문화사.

成耆徹 (1984)「國語待遇法研究」『國語敬語法研究』(金鍾塤編), 集文堂.

成耆徹 (1985)『現代國語待遇法研究』, 開文社.

成耆徹 (1990)「恭遜法」『國語研究 어디까지 왔나』(서울大學校大學院國語研究會編), 東亞出版社.

『大辞林』(1988) 松村明編, 三省堂.

竹内俊男・越前谷明子 (1987)「新聞文章にみる特殊敬語(皇室敬語)の形成」『言語文化論集』第IX巻第1号, 名古屋大学総合言語センター.

竹内靖雄 (1995)『日本人の行動文法』, 東洋経済新聞社.

田中章夫 (1974)「敬語関係用語集」『敬語講座9 敬語用法辞典』(林四郎・南不二男編), 明治書院.

張奭鎮 (1989)『話用論研究』, 塔出版社.

辻村敏樹 (1963)「敬語の分類について」『国文学　言語と文芸』 第五巻第二号, 大修館書店.

辻村敏樹 (1967)『現代の敬語』, 共文社.

辻村敏樹 (1968)『敬語の史的研究』, 東京堂出版.

辻村敏樹 (1977)「日本語の敬語の構造と特色」『岩波講座日本語4 敬語』, 岩波書店.

辻村敏樹 (1978)「敬語の分類について」『論集日本語研究9 敬語』(北原保雄編), 有精堂〔初出は辻村(1963)〕.

辻村敏樹 (1984)「待遇表現」『研究資料日本文法⑨　敬語法編』(鈴木一彦・林巨樹編), 明治書院.

角田太作 (1991)『世界の言語と日本語』, くろしお出版.

寺島浩子 (1991)「近世敬語と現代敬語」『講座日本語学9　敬語史』, (宮地裕他編), 明治書院.

土井健郎 (1981)『「甘え」の構造』, 弘文堂.

時枝誠記 (1941)『国語学原論』, 岩波書店.

土田滋訳 (1975)『言語と社会』, 岩波書店.

外山滋比古 (1989)『ことばの四季』, 中央公論社.

中道真木男・畠郁・三枝令子・馬場良二 (1989)「語の『対者的特徴』─対者的態度の表現の言語間比較─」『日本語教育』69号, 日本語教育学会.

中村平治 (1993)『敬語から丁寧表現へ』, 近代文藝社.

南基心・高永根 (1987)『표준 국어문법론』, 塔出版社.

西田直敏 (1987)『敬語』(国語学叢書13), 東京堂出版.

西田直敏 (1988)「古典敬語のメカニズムはどうなっているか」『國文學』第33巻第15号臨時号, 學燈社.

『日本語基本動詞用法辞典』(1989) 小泉保他編, 大修館書店.

『日本語教育事典』(縮刷版, 1982) 日本語教育学会編, 大修館書店.

『日本国語大辞典』(縮刷版, 1979) 日本大辞典刊行会編, 小学館.

『日本語大辞典』(1989) 梅棹忠夫他監修, 講談社.

『日本語百科大事典』(1988) 金田一春彦・林大・柴田武編, 大修館書店.

『日本語文法大辞典』(2001) 山口明穂・秋本守英編, 明治書院.

野村美穂子 (1993)「聞き手が敬意の受け手である場合の『丁寧体を伴わない尊敬・謙譲体』」『日本語教育』81号, 日本語教育学会.

野元菊雄 (1987)『敬語を使いこなす』, 講談社.

林巨樹 (1973)「家庭と敬語」『敬語講座6 現代の敬語』(林四郎・南不二男編), 明治書院.

林四郎 (1973)「敬語行動のタイプ」『敬語講座7 行動の中の敬語』(林四郎・南不二男編), 明治書院.

林四郎 (1974)「ことばづかい」『敬語講座9 敬語用法辞典』(林四郎・南不二男編), 明治書院.

韓美卿 (1989)「韓国語の敬語の用法」『講座日本語学12 外国語との対照III』(宮地裕他編), 明治書院.

韓美卿 (1995)『『捷解新語』における敬語研究I』, 박이정출판사.

『品詞別・レベル別1万語語彙分類集』(1991) 専門教育出版編集部テスト課編, 専門教育出版.

Brown, P. and Levinson, S. (1978) "Universals in language usage : politeness phenomena" in N.Goody ed. *Question and Politeness : strategies in social interaction*, Cambridge : Cambridge University Press.

Brown, P. and Levinson, S. (1987) *Politeness : Some universals in language usage*, Cambridge : Cambridge University Press.

文化庁 (1971)『待遇表現』(日本語教育指導参考書2), 大蔵省印刷局.

文化庁 (1975)『敬語』(「ことば」シリーズ1), 大蔵省印刷局.

文化庁 (1978)『言葉に関する問答集4』(「ことば」シリーズ9), 大蔵省印刷局.

白同善 (1993a)「絶対敬語と相対敬語：日韓敬語法の比較」『世界の日本語教育』第3号, 国際交流基金日本語国際センター.

白同善 (1993b)「親疎関係からみた日韓敬語行動」『ことばの科学』第5号, 名古屋大学言語文化部言語文化研究委員会.

白同善 (1995)「成分添加による尊敬表現の日韓比較」『人文科学研究』第24号, 名古屋大学人文科学研究編集委員会.

白同善 (1996)「日韓敬語動詞発達の要因に関する一考察」『日本語学』第十五巻第7号, 明治書院.

白同善 (1997)「日韓両言語の謙譲語の機能と種類—素材性謙譲語・対者性謙譲語・丁重語—」『日本語論究5 敬語』(研究叢書219, 名古屋・ことばのつどい編集委員会編), 和泉書院.

白同善 (1998)「韓日兩言語의 尊敬語의 體系와 運用의 特徵」『江原人文論叢』제6집, 강원대학교인문과학연구소.

白同善 (2002)「日本語의 美化表現에 관한 研究」『日本語學研究』第6輯, 韓國日本語學會.

『표준국어대사전』(1999) 국립국어연구원編, 두산동아.

허웅 (1984)「15세기 국어의 존대법과 그 변천」『國語敬語法研究』(金鍾塤編), 集文堂.

星野命 (1989)「マイナス敬語としての軽卑語・罵語・悪口」『日本語教育』69号, 日本語教育学会.

堀川直義・林四郎編 (1969)『敬語〔用例中心〕ガイド』, 明治書院.

黃燦鎬・李季順・張兩鎭・李吉鹿 (1988)『韓日語對照分析』, 明志出版社.

水谷信子 (1989)「待遇表現指導の方法」『日本語教育』69号, 日本語教育学会.

三谷栄一他編 (1987)『国語の常識』, 大修館書店.

三矢重松 (1978)「敬相・敬語」『論集日本語研究9 敬語』(北原保雄編), 有精堂〔初出は『高等日本文法』(1908) 明治書院〕.

南博 (1977)「マスコミと日本語」『岩波講座日本語2 言語生活』, 岩波書店.

南不二男 (1974)『現代日本語の構造』, 大修館書店.

南不二男 (1976)「日本語の敬語」『日本語講座1 日本語の姿』(金田一春彦編), 大修館書店.

南不二男 (1987)『敬語』, 岩波新書365, 岩波書店.

三宅鴻 (1976)「代名詞的表現」『日本語講座4 日本語の語彙と表現』(鈴木孝夫編), 大修館書店.

宮地裕 (1971)『文論』, 明治書院.

宮地裕 (1976)「待遇表現」『日本語と日本語教育(文字・表現編)』(国立国語研究所, 国語シリーズ別冊4), 大蔵省印刷局.

宮地裕 (1989)「敬語史論」『講座日本語学9 敬語史』(宮地裕他編), 明治書院.

森田良行 (1989)『日本語をみがく小辞典＜形容詞・副詞篇＞』, 講談社.

山下秀雄 (1989)「日本語教育における初級と待遇表現」『日本語教育』69号, 日本語教育学会.

柳龜相 (1984)「主格 '께서' 攷」『國語敬語法研究』(金鍾塤編), 集文堂.

渡邊英二 (1991)「中古敬語と現代敬語—『謙讓語』について—」『講座日本語学
    9 敬語史』(宮地裕他編), 明治書院.

渡辺実 (1978)「敬語体系」『論集日本語研究9 敬語』(北原保雄編), 有精堂.

색 인

日文抄録
日本語の待遇表現研究

　本書は、日本語の待遇表現を、その体系と用法を中心として考察
したものである。日本語の敬語に関する論文は現在まで数多く発表さ
れてきているが、日本語における待遇表現の全体像を扱った書物はさ
ほど見当たらない。

　本書において筆者は、待遇表現の全体的な枠組みに配慮しつつ、
独自の見解を加えて、日本語における待遇表現の特質をできるだけ詳
細に論じようと努めた。また、必要に応じて韓国語との比較対照を行
い、日韓両言語の待遇表現の理解の向上を図った。以下、本書にお
ける議論を総括しておく。

　第1章では、先行研究を踏まえたうえで、敬語と待遇表現の定義と
その意味範疇を論じた。また、敬語と待遇表現の分類に関する先行
研究を概観し、日韓両言語を同一線上で扱う場合の最良と考えられ
る分類をその機能に基づいて行い、本書の座標軸とした。本章におけ
る主眼点はつぎの通りである。

　敬語と待遇表現は不可分の関係にあるものの、両者は意味範疇の
観点から区別する必要がある。敬語はプラス評価の待遇を表す語であ
り、待遇表現は敬語に加えて、ゼロ評価の待遇・マイナス評価の待遇
を表す表現を包含する言語様式である。また、待遇表現は、素材待
遇表現と対者待遇表現とに分けて説明する必要がある。

　両言語の敬語の共通の機能としていくつかを取り上げることができ
るが、最も基本的な機能は、それが実質的であれ形式的であれ、敬意
を表示することにある。しかし、社会的な関係から敬語を儀礼的に用

いる用法が最も中心的な役割を占めている。その他、対人距離の確保
・品格保持・揶揄表示のための機能を有している。

　第2章では、素材敬語の主要な構成要素である尊敬表現のための体
系について論じた。素材の人物を尊敬形式で待遇する尊敬表現は、
素材の人物を直接高める表現であり、敬語の諸要素の中でも最も基
本的なものであると言える。敬語という言葉を聞いてすぐに尊敬語を
思い浮かべる所以がここにある。実際、敬語を尊敬語と同じ概念で解
する場合も少なくない。敬語の起源は人間の上下関係に求められるの
で、このような認識も完全に的外れということはない。

　両言語の尊敬語を始めとする素材敬語は、特定語形を有するもの
と成分添加によるものからなる点で類似している。しかし、全体的な
枠組みは両言語が類似しているが、細かい面においては韓国語に比べ
て日本語が遥かに複雑な敬語体系を有しており、それによって敬語表
現の多様性に多くの相違点が現れることが分かる。尊敬語において、
日本語では特に尊敬体言に比べて尊敬動詞の形態が多様に発達して
いてそれが種々の機能を発揮するという特徴がある。

　特定語形もさることながら、特に尊敬成分の場合、日本語の多様
な成分に比べて韓国語の尊敬成分は基本的に尊敬補助語幹一つしか
ないほど極端な対照を成している。日韓両言語の敬語表現で、尊敬
表現が多用されるという共通点はあるけれども、尊敬成分の形態の種
類に関しては両言語の間に大きな差異が観察されるのである。日本語
では、動詞・形容詞・形容動詞それぞれに添加する特定の成分を備え
ているのに対して、韓国語の場合は尊敬補助語幹一つで用言のすべて
を賄っている。体言に関しても同様である。なお、特定語形と尊敬成
分との互換性においても日本語の方が許容度が高く、韓国語の方は
制約が強い。

　日本語に比べて特徴的に発達している韓国語の尊敬成分は尊敬助詞である。韓国語は述部の敬語形態は単純であるが、助詞の敬語形によって敬意度に格差が現れるのである。この点において韓国語は、助詞の敬語形がない反面、述部の敬語形が豊富である日本語と好対照を示している。ただし、韓国語の尊敬助詞の使用頻度は減少しつつある。これは、現代敬語運用の単純化現象の一つであると思われる。このことから、韓国語の敬語運用は尊敬助詞が発達していない日本語のそれに似通ったものになりつつあると言えよう。同じような敬語運用の単純化現象は日本語にも見いだすことができる。多様に発達している日本語の尊敬成分も「お・ご－になる」「れる・られる」に単純化していく傾向が観察されるからである。

　第3章では、日韓両言語の尊敬表現の運用における差異と同一を考察した。尊敬表現の運用面に現れる日韓両言語の最大の差異は、尊敬語の使用条件と尊敬表現を受ける対象に見られる。韓国語では、伝統的には身内の者を対象にした尊敬表現が徹底している。つまり韓国語では、身内における敬語運用の規範が非常に厳しいのに対し、他人との関係においてはそれが緩やかである。しかし日本語では、ほとんど専らソトの者に対して尊敬表現を用いる。つまり日本語では、身内における敬語運用の規範が非常に緩やかであるのに対し、他人との関係においてはそれが非常に厳しい。この意味において、韓国語の敬語は家族中心的である身内型敬語であり、日本語の敬語は社会中心的である社会型敬語である。日本語が相対敬語法を基本とし、韓国語が絶対敬語法を基本とするのは、まさにこのような違いに起因しているのである。

　尊敬接辞の生成とその発達および変貌の様子に関しても両言語は大きな差異を見せてくれる。現代韓国語における尊敬接頭辞はその使

用場面が極端に制限されるのに対して、日本語の尊敬接頭辞は遥か
に柔軟に発達してきた。それが現代語でも尊敬成分としての機能を忠
実に果たしている。

　本章では、尊敬表現の配慮の対象を考慮すると、尊敬語が意味的
に対者敬語化しつつあることにも触れた。尊敬語の対者敬語化は、現
代人が聞き手を意識して尊敬語を用いるようになってきていることを
示す変化であり、この現象を無視しては現代語における敬語運用を語
ることに無理が生じる。素材敬語の対者敬語化は、現代敬語運用を
特徴づける、また現代人の人間の遇し方を特徴づける大きな変化であ
ると言えよう。

　第4章では、素材敬語のもう一つの構成要素である謙譲表現の体系
について考察した。まず、謙譲語と客体敬語という用語の違いに関し
て論じた。謙譲語は為手の側に視点を置いた用語であり、客体敬語
は行為の受け手側に視点を置いた用語である。謙譲語に関わる種々の
用語はそれぞれ有効な面があるが、最も包括的に説明できる用語は謙
譲語であるという立場を取った。

　謙譲表現は日韓両言語に存在しているが、語彙と形態面および謙
譲表現の運用面に関しては、両言語の間に著しい相違点が観察され
る。特定語形を有する謙譲語の形態を見ると、日本語では謙譲動詞
が非常に多様であるのに対して、韓国語の謙譲動詞は非常に少ない。
謙譲体言についても、韓国語に比べて日本語はそれをよく発達させて
いる。日本語では特に親族名称を表す謙譲体言が発達しているが、こ
れは相対敬語法に基づいて、一人称者のことを二人称者に向かって話
す場合にそれが必要であったからであると判断される。

　成分添加による謙譲表現においては両言語の隔たりが特に大きい。
日本語には、謙譲表現に用いられる成分が非常に豊富である。つまり

日本語には、話し手の敬意度によって選択できる謙譲表現の選択肢が多々用意されており、また、それが非常に頻繁に用いられている。これに対して韓国語では、謙譲表現のための形式が非常に少ない。そのうえ、その形式を用いる際の制限も強く、そのために韓国語では謙譲表現を使用すること自体が非常に少ない。その結果として、日本語では謙譲表現が可能な場合においても韓国語では表現不可能な場合が多々あり、日本語の謙譲表現を韓国語に訳そうとしても訳せない場合が多い。

　第5章では、まず、謙譲表現の使用条件と敬意を示す主体および敬意の対象について考察した。謙譲表現の成立において最も基本的な条件は、受け手が為手より上位者であることである。この際に敬意を示す主体は為手ではなく、基本的に、話し手である。しかし厳密には、受け手が話し手より上位者である場合に限って、話し手が受け手に敬意を示していると解さねばならない。謙譲表現の成立有無および敬意の主体は、「為手＜受け手」の関係における話し手の為手に対する評価的判断によって異なるのである。なお、素材の人物に関する配慮に基づいて用いられる謙譲表現における敬意の対象は受け手であるが、そのような場合にも聞き手への敬意が優先的に配慮される事象があることを指摘した。

　次に、謙譲表現運用における諸問題と謙譲語の対者敬語化現象を観察した。敬語の誤用と指摘されるものは、そのほとんどが謙譲語に関係している。しかし、日本語の場合、謙譲表現の誤用であると指摘されてきたいくつかの表現はもはや誤用ではなく正用になりつつある。このような場合に誤用を指摘することは言語規範の固執に留まることになってきている。誤用と見なされる謙譲表現の中には、聞き手を意識して用いられる対者敬語としての機能が濃厚であるものもあり、対

者敬語そのものとして機能する謙譲語もある。親疎関係に基づく聞き手への敬語運用の発達が、日本語において謙譲語を対者敬語化させる要因の一つになっているのではなかろうか。場面重視の敬語使用の発達が素材敬語の対者敬語化を促しているように考えられるのである。

　第6章では、日韓両言語の敬語動詞の形態を調べ、それらがどのような要因に基づいて発達したかを両言語を比較対照することによって明らかにしようとした。筆者は敬語動詞発達の基本的な要因として、次の二つを考えた。一つは、敬語動詞に対応する普通語のほとんどが2音節語であり、それに敬語成分を添加することが難しかったということである。もう一つの要因は、それら2音節語が人間の最も基本的な行動様式を表す基礎語彙であるという事実に求められる。基礎語彙の中でも敬語動詞に対応する普通語は日常生活において使用頻度が極めて高いので、それを特別な語形として用意しておくだけの価値と経済性が十分に存在したのである。これは尊敬動詞においても謙譲動詞においても同様である。謙譲語の場合、普通、上位者に関わる行為については直接的に表現するより間接的で遠回しな表現をする方が礼に叶い、謙譲の意識の現れであるという認識が働く。謙譲動詞はまさに間接的な表現をするための語でもある。これら二つの要因は、現代語・古語を問わず共通であり、また日韓両言語に共通している。

　敬語動詞は、尊敬動詞・謙譲動詞いずれにおいても、日本語の方が韓国語のそれより遥かに多用に発達している。しかし、その発達における基本的要因は同様である。敬語動詞に人間の最も基本的な行動様式を表すための語が多いということは、敬語と日常生活との関わりの深さを示してくれるものと考えられる。

　第7章では、日韓両言語の謙譲語をその機能に基づいて下位分類し、各種類に含まれる語彙をまとめて示した。謙譲語は用言・体言いずれ

においても、両言語共に、素材性謙譲語・対者性謙譲語・丁重語に
分けられる。各種類に含まれる語彙は日本語の方が豊富であり、韓国
語の方は貧弱であるものの、両言語のこのような対応は極めて興味深
い現象であると言えよう。

　素材性謙譲語は、為手と受け手との関係において、話し手が為手
となる人物を低め、相対的に行為の受け手となる人物に高めるために
用いられる謙譲語であり、謙譲語本来の機能を忠実に守っているもの
である。日本語でも韓国語でも、用言の謙譲語はほとんどが素材性謙
譲語に属する。一方、対者性謙譲語とは、受け手とは関係なく、為
手を低めることによって聞き手への配慮を示すために用いられる謙譲
語である。両言語共に、体言の謙譲語は大多数が対者性謙譲語とし
て機能する。用言の対者性謙譲語は少ないが、現代敬語運用の対者
敬語化に伴ってその果たす役割は素材性謙譲語に劣らぬものがある。
丁重語は、低めるべき主語を持たず、もっぱら聞き手に対する配慮と
して用いられるものであり、既に謙譲の機能は持たないものである。

　以上のように、謙譲語をその機能によって素材性謙譲語・対者性
謙譲語・丁重語に分類し、謙譲語の諸機能のうち、どの機能として用
いられたかを考慮して謙譲語を把握する必要がある。それによって、
謙譲語の誤用と正用の判断基準も変わる必要があるのである。

　第8章では、日韓両言語の敬語運用における最大の相違点である絶
対敬語法と相対敬語法について論じた。一般に、日本語は相対敬語
を有し、韓国語は絶対敬語を有すると言われる。このような説明は、
一般論としては正しいと言える。しかし、日常の言葉の中には一般論
では片付けられない用法も珍しくない。それは、伝統的な用法として
も新しい用法としても現れる。

　韓国語で相対敬語現象が見られるのは、主に身内敬語においてで

ある。身内敬語におけるそのような現象は伝統的な用法である。一方、韓国語が絶対敬語法を有するという説明の根拠になっている用法の中にも揺れの現象が見られる。すなわち、ウチ(身内)のものが話題の人物で聞き手がヨソ(外部)の人である場合、従来ならば絶対敬語が現れるはずのところに時として相対敬語が現れるのである。これは、新しい傾向の「ゆれ」として捉えられる。

　日本語における絶対敬語現象の代表格は皇室敬語である。それは絶対敬語本来の姿をそのまま受け継いでいる。しかし、日常の言語の中でも、今までは規範であった相対敬語用法がかなりのゆれを見せている。

　日本語にも韓国語にも伝統的な敬語用法に縛られることなく、状況に応じてそれらを使い分けようとする傾向が窺える。つまり、敬語を上下関係に基づく用法として捉えるよりは、それを親疎関係あるいは発話場面に基づく用法として捉えようとする傾向が観察されるのである。しかし、日韓両言語をつぶさに比べてみると、韓国語では上下関係を反映した用法がまだ根強く残っているのに対して、日本語では親疎関係を反映した用法が相当に普及していることが分かる。

　韓国の絶対敬語の中での相対敬語現象および日本の相対敬語の中での絶対敬語現象は、日韓両言語の敬語におけるそれぞれの特徴的な役割を果たしながら発展し続けていくであろう。その中で部分的ではあるが両言語の敬語運用の歩み寄りが一層予想されるのである。

　第9章では、対者敬語を中心とした対者待遇表現を扱った。特に日本語の対者敬語には、丁重語という領域を設ける必要がある。謙譲語は衰退しつつあると指摘される中、丁重語としての用法にその名残をとどめていることは留意すべき現象である。

　本章では両言語の話体の分類も試み、その用法と機能を考察した。

対者待遇表現の話体は、韓国語の方が日本語より複雑な体系を有している。日本語の話体は、丁寧体と普通体の二つに加えて親密体を設ける必要性を提示した。一方、韓国語の話体は上称・略式上称・中称・等称・親密称・下称の6段階に分けられる。このうち略式上称と親密称は、話体が表す用語の適切性と現実的な用語の定立という観点から、新たに提案したものである。韓国語の話体は6段階を有する男性体系と4段階を有する女性体系に分けることも可能であるが、男性体系と女性体系の差は、女性より男性の方が人間関係を複雑に把握しているために生じた差であると判断される。

　丁寧語によらない丁寧表現についても、両言語の間には差異と同一が観察される。前置き表現による丁寧表現、および言い換えによる丁寧表現は両言語に存在するが、韓国語よりも日本語で多用される。漢字語による表現が固有語による表現より丁重であると意識されること、依頼表現において否定文を用いる方が肯定文を用いるより丁寧であると意識されることなどは、両言語の共通部分である。しかしながら、婉曲表現・謝る表現・省略表現などに関しては、両言語の間に異質な部分も存在する。

　一般に、日本人は受動表現を好むのに対して、韓国人は能動表現を好む。受け身形による表現、「する」に換わる「なる」の表現、そして授受表現の方向性などには日本語の特徴が明確に現れる。特に授受表現の多様な形式は、現代日本語の敬語体系を複雑化している要因となっている。

　第10章では、素材敬語と対者敬語の両方の機能を有する美化表現について考察した。美化語は、日本語と韓国語の各敬語の領域の中で形態的差異が最も大きなものであり、日本語において特徴的に発達している敬語の一種である。従来、美化語に関しては素材敬語か対者

敬語かの議論が行われてきたが、その両方の機能を併せ持つものと筆者は判断する。美化表現は、主に美化語によって表現されるものであるが、本章では美化語を形態的に下位分類し、それぞれをまとめて提示した。

　美化語は特定語形を持つものと成分添加によるものとの体系を有している。特定語形においても、言い換えによるもの、接辞の添加による特定語形、接辞を伴って意味の転換が生じている美化語などがあるが、これらは接辞が添加された形で辞典類の見出語として掲載されるほど一語化している。成分添加による美化語は、和語・漢字語を問わず、そのほとんどが接頭辞「お」によって実現されるという点で他の敬語とは区別される。それは、美化語全体を通して女性によってそれが一般に用いられるということと深く関わっている。ただし、同類のものであっても言語習慣によって「お」が添加できない場合もあれば、「お」が添加されて返ってマイナス効果をねらう場合もあり、美化語としての「お」の機能とその意味を前後関係によって判断しなければならないものが存在するなど、美化語にも各種の形態と機能があることが分かる。

- -

　日本語と韓国語の中にあって、敬語の占める役割は重大である。日韓両言語いずれにおいても敬語に関する議論は、これまで絶え間なく続けられてきた。それは、これからも絶え間なく続けられていくことであろう。本書が、日本語の敬語研究および待遇表現研究に少しでも貢献することができれば、筆者にとって大きな幸いである。

후 기

　일본어 습득에 있어서 가장 어려운 부분은 한자읽기와 경어의 습득이라고 한다. 한자읽기의 어려운 점에 대해서는 다들 알고 있지만, 경어에 대해서는 의외로 심각하게 받아들이지 않는 경향이 있다. 그러나, 일본어 경어운용에 있어서의 어려움에 대해서는 한국인보다도 일본인들이 오히려 통감하고 있는 실정이다.

　일본어학을 연구하기 시작하면서 무엇을 주전공으로 할 지에 대한 문제는 어렵지 않게 풀렸다. 일본어 운용에 있어서 가장 어려워하는 분야를 선택하는 것이 비일본어화자로서 일본어의 학습과 연구라는 두가지의 목표를 동시에 달성할 수 있겠다고 생각했기 때문이다. 그리고 경어를 중심으로 한 대우표현을 선택했다. 이 선택은 지금도 잘한 선택이라고 스스로 생각하고 있다.

　몇 년 늦게 대학에 들어가 나름대로 열심히 했다고 생각한다. 대학시절에 국제교류기금의 초청으로 처음으로 일본이라는 나라를 직접 접할 수 있었고, 대학을 졸업하기 전에 문부성 장학생으로 일본을 다시 밟았다. 일본에서 상위의 학위과정을 공부해야겠다고 생각한 이 때부터 나의 진로는 거의 결정되었다고 생각된다.

　그 후 일본에서 십수년 동안 공부하고 연구하고 근무했다. 많은 경험을 한 좋은 시절이었다고 생각한다. 일본에서는 꽤 많은 분들의 도움을 받았다. 학교 관계의 여러분들은 말할 것도 없지만, 부업으로 한 통역이 많은 경험을 얻게 해 주었다. 특히 방송통역을 하면서 여러분야의 인사를 만날 수 있었고, 그것이 경제적인 것 이상의 도움을 내게 주었다.

　여러 분야의 일본인들과 접하면서 나의 전공분야인 경어에 대한 필요성은 갈수록 더해 갔고, 연구에 대한 의욕 또한 더해 갔다. 경어를 연구하고 교육하면서 지금도 많은 것을 필요로 한다는 것을 잘 알고 있다. 그 동안 경어와 대우표현에 관한 나름대로의 연구성과를 기회 있을 때마다 공표해 왔다. 박사논문도 대우표현에 관한 것이다.

　본서의 기본 골격은 박사학위논문에 근거한다. 그러나, 학위를 받고 꽤 시간이 흘렀기 때문에 그 후의 개별 발표 논문을 첨가하여 전체의 맥락에 맞게 재구성했다. 가능한 한 일반독자가 읽어서 이해할 수 있도록 알기 쉽게 쓰도록 노력하였다. 학위논문에서는 일본어와 한국어를 대조연구하였으나, 본서에서는 일본어를 중심으로 논을 전개하였다. 그러나, 한국인 독자에게 읽힐 것을 염두에 두고, 자연히 한국어와의 비교대조가 이루어져 있음을 밝혀둔다.

　이 책이 나오기까지 일일이 열거할 수 없을 만큼 많은 분들의 도움을 받았다. 필자를 도와주신 모든 분들께 감사의 말씀을 드린다. 앞으로도 경어와 대우표현에 관한 내용을 주된 영역으로 연구를 진행해 갈 것이다. 그리고 그 연구의 결과를 일본어교육에 스스로 살려나갈 수 있도록 노력할 생각이다.

　경어란「다른 사람에 대한 배려」라고 스스로 얘기하고 있다. 그것이 경어의 기본이라고 생각하기 때문이다. 앞으로도 나름대로 성실하게 살아가고자 한다.

2003년 8월 31일

백 동 선

저자약력

백동선(白同善)

전남대학교 일어일문학과 졸업
문부성 일본어일본문화연수코스 수료
일본 나고야대대학원 일본언어문화전공 석·박사과정 수료
문학박사
나고야한국학교 강사, 나고야대학언어문화부 문부교관 역임
현재 강원대학교 일본학과 교수

■ 주요 저서 및 논문

『혼자하는 일본어』(교보문고, 공저)
『일본어학의 세계』(박이정, 공저)
「絶対敬語と相対敬語」(『世界の日本語教育』)
「日韓敬語動詞発達の要因に関する一考察」(『日本語学』)
「日韓両言語の謙譲語の機能と種類」(『日本語論究5 敬語』) 외 다수

일본문화연구총서 22

일본어의 대우표현 연구

2003년 11월 20일 초판 발행

저 자 白同善

발 행 동아시아일본학회

펴낸곳 도서출판 **보고사** (등록 제6-0429)
서울시 성북구 보문동7가 11번지
Tel. : 02-922-5120~1   Fax. : 02-922-6990
E-mail : kanapub3@chollian.net
HomePage : www.bogosabooks.co.kr

ⓒ BOGOSABOOKS. 2003

ISBN 89-8433-202-X   정가 15,000원

본서는 2003년도 일본 국제교류기금의 보조금에 의한 출판물이다.
本書は平成15年度日本国際交流基金の補助金による出版物である。